JAQUES BUVAL

Nur für Schokolade

Die Geständnisse des Leszek Pekalski,
des wahrscheinlich größten Massenmörders
unserer Zeit

Verlag Das Neue Berlin

Mein besonderer Dank gilt

Titus

Maximilian Hauser

Siegfried Blaschke

dem Oberstaatsanwalt
Mieczysław Buksa, Słupsk

dem Gefängnisdirektor
Zbigniew Obst, Słupsk

dem Betreuer Leszeks
Zbigniew Szymka, Słupsk

sowie allen Mitarbeitern der Strafanstalt Słupsk.

ISBN 3-360-00851-0

1. Auflage

Rosa-Luxemburg-Str. 16, 10178 Berlin

Umschlagentwurf: Jens Prockat/Achim Denzl
Photos: Gregor Schläger (Umschlag und S. 50) sowie Archiv des Autors
Übersetzungsarbeiten: Violetta Krüger, Siegmund Kraczyk
Druck und Bindung: Salzland Druck Staßfurt

Jaques Buval · Nur Für Schokolade

Inhalt

Vorwort von Rolf Bossi 9

Leszek, der „kleine Junge" 13
Ein Mädchen wird vergewaltigt (13), Die die Geburt des „kleinen Jungen" (19), Leszeks Schwester: „Es war nicht lustig ..." (25)

Das Monster kommt hervor 35
„Willst du mich heiraten?" (35), Ein ungeklärter Fall (45), Nur für Schokolade (56), Eingesperrt mit einem Mörder (61)

Ein Monster auf Reisen 96
Opfer Nr. 1 – Ewa P. (96), Opfer Nr. 2 – Kazimierz N. (101), Opfer Nr. 3 – Andrzej M. (104), Opfer Nr. 4 – Janina H. (107), Opfer Nr. 5 – Małgosia K. (111), Opfer Nr. 6 – Helena W. (116), Opfer Nr. 7 – Mariola S. (119), Opfer Nr. 8 – Anika C. (122), Opfer Nr. 9 – Marta M. (125), Opfer Nr. 10 – Marianna L. (130), Opfer Nr. 11 – Jolanta T., (134), Opfer Nr. 12 – Danuta N. (137), Opfer Nr. 13 – Sylwia R. (140), Opfer Nr. 14 – Wacława G. (146), Opfer Nr. 15 – Klara G. (150), Opfer Nr. 16 – Władysław S. (152), Opfer Nr. 17 – Iwona R., (155)

Ein Monster wird durchleutet 157
Prozeßauftakt (157), Interviews, Aussagen, Beobachtungen (172), Der Prozeß geht weiter (183), „Warum hast du das getan?" (229)

Guter Leszek, böser Pekalski 237
Wieviele Tote bleiben verscharrt? (237), „Ich mußte immer gestehen" (244), Das Plädoyer des Staatsanwaltes (254), Das Plädoyer der Verteidigung (260), Das Urteil (266), Das Ende des Schreckens (275)

Epilog *„Ganz Polen wird sich meiner schämen"* 284

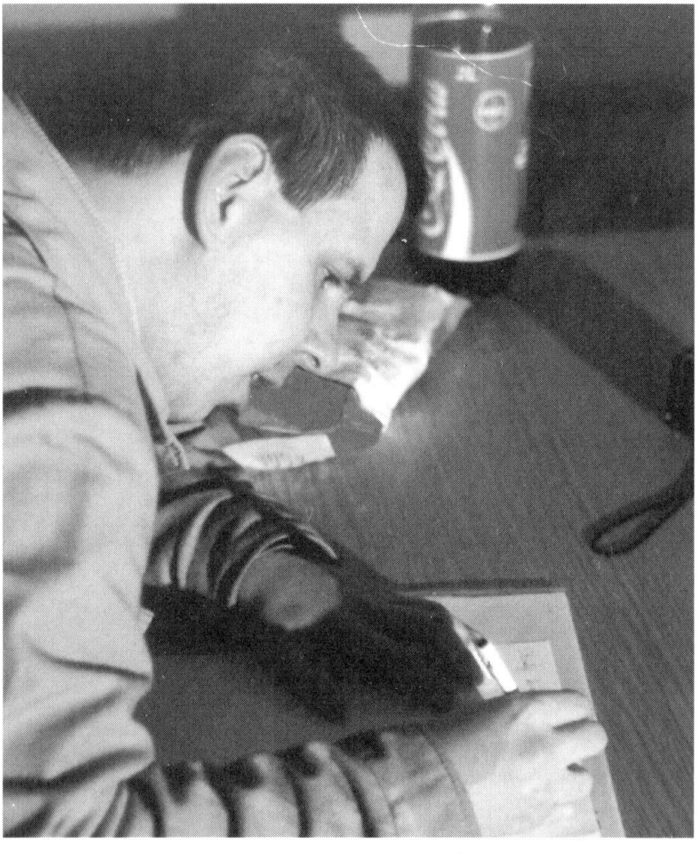

Leszek Pekalski schreibt am 12.11.1996 in der Strafanstalt Słupsk das Vorwort für „sein“ Buch

„Hat man Ihnen auch die Hände auf die Herdplatte gelegt, als Sie klein waren?" Diese Frage stellt der inzwischen 31jährige Pole Leszek Pekalski Journalisten, Staatsanwälten, Richtern – jeder, der Details aus seinem Leben wissen will und ihn in seiner Zelle in der Strafanstalt Słupsk besucht, wird mit Leszeks Jugend konfrontiert. Fast schützend versucht dieser, Mitleid zu erwecken: er war ein ungeliebtes, unerwünschtes Kind. Seine Mutter wurde vergewaltigt. Er ist das Produkt dieser entsetzlichen Tat. Dennoch: er ist ein lieber Junge geblieben, behauptet er. Er wird in den Himmel kommen, sagt er heute noch – wieder und wieder. Er habe nie etwas Böses getan. Die Realität sieht anders aus. Aus dem unerwünschten Kind wurde ein Mörder. Ein Sexualverbrecher, der in seiner Bestialität kaum Grenzen kannte. Der ganz Polen erschütterte, Trauer und ungläubiges Entsetzen über das Land brachte. Der wohl größte lebende Massenmörder der Welt, einem Alptraum entwachsen, rächte sich über zehn Jahre an einer Gesellschaft, die für ihn nichts übrig hatte. Er holte sich, was ihm verwehrt wurde, tötete, was ihn verspottet hatte. Raubte, was er nie besaß. Als er von diesem Buch erfährt, ist Leszek Pekalski begeistert: am 12. November 1996 notiert er seine persönliche Einleitung dazu.

Wtedy kiedy moja babcia moje małe ręce
na rozgrzanej gorącej płycie położyła wiedzia
łem że moje życie jest ciężkie i zepsute

Pękalski Leszek
12.11.1996 r.

Damals, als meine Oma meine kleinen Hände auf die heiße Herdplatte legte, wußte ich, daß mein Leben schwierig und kaputt sein wird.

Pekalski Leszek
12.11.1996

Vorwort

Irgendwann, diagnostiziert der Verfasser dieses Buches, muß Leszek Pekalski den unbezähmbaren Drang verspürt haben, sich für die Qualen und Demütigungen zu rächen, die ihm von Kindheit an widerfahren sind – eine sicher oft richtige, grundsätzlich jedoch auch geläufige und zuweilen etwas wohlfeile Erklärung für die schlimme Tatsache, daß da einer wahl- und ziellos im ganzen Lande, in diesem Falle in Polen, zu morden beginnt. In diesem Fall allerdings stößt man gleich auf einer der ersten Seiten auf wenigstens eine plausible Begründung: Leszek wuchs nicht nur mit allen Nachteilen und Hemmnissen eines unehelichen Kindes auf, sondern er war, was jeder in seinem beschränkten Umfeld wußte, das Ergebnis einer brutalen Vergewaltigung seiner Mutter als halbes Kind. Noch einleuchtender aber, gleichermaßen noch plastischer und unmenschlicher, sind die in einer seltsam akribischen Schrift verfaßten und dem Autor übergebenen Aussagen des Jungen Leszek selber, warum er vor inzwischen 15 Jahren derart schauerlich aus dem Ruder lief: »Als meine Oma meine kleinen Hände auf die heiße Herdplatte legte, wenn ich bestraft werden sollte, da wußte ich schon, daß mein Leben schwierig und kaputt sein wird!«
1982 war es, registriert man, wenn man den Schauder über diese Barbarei verkraftet hat, und die Polen merkten nicht, was um sie herum, landauf und landab, geschah, weil sie alle Hände voll damit zu tun hatten, mit ihrer Gewerkschaft Solidarnosc 1982 gegen das verhängte Kriegsrecht und für die Demokratisierung des Landes zu kämpfen. Buchstäblich erst ein Jahrzehnt später dämmerte es ein paar Kriminalisten, daß da anscheinend ein Massenmörder unterwegs war – und selbst dann dauerte es noch mehrere Jahre, bis 1996 der Sensationsprozeß gegen den mühsam eingekreisten, verhafteten und nach dem Abschluß der Ermittlungen angeblich überführten Täter Pekalski beginnen konnte.

Zwanzig Fälle, die, im Anschluß daran, verhandelt wurden? Dreißig, vierzig, fünfzig? Hundert Opfer, über deren gewaltsamen Tod dort in Słupsk, der historischen ehemaligen Hansestadt Stolp in Pommern, zu Gericht gesessen wurde, gar zweihundert und noch mehr? Die Auskunft überrascht: verbindlich beantworten – und daraus entwickelt sich der nach meiner Ansicht womöglich wichtigste und spannendste Handlungsstrang des Buches – läßt sich nicht einmal diese im Grunde einfachste und nächstliegende Frage.

In zahlreichen spektakulären Mehrfach- und Massenmordverfahren der Kriminal- und Justizgeschichte sind, meistens aus Gründen einer annähernd sinnvollen Prozeßökonomie, Opfer unter den Tisch gefallen; in aller Regel hat schon die Staatsanwaltschaft immer wieder Fälle, bei denen die Beweissituation unsicher war, der Täter seine Schuld genügend hartnäckig bestritt oder besonders zeitraubende Verfahrenszüge ins Haus standen, gar nicht erst in den Gesamtkomplex ihrer ohnehin längst überbordenden Anklage aufgenommen. Das war bei Friedrich Haarmann so und, in jüngerer Zeit, beim berüchtigtsen »Würger von Boston«; das geschah, überschlägig, mutmaßlich bei mindestens der Hälfte aller sogenannten Groß- und Jahrhundertfälle. In einem Ausmaß wie bei Leszek Pekalski in Słupsk allerdings, dem in der Haft unappetitlich dick gewordenen Mann und Mörder, von dem hier die Rede ist, geschah es mit Abstand nie.

Wir verdanken es, erstens, jenem deutschen Autor und Reporter, der hier unter dem Pseudonym Jaques Buval die Ergebnisse seiner Nachforschungen vorlegt, daß „Die Geständnisse des wahrscheinlich größten Massenmörders unserer Zeit" überhaupt an eine größere, über den Schauplatz Polen hinaus internationale Öffentlichkeit gelangen. Der Titel, zweitens, verblüfft immerhin spontan, was soll das Wort »wahrscheinlich« in einem Kontext, in dem seit eh und je Fakten gelten oder ungerührt zugegeben wird, sie ließen sich nicht ermitteln, nämlich einem juristischen; was wird da summarisch relativiert, nachdem Pekalskis grausame Taten von

Buval quasi im Inikativ und en detail beschrieben worden sind? Am Ende, drittens, steht gleichwohl diese Erkenntnis: Buval beweist, daß seine Einschränkung sinnvoll und zudem überzeugend für seine Redlichkeit ist.
»Nur für Schokolade« hat sich der monströse Täter Pekalski ihm, dem Berichterstatter, geöffnet, schreibt Buval, ein »Honorar«, das Leszek scheinbar wertvoller war als alle anderen für ihn erreichbaren Güter der Welt; das, mit Verlaub, glaube ich dem Verfasser dann doch nicht ganz, auch wenn er es zu seinem Haupttitel gemacht hat. Denn unerreichbar blieb in foro zwar auch die letzte Wahrheit des kapitalen Falles; bei diesem Eingeständnis scheint das Gericht, daß sein hier im Leserinteresse nicht vorweggenommenes Urteil über Pekalski verkündete, vom biblischen König Salomon persönlich beraten worden zu sein. Die Tatsache aber, daß niemand in Polen und in der übrigen Welt die erschreckenden Konturen des Falles Leszek Pekalski und den erbärmlichen, gewiß zutiefst zu bemitleidenden Un-Menschen hinter den Verbrechen auch nur annähernd so verdeutlichen konnte wie Buval, überführt den Autor in diesem einzigen Punkt zweifelsfrei einer gewissen Koketterie. Der über Nacht angereiste Biograph, der dem vermutlichen Massenmörder ohnehin wie ein Wesen von einem anderen Planeten erschienen sein muß, dürfte seinen unheimlichen Gesprächspartner in einer weit stabileren, ihm bislang total fremden Währung dafür bezahlt haben, daß er sich öffnete; zu unser aller Nutzen mit Menschlichkeit und Vertrauen.

München, am 15. September 1997

Rolf Bossi
Rechtsanwalt

Leszek, der „kleine Junge“

Ein Mädchen wird vergewaltigt

Der Himmel ist verhangen über dem kleinen nordpolnischen Dorf Osieki. Schwarzgraue Wolken, fast zum Greifen nah, reihen sich am Firmament aneinander, als sich der katholische Geistliche des Ortes noch vor der Morgenmesse die Füße vertritt. Er ist ein kleiner, sehr schlanker Mann; seine tiefschwarzen Haare sind streng nach hinten gekämmt. Seine Kirche ist wie jeden Sonntag bis auf den letzten Platz gefüllt – eigentlich nichts Ungewöhnliches in Polen, denn dies ist der einzige Ort, an dem die hart arbeitende Landbevölkerung alle Neuigkeiten austauschen kann. Die Kirche ist ein Ort des gegenseitigen Austauschs und der Informationen. Und dieses System funktioniert. Von der Dorf-Hebamme sind alle unterrichtet: Heute, am 12. Februar 1966, wird die Magd Cecylia niederkommen. Daß sie arm ist und mit ihrer Mutter auf einem kleinen, etwas heruntergekommenen Hof lebt, ist nichts Außergewöhnliches, denn mit Reichtum ist niemand in diesem Ort gesegnet. Aber daß sie als Ledige ein Kind erwartet, ist vor allem für die alten Frauen und natürlich für den Geistlichen unmöglich. Noch unmöglicher allerdings ist eine Abtreibung – dann soll ein junges Mädchen lieber seine Schande austragen, gleich, wie sich dies auf ihre Zukunft auswirkt.
An diesem 12. Februar 1966 weiß das ganze Dorf, daß Cecylia durch eine jugendliche Sünde schwanger wurde. Die genauen Hintergründe kennt zwar nur sie allein, aber es kursieren die verschiedensten Versionen. Eine davon besagt sogar, daß Cecylia Opfer eines Verbrechens geworden ist, eines Verbrechens der abscheulichsten Art. Man spricht von Vergewaltigung. Auch dem Pfarrer kommt dies zu Ohren – und er predigt an diesem Tag von einer „Begegnung mit Satan, dem Herrn alles Bösen“, als wolle er deutlich machen, welche furchtbare, unverzeihliche Sünde hier begangen worden ist. Doch es

war nicht Satan, der dieses Mädchen schwängerte. Es war Jozef, ein einfacher Landarbeiter und Tagelöhner des Dorfes, den jeder kannte. Er ist von kleiner Statur, untersetzt, und: verheiratet. Er wohnte im selben Haus, in dem auch Cecylia mit ihrer Mutter lebte.
Wie ein räudiger Hund schleicht Jozef am 12. Februar 1966 um das Haus von Cecylia und deren Mutter, in sicherem Abstand, damit ihn niemand sehen kann – vor allem nicht seine Ehefrau. Schon in aller Frühe war er aus dem Haus gegangen. Er hielt es nicht mehr aus in seinen vier Wänden, das Gezeter seiner Frau, die natürlich längst wußte, was vorgefallen war, raubte ihm den letzten Nerv. Im oberen Stockwerk hätte er an diesem kalten Februartag sicher wärmer erlebt, was sich im Erdgeschoß abspielt. Genau verfolgt er, was im Haus geschieht, denn er weiß, obwohl Cecylia und ihre Mutter schon lange kein Wort mehr mit ihm sprechen, daß heute der Tag sein würde, an dem seine Cecylia sein Kind zur Welt bringen soll. „Sein Kind“, durchfährt es ihn. Sein Kind, das er wohl nie sehen darf, geschweige denn, je in seinem Arm wiegen würde. Dem sonst so hart wirkenden Jozef laufen Tränen übers Gesicht; blinder Haß verursacht diesen für ihn unbekannten Gefühlsausbruch. Grenzenloser Haß – vor allem gegen die Mutter Cecylias, die Frau, die nun ihrer Tochter hilft, sein Kind zur Welt zu bringen.
Ein Jahr zuvor war für die unbedarfte Magd Cecylia, einem Mädchen vom Lande, die Welt noch in Ordnung. Ihr karges Leben mit ihrer Mutter erfüllte sie mit Freude. Mit ihrer kleinen, etwas pummeligen Figur glich sie so ganz der Mutter, die nur eines im Sinn hatte: das Beste für ihre Tochter. Schon früh verstarb Cecylias Vater, so daß die beiden Frauen sehr bald lernen mußten, ihr Leben ganz allein zu meistern, ein Leben, das sehr hart ist und nur aus körperlicher Arbeit besteht. Die beiden waren froh, daß sie sich gegenseitig haben, und so gab es auch keinerlei Geheimnisse zwischen ihnen. Cecylia hatte gerade ihren 19. Geburtstag gefeiert, als sie an einem Sonntag nach der Kirche bemerkte, daß ein Mann sie verfolgt. Sie dreh-

te sich nach ihm um und sah, daß es wieder einmal Jozef, der verheiratete Mann aus der Wohnung über ihnen, war. Als sie weit genug von der Kirche entfernt waren, trat er neben Cecylia. Mit seinem dämlichen Grinsen, das sie so sehr haßte, fragte er sie: „Na, war es schön in der Kirche?"
Dabei hielt er verlegen die Hand am Mund, eine Geste, die seiner Unsicherheit noch mehr Ausdruck verlieh. Weit nach vorne gebeugt stand er vor ihr, seine Arme reichten fast bis zur Erde, jedenfalls kam es Cecylia so vor. Von vielen Männern hätte sie es sich gewünscht, daß sie nach dem Kirchgang auf sie warten würden, aber ausgerechnet Jozef, der nun gar nicht Gegenstand ihrer Wünsche war ...?
„Wo gehst du denn jetzt hin?" wollte er weiter wissen, und sie antwortet, daß sie – natürlich – nach Hause gehen will. Seinem Vorschlag, mit ihm an einen nahegelegenen Teich zu gehen, begegnete sie mit Spott, doch Jozef gab nicht auf. Immer mehr verstrickte er sie in eine Unterhaltung. Arglos, noch bevor sie sich versah, sind sie geradewegs in Richtung des kleinen Weihers unterwegs. Schließlich war sie mit ihm ganz allein an diesem einsamen Ort, einem Platz, der zwar nur wenige hundert Meter von ihrem Elternhaus entfernt, aber dennoch menschenleer war. Sicher konnte die Mutter nicht verstehen, warum ihre Tochter an diesem Tage nicht pünktlich von der Kirche nach Hause kommt. Warum sie überhaupt mitgegangen ist, weiß sie ja selbst nicht zu sagen, vielleicht, weil die Männerwelt des Dorfes so gar keine Notiz von ihr nimmt und sie so gerne einen Freund hätte. Jozef ist verheiratet und hat eine Familie. Selbstverständlich wußte sie das und trotzdem war sie mit ihm allein an diesem einsamen Platz.
Für beide gilt eines gemeinsam: das Leben zeigt sich ihnen nicht von der Sonnenseite. Ein ganz klein wenig Wärme, vielleicht ein Berühren der Hände, ein zartes Streicheln des Handrückens, eine Berührung der Wangen, davon träumte Cecylia immer. Einmal Zärtlichkeit verspüren, einmal das Gefühl erleben, gestreichelt zu werden, das war ihr sehnlichster Wunsch. Einen Mann an der Seite zu haben, einer, der ihr gegenüber

aufmerksam ist, der ihr Aufwartungen macht – sie blieb. Unbemerkt rückte Jozef ein wenig näher an Cecylia, ohne daß sie es wahrnahm oder wahrnehmen wollte. Sie merkte nicht einmal, daß sein Atem immer lauter wurde und seine Augen einen Glanz bekamen, der eine erfahrenere Frau sicher zur Vorsicht veranlassen würde. Daß der Druck seiner Arme, die auf ihren Schultern lagen, eine völlig andere Bedeutung für ihn als für sie hatte, konnte oder wollte sie sich nicht vorstellen. Viel zu unbedarft verhielt sie sich. Zwar hat ihre Mutter sie immer vor heimlichen Treffen mit Männern gewarnt – welche Mutter tut das nicht –, doch sie nahm derlei Warnungen nicht allzu ernst. Was soll schon geschehen in Osieki, wo jeder jeden kennt. Mit starker Erkältung wartete ihre Mutter zu Hause und war natürlich schon neugierig, von ihrer Tochter zu erfahren, was sie an Neuigkeiten aus der Kirche zu berichten hatte. Endlich hörte sie die Eingangstüre knarren, und noch bevor Cecylia etwas sagen konnte, fragte die Mutter: „Hast du dem Pfarrer noch geholfen, die Gebetsbücher einzusammeln?“ Und: „Geht denn so ein starker Wind heute, weil du so zerzauste Haare hast?“

„Ja, ich geh jetzt in mein Zimmer. Mir geht es heute nicht so gut.“ Cecylias Stimme zitterte, sie verschwand schnell. Der Mutter schien sie verworren. „Irgendwas stimmt da nicht“, mochte sie gedacht haben.

Sie ging zur Kammer ihrer Tochter und wollte gerade die Tür öffnen, als sie ein leises Weinen hörte. Sie wollte hineingehen und sie trösten, doch ihr weiblicher Instinkt hielt sie davon ab. Sie beschloß, in der Wohnstube so lange zu warten, bis ihre Tochter kommt – dann würde sie schon erfahren, was vorgefallen ist. Als sie in den Garten ging, um vom Brunnen Wasser zu holen, fielen ihr sofort die letzten Worte Cecylias ein, und sie bemerkte, daß kein Wind ging. Nun war sie doch besorgt. Tatsächlich vergingen Tage, endlose Tage, bis Cecylia sich ihrer Mutter anvertraute und berichtete, was nach der Kirche vorgefallen ist.

„Er hat dich vergewaltigt“, schloß die Mutter aus dem, was ih-

re Tochter stockend und unter Tränen erzählte. Ganz vorsichtig, als wolle sie verhindern, etwas zu zerbrechen, wo doch ein anderer schon so viel im Herzen ihrer Tochter zerbrochen hatte, streichelte die Mutter über Cecylias Haar. Grauenhafte Bilder stürmten auf die Mutter ein, schrecklich klar in allen entsetzlichen Details. Sie sieht ihre Tochter als geschundene Kreatur in den Händen dieses Teufels. Sie sieht Cecylias Tränen, hört ihre Schreie nach der Mutter und nach deren Schutz. Immer wieder derselbe Gedanke: ihrem Kind wurde Gewalt angetan. Sie sieht noch immer das kleine schutzbedürftige Mädchen vor sich mit seinen dunklen Locken, fühlt die kleinen Hände, die sich ihr entgegenstrecken, weil sie Halt und Geborgenheit suchen bei der Mutter, dem einzigen Menschen, dem sie vertrauen kann. Sie kann natürlich nicht verstehen, wie sich ihre Tochter einem solchen Mann gegenüber so verhalten konnte. Sich so unbedarft auf die Wünsche eines Mannes einzulassen, der doch wie alle anderen nur das eine will! Sie alle sollten ihr kleines Mädchen in Ruhe lassen. Cecylia, ihr Kind, gehört doch nur ihr und nicht so einem dahergelaufenen Lump von Mann, der sich für ein paar Minuten an ihr vergnügen will.
Wenn sie nur an sich selbst dachte, welch verhängnisvollen Verlauf ihr Leben nahm, nachdem sie geheiratet hatte: Tag und Nacht mußte sie arbeiten, um wenigstens das Notwendigste für ihr Kind zu haben. Sie haßte Cecylias Vater – er kümmerte sich nie um die Familie, sondern meist nur um den nächsten Schluck Alkohol. Er verstarb früh und nie wieder hatte sie einen Gedanken an ihn verschwendet; zu tief saß die Enttäuschung über den Lebenswandel des Mannes, den sie einst aus Liebe geheiratet hatte. Nach seinem Tod verabscheute sie die Männer noch mehr als je zuvor in ihrem Leben. Grenzenlose Wut gegen alles Männliche hatte sich in ihr festgesetzt.
Und nun galt es, ihrer Tochter über das ihr zugefügte Leid hinwegzuhelfen, ihr beizustehen in den schwersten Tagen ihres jungen Lebens. Sie hatte immer versucht, Cecylia das Erleben ihrer Jugend zu bewahren und wußte nun, daß die einstige Un-

beschwertheit zerstört ist. Der Gedanke daran, was ihrer Tochter geschehen ist, ließ sie nicht mehr los.
Zwei Monate wußten die Frauen nicht, daß es noch viel schlimmer kommen sollte. Cecylia ging es jeden Tag schlechter; die beiden Frauen führten es darauf zurück, daß sie in den vorherigen Wochen allzu vieles erleiden mußte. Ständig denken die beiden Frauen darüber nach, wie die Zukunft für sie aussehen soll. Wer will schon eine Braut haben, die nicht einmal mehr Jungfrau ist, in so einem kleinem Dorf. Cecylia, in ihrer Not, nahm immer mehr ab, ständig war ihr schlecht. Für die Mutter schließlich der Anlaß, mit ihr einen Arzt aufzusuchen. An das Ergebnis der Untersuchung Cecylias hatten sie bis zu diesem Zeitpunkt noch nicht gedacht. Ihr Hausarzt fragte Cecylia, wer denn der stolze Papa sei – sie sei schwanger.
„Auch das noch", seufzte die Mutter. „Was kommt denn noch alles auf uns zu?"
Verzweifelt suchte sie einen Ausweg. Die Schuld gab sie sich selbst, denn wäre sie, wie an jedem anderen Sonntag, mit zur Kirche gegangen, wäre das sicher nicht passiert. Der Gedanke, Jozef anzuzeigen, wurde schnell verworfen – welches vernünftige Mädchen hätte sich mit einem verheirateten Mann, sei es auch nur auf einen Spaziergang, eingelassen, wo doch jeder im Dorfe weiß, daß dieser verheiratete Trottel hinter jedem Rock her ist. Seit ihn ein Blitzschlag vom Traktor geschleudert hat, nehmen ihn die Menschen hier sowieso nicht mehr ernst.
„Du darfst diesen Kerl nie wiedersehen, nie mehr! Und das Kind wird er auch nicht zu Gesicht bekommen", schwor die Mutter ihre Tochter ein. „Nie mehr. Eher bring' ich ihn um, diesen Saukerl", wiederholte sie immer wieder. Der einzige Mensch, dem sich die beiden Frauen anvertrauten, war der Pfarrer. Doch der hatte nichts Eiligeres zu tun, als die ganze Angelegenheit in der nächsten Predigt breitzutreten. Er nannte zwar keine Namen, doch jeder wußte, wer mit dem „sündigen Weib" gemeint war. Von nun an verließ Cecylia nicht mehr das Haus und beide Frauen sonderten sich völlig ab.

Die Geburt des „kleinen Jungen“

Niemand sieht, wie Cecylia ihren immer umfangreicheren Leib traktiert, immer wieder schlägt sie auf ihn ein, als wolle sie ihn wegprügeln. Eines Tages stürzt sie eine Treppe herunter. Ihre Mutter ist sicher, daß dies kein Unfall ist, kann ihre Tochter aber, wie sie später sagt, ihr geliebtes Mädchen, verstehen. Und Cecylias Haß auf das ungeborene Leben wird immer stärker. Unendliche Wut begleitet den fülliger werdenden Leib, der das vorzeitige, unwiderrufliche Ende ihrer Jugend bedeutet. Nur die Mutter gibt ihr noch Trost in dieser schweren Zeit. Aber in ihren Gedanken, in ihrem Herzen, kann dieser jungen Frau niemand helfen. Sie ist mit sich und ihren Sorgen allein. Nichts kann sie gegen das kleine Leben tun, das sie immer deutlicher spürt und das Liebe und Geborgenheit bei ihr suchen wird. Schweißgebadet, die Schmerzen der Wehen nicht wahrnehmend, liegt sie zu Hause in ihrem Bett und will nur eines: endlich das ungewollte Leben in ihrem Körper loswerden. Angstvoll verfolgt die Hebamme den Verlauf der bevorstehenden Geburt. Ihr fällt vor allem der riesige Leibesumfang der Schwangeren auf. Während der ganzen Schwangerschaft kann jedoch kein Arzt ein Problem für das angekündigte Ereignie feststellen. Man führt die riesige Leibesfülle der werdenden Mutter auf die rundliche Figur, die sie schon vorher hatte, zurück.

„Ich kann das nicht mehr verantworten. Sie müssen sofort in ein Krankenhaus, bei der Geburt kann es Probleme geben. Ich hole einen Krankenwagen“, mit diesen Worten läßt die Hebamme die beiden Frauen zurück und eilt zum Nachbarhaus, um zu telefonieren.

„Probleme? Was für Probleme?“ will Cecylias Mutter von der Hebamme wissen, doch die läßt sich bei ihrer Rückkehr auf kein Gespräch ein.

„Der Krankenwagen kommt gleich“, teilt sie den ratlosen Frauen mit und hilft der Schwangeren dabei, sich anzukleiden. Wenige Minuten später liegt Cecylia auf einer Bahre und wird in

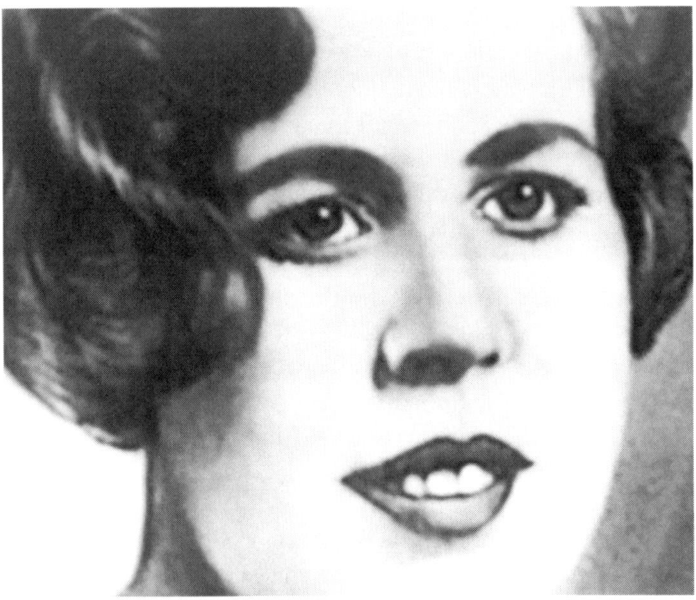

Cecylia Pekalski, Leszeks Mutter

die nahegelegene Klinik gefahren. Neben ihr auf einem Notsitz begleitet sie die Mutter und hält ihr die Hand. Der Wagen hat kaum angehalten, da springt der Beifahrer heraus, öffnet die hintere Türe und schiebt die fahrbare Trage in den Kreißsaal. Ein Arzt wartet bereits und nimmt die Schwangere in Empfang.
Nach einer kurzen Untersuchung steht für ihn fest: „Sie können sich freuen: Ihre Zwillinge kommen!"
„Zwillinge?" fragt die Mutter entsetzt. „Das kann doch nicht wahr sein, Herr Doktor?" Die Mutter wankt.
„Doch, das können Sie mir schon glauben ...", er legt die Stirn in Falten. „Wußten Sie das gar nicht?"
Die Frauen geben keine Antwort, Cecylia schreit, und er sagt: „Nur keine Angst, das kriegen wir schon in den Griff. Wir hatten schon viele Zwillinge!"
In sehr kurzen Abständen gebärt Cecylia einen Jungen und ein Mädchen. Als man sie ihr an die Brust legen will, schreit sie ihre Mutter an: „Bring sie weg von mir, ich will sie nicht sehen. Niemals!"
Eisige Stille herrscht im Kreißsaal. Niemals will Cecylia ihre Kinder an ihr Herz drücken. Nie sollen sie die Wärme ihres Körpers noch einmal verspüren. Endlose Leere umgibt sie bei dem Gedanken an ihr zukünftiges Leben. Die Gefühle in ihr scheinen abgestorben. Die kleinen Lebewesen sind schon jetzt allein auf dieser Welt, in eine Welt geboren, in der es keine Wärme und Geborgenheit für sie geben soll. Ihre Tochter nennt Cecylia Joanna, ihren Sohn Leszek.
„Ewiger Fluch sei über euch", ist ihr eiskalter Kommentar, den sie fordernd wie einen Wunsch ausspricht, als der Pfarrer die kleinen Lebewesen in der Kirche tauft, und er erschrickt.

Dreizehn Jahre sind seither vergangen. Für Leszek Pekalski, den Sohn von Cecylia, Jahre eines einzigen Martyriums, einer unbeschreiblichen Qual. Nie ist es ihm in all den Jahren gelungen, Zuneigung von der Mutter, von seiner Oma oder den Mitmenschen zu erhalten. Verzweiflung zeichnet sein Gesicht.

Auszug aus dem von Leszek Pekalski selbst niedergeschriebenen Geständnis:

. Dlatego jeździłem
po Polsce bo lubię podrużować i zwiedzać.
Jak pracowałem w Katowicach to byłem jeden
raz jechany do mamy i babci odwiedzić na
Nowy rok. Jak przyjechałem do mamy i babci
to one mnie wygnali spowrotem na Śląsk
dlatego bo mnie chcieli się pozbyć

Deshalb reiste ich in Polen herum, weil ich gern verreiste und mir etwas ansah. Als ich in Katowice arbeitete, bin ich einmal zu meiner Mutter und zur Oma gefahren, um sie zu Neujahr zu besuchen. Als ich zur Mutter und zur Oma kam, haben sie mich zurück nach Słąsk (Schlesien) gejagt, weil sie mich loswerden wollten.

Die ständige Verachtung, die man ihm entgegenbringt, prägt sein junges Leben.
Er wird nie vergessen, was man ihm angetan hat, als er vier Jahre alt war. Er spielte mit dem Schürhaken, stocherte in den glühenden Kohlen im Ofen herum. Dabei fielen einige Aschereste auf den Fliesenboden. Als seine Oma dies sah, nahm sie die kleine Kinderhand und preßte sie auf die heiße Ofenplatte. Vor Schmerzen schrie der kleine Junge, doch niemanden interessierte das. Seine Hand wurde nicht verbunden. Trotzdem schmiegte er sich angstvoll an die Schürze der Frau, suchte Schutz und Trost – und wurde so heftig weggestoßen, daß er zu Boden fiel. Auf die Hände, die übersät mit Brandwunden waren. Er konnte nicht verstehen, warum man ihm dies angetan hat. Als seine Mutter abends endlich nach Hause kam, glaubte er, wenigstens bei ihr Trost zu finden. Doch als sie erfuhr, daß Kohle auf den Boden gefallen ist, griff sie nach ihm und preßte seine kleinen Hände noch einmal auf die heiße Ofenplatte. Das Kind schrie, schrie, schrie – und niemand war da, der ihm half.
Selbst nach vielen Tagen hat das Kind noch große Brandblasen an den Handinnenflächen, die man auch später nicht verband; nicht einmal dann, als die Wunden aufplatzten und das offene Fleisch abermals starke Schmerzen bereitete. Das sollte nicht die einzige Grausamkeit bleiben, die ihm von seiner Mutter und seiner Großmutter zugefügt wurde. Bei jeder Gelegenheit, bei der Leszek Anlaß zur Beschwerde gab, wurde er nicht nur gerügt, sondern verprügelt. Der Körper des kleinen Jungen war immer wieder mit Striemen und blauen Flecken übersät. Cecylia, die junge Mutter wider Willen, wußte nicht mehr ein noch aus. Sie wollte das Zwillingspaar nicht mehr sehen und so beschloß sie, die beiden Kinder in ein Heim zu stecken.
Schließlich wurden die Kinder aber zurückgebracht. Cecylia hatte in der Zwischenzeit zwei weitere Kinder von einem anderen Mann. Darum brachte sie Leszek und Joanna zur Großmutter. Doch die alte Frau war mit den beiden überfor-

dert. Voll Bitterkeit und Entbehrungen begann das Leben der Zwillinge bei der Großmutter.
Seine Schulzeit verbrachte Leszek, als seltsamer Vogel verschrien, in den verschiedensten Heimen und Sonderschulen. Die Grundschule mußte er bereits nach der ersten Klasse wieder verlassen. Umhergestoßen, immer allein, von den Kindern gehänselt, verachtet, verspottet und verhöhnt – das war seine Kindheit. Ein Leben voller Prügel und Schläge. Selbst die Mitschüler der unteren Klassen begegneten ihm mit unerbittlicher Härte.
Die Ferien zu Hause waren ein einziger Alptraum. Leszek konnte einfach nicht den blinden Haß und die Wut verstehen, die ihm entgegengebracht wurden, die endlosen Erniedrigungen, die er erdulden mußte. In all den Jahren schien er den Fluch ertragen zu müssen, den die eigene Mutter gegen ihn ausgesprochen hatte. Als 22jähriger Mann erzählt er einmal:
„Ich wollte Oma und Mutter besuchen, um ihnen ein gutes neues Jahr zu wünschen. Sie haben mich weggejagt, sie wollten mich loswerden."

Leszeks Schwester: „Es war nicht lustig ...“

Als erwachsene Frau mit 31 Jahren erzählt Leszeks Schwester über ihre Jugend:
„Es war nicht lustig, unser Leben, wir hatten nichts, was andere Kinder in diesem Alter haben. Keine Eltern wie die anderen. Wir haben uns selbst großgezogen, waren stets auf uns selbst angewiesen. So hat einer den anderen beschützt. Unser Leben war sehr eintönig; es lohnt nicht, sich daran zu erinnern. Jede Großmutter bemüht sich doch, gut zu ihren Enkelkindern zu sein. Sie tröstet sie, erzählt ihnen Märchen, spielt mit ihnen und hilft bei den Hausaufgaben. Omas versuchen doch, zu ihren Enkelkindern so zu sein, wie zu den eigenen Kindern. Bei uns gab es das nicht. Unsere Großmutter war eine unruhige Frau. Sie hatte vom Leben nicht das bekommen, was sie sich gewünscht hatte. Sie war sehr verbittert, weil ihr Leben nicht so verlief, wie sie es sich vorgestellt hatte. Ihre Wut darüber hat sie an uns ausgelassen. Einfach, weil wir da waren. Wir waren so etwas wie Sandsäcke für Boxer.“
Leszek, der kleine, verschüchterte Junge, kommt in die Schule. Obwohl er sich sehr viel Mühe gibt, schafft er die zweite Grundschulklasse nicht, und er wird in ein Heim für geistig behinderte Kinder gebracht. Dies wurde von der polnischen Gesundheitsbehörde angeordnet, da ihr bekannt ist, daß weder die Mutter noch die Großmutter den Jungen haben wollen. Seine traurige Kindheit ist vorbei, denn Leszek, der eigenartige Junge, fühlt sich wohl. Es beginnt die glücklichste Phase in seinem Leben. Zum ersten Mal fühlt er sich, als sei er etwas wert. Inmitten der schwer- und schwerstbehinderten Kinder blüht er auf.

Seine Erzieherin Genowefa N. erinnert sich noch heute an ihn:
„Leszek konnte lesen und schreiben und wollte arbeiten. Ja, er konnte auch richtig sprechen, im Gegensatz zu den anderen Kindern. Er war sehr beliebt bei den Schwestern, da er ihnen sehr viel bei der Arbeit geholfen hat.

Leszeks Zwillingsschwester Joanna

Ich glaube, er war bei uns sehr gut aufgehoben."
Für den kleinen Leszek bricht eine Welt zusammen, als man ihn nach eineinhalb Jahren aus diesem Heim nimmt, in dem er sich so wohlfühlte, in dem er zum ersten Mal Wärme und Geborgenheit erleben konnte. Grund für die behördliche Anordnung: Man ist überzeugt, Leszek entwickle sich inmitten der Schwerstbehinderten zurück. Nun muß er wieder zu seiner ungeliebten Großmutter. Er besucht die Sonderschule und wiederholt die zweite Klasse. Drei Jahre ist er älter als seine Klassenkameraden – sie hänseln ihn nach Strich und Faden. So sucht er immer mehr Kontakt zu Erwachsenen.

Seine Schuldirektorin Irena M. beschreibt diese Zeit zwanzig Jahre später:
„Ich sehe diesen Leszek noch heute, wie er auf dem Flur steht, in der für ihn eigenen Haltung: leicht gebeugt, die Hände immer vor seinem Körper. Er war sehr schüchtern und vermied jeglichen Augenkontakt. Er wurde nervös, wenn man ihn ansprach. Sein Blick war stets zu Boden gerichtet, seine Augen unruhig. Da er zu den Klassenkameraden keinen guten Kontakt hatte, suchte er Hilfe bei den Lehrern."
Seinen Vater Jozef bekommt Leszek so gut wie nie zu Gesicht. Irgendwann muß Leszek erstmals den Drang verspürt haben, sich für alle Demütigungen, die er erlitten hat, zu revanchieren. Und langsam beginnt er auch, sich für Mädchen zu interessieren, er, der kleine, pickelige Leszek, über den alle nur lachen. Immer mehr erregt es ihn, wenn er junge hübsche Mädchen sieht – und dieses Gefühl gefällt ihm. Seine Träume, in die er sich flüchtet, werden immer klarer, nehmen Gestalt an.
Schließlich träumt der Pubertierende von der vollkommenen Unterwerfung eines weiblichen Wesens. Er verspürt in sich immer mehr das Verlangen nach Macht, einer schier unendlichen Gier des Besitzenwollens. Nicht die flüchtige Eroberung eines Mädchens ist, was er will, er sucht auch nicht das Erlebnis einer Nacht. Er ist sich sicher, daß allein seine „Männlichkeit"

Genowefa N., eine Erzieherin des Behindertenheimes

ausreichend ist, einer Frau das Ausmaß seiner Stärke beweisen zu können. Sein Verlangen nach Mädchen macht ihm zu schaffen, wird stärker und stärker – und unkontrollierbar.
In all den folgenden Jahren versucht Leszek verzweifelt, ein Mädchen zu finden, das ihm allein gehören würde, doch es gelingt ihm nicht. Er ist davon besessen, eine Frau zu besitzen; dafür tut er alles. Leszek schreibt Dutzende Antwortbriefe auf Heiratsanzeigen und gibt selbst Annoncen auf, aber alle Bemühungen sind vergebens. Selbst Bittbriefe an Zeitungen, ihm doch bei der Suche nach einem Mädchen zu helfen, bleiben ohne Antwort.
Verzweifelt sucht er Behindertenheime auf und hofft dabei insgeheim, leichter an sein Ziel zu kommen, doch meist endet sein Weg schon an der Pforte. Den Pfarrer von Osieki, den er händeringend bittet, ihm bei der Suche nach einem weiblichen Wesen „zum Heiraten“ zu helfen, lacht ihn nur aus, so wie alle Menschen, denen er begegnet. Wütend, daß ihm nicht einmal der Geistliche helfen will, schwört er ewige Rache. Was er auch tut, alle Versuche scheitern, es will nichts gelingen, ihm bleibt die Erfüllung des Wunsches nach einer Frau versagt.
Einmal, er ist dreiundzwanzig Jahre alt, bekommt er ein Pornoheft in die Hände. Die Abbildung einer aufblasbaren Sexpuppe interessiert ihn besonders. Sofort eilt er zu seinem Schwager und bittet ihn, ihm eine solche Puppe zu besorgen. Der lacht laut auf, als Leszek ihm seinen Wunsch unterbreitet – er habe doch kein Geld, um sich so etwas leisten zu können, macht ihn der Schwager aufmerksam. Und ab diesem Zeitpunkt gibt es nur ein Ziel für Leszek: das Geld für diese Puppe zusammenzusparen. Seine Phantasien überschlagen sich bei der Vorstellung, daß er schon bald ein Eigentum haben werde, einen Körper, mit dem er machen kann, was er will. Die Menschen in seiner Umgebung sind überrascht, wie fleißig er auf einmal wird: Er mäht Wiesen, reinigt den Nachbarhof; er tut alles, wenn es ihm nur Geld einbringt. Freudestrahlend geht er nach Monaten zu seinem Schwager, der schon gar nicht mehr

Irena M., Schuldirektorin

an Leszeks großen Wunsch denkt. Pfennig für Pfennig hat er mühsam zusammengespart, bis er endlich den Kaufpreis für die Puppe vorlegen kann. Sein Schwager verspricht ihm, daß er ihm die Puppe besorgen werde – und verschwindet. An diesem Abend geht er in sein Stammlokal, wo man sich noch wundert, woher er das Geld hat, um all die Runden zu bezahlen. Am Ende hat er das Geld, das ihm Leszek gegeben hat, restlos verzecht. Leszek weiß dies natürlich nicht. Erst mit der Zeit, nach ständigem, ergebnislosem Nachfragen, merkt dieser, daß er von seinem Schwager nicht die Wahrheit hört. Leszek erhält die Plastik-Puppe nicht. Er muß sich selbst etwas holen.

Klassenfoto mit Leszek Pekalski außen links

Jugendfoto von Leszek Pekalski

Das Monster kommt hervor

„Willst du mich heiraten?“

Am 6. Juli 1990, nach einem Jahr Arbeit, wird Leszek von der Hütte Beldon in Katowice krank entlassen. Inzwischen ist er 24 Jahre alt, erhält eine monatliche Rente von etwa 100 Mark. Dies gibt ihm die Möglichkeit, durch die kleinen Nachbarorte zu vagabundieren und sonst nicht viel zu tun. Er wohnt bei seinem Onkel Bogdan, der ihn zwar des öfteren aus dem Hause wirft, aber doch immer wieder aufnimmt, in einer kleinen Dachkammer. Es stört ihn nicht, daß Pappe die Fensterscheiben ersetzt. Hier verbringt er seine Tage. Von den Wänden lachen ihn die schönsten Mädchen in aufreizenden Stellungen an. Er braucht diese Bilder, wenn er so allein ist in den Tagen und Nächten. Sie sind seine Welt, Körper, von denen er zwar träumt, aber doch weiß, daß er sie nie besitzen kann. Er träumt viel. Aber nicht in dieser Nacht: Er ist auf den Straßen unterwegs.

Die Kirchenglocken haben gerade 22 Uhr geläutet. Obwohl es angenehm warm in dieser Sommernacht ist, schlendert Leszek im Rollkragenpullover und mit einer Baskenmütze bekleidet durch das scheinbar menschenleere Dorf. Nur der Linienbus, der die Einwohner von der nahen Stadt nach Hause bringt, stört die beschauliche Ruhe.

Eine Bäuerin, Bernadetta B., steigt an der Haltestelle aus. Sie will schnell nach Hause. Sie ist müde; gerade noch hat sie den letzten Bus aus Bytów erwischt, wo sie einen Grabstein für ihre verstorbene Mutter ausgesucht hat. Die 51jährige stapft gedankenverloren geradewegs zu ihrem Haus. Einige hundert Meter vor ihrem Ziel bemerkt sie, daß ihr ein Mann folgt, doch sie ist viel zu sehr in Gedanken, als daß sie das beunruhigen könnte. Sie geht weiter, der Mann hinter ihr kommt immer schneller auf sie zu – immer schneller und schneller, mit einem Gang, den sie zu kennen glaubt. Er watschelt; er ist nicht groß, scheint nicht alt zu sein, doch noch erkennt sie ihn nicht. Den Gang allerdings scheint sie zu kennen. Ist das nicht …

„Willst du mich heiraten?“

Die Bäuerin weiß nicht, ob sie lachen oder weinen soll. „Was soll ich dich, heiraten?“ Sie traut sich nicht, den gedachten Satz zu beenden. Zu verrückt erscheint ihr die Frage. Das Gesicht des Angreifers kann sie noch nicht sehen.

Er hat seine Baskenmütze tief in die Stirn gezogen, den Rollkragen hochgeschlagen, offensichtlich, um nicht erkannt zu werden. Er steht vor ihr, wartet, was sie sagen wird. Nachdem er keine Antwort bekommt, schreit er: „So, und jetzt gehörst du mir.“

Er reißt sie zu Boden, drückt mit kräftigen Händen ihre Arme herunter. Sie windet sich, versucht, zu entkommen, doch ihre Füße werden wie die Arme weggedrückt. Sie bettelt um ihr Leben. Für einen Moment denkt sie noch daran, ihm die Mütze vom Gesicht zu reißen. Doch ihr Verstand rät ihr, dies nicht zu tun. Der Angreifer hat der Bäuerin jetzt mit aller Gewalt die Beine auseinander gedrückt und kniet zwischen ihnen. Den Kopf tief zu ihr hinabgebeugt, fragte er sie immer wieder: „Willst du meine Frau werden?“

Doch er erhält keine Antwort. Unsägliche Angst lähmt die Bäuerin, so daß sie zu keiner Reaktion fähig ist. Sie bemerkt sein Keuchen, spürt die Lust, die in ihm aufkommt. Seine Hände ballen sich zu Fäusten, er zittert am ganzen Leib. Sein hochrot angelaufener Kopf verrät höchste Erregung. Seine Beine zittern, er hat seinen Körper nicht mehr unter Kontrolle. Wie wahnsinnig schlägt er auf die Frau ein. Obwohl sie stark blutet, läßt er nicht von ihr ab. In seiner Gier ist er nicht mehr Herr seiner Sinne. Einem Trommelwirbel gleich fliegen seine Fäuste auf die wehrlose Frau nieder. Dann beginnt er, ihr die Kleider vom Leib zu reißen. Völlig nackt und ihm wehrlos ausgeliefert, liegt die 51jährige unter ihm. Er fühlt sich als Sieger. Lachend, manchmal laut schreiend, völlig von Sinnen, vergeht er sich immer wieder an ihr. Stunden der Qual muß Bernadet-

ta B. ertragen, doch sie sagt kein Wort. Sie erzählt später, daß seine wechselnden Gesichtsausdrücke dem eines Ungeheuers geglichen hätten – aber es war eindeutig Leszek Pekalski.
Für Leszek Pekalski war die Frau, ihm wehrlos ausgeliefert, die Erfüllung aller Begierden, sein uneingeschränktes Eigentum. Es gefiel ihm, daß sich diese Frau nicht wehrte, ihm sogar „freiwillig“ gehörte. Er bemerkte nicht ihren leeren Blick, es störte ihn nicht, daß sie kein Lebenszeichen von sich gab. Er war nur mit sich selbst beschäftigt – und damit, seinem Opfer alles zu nehmen, was sich ein rasender Teufel holen kann. Nach Stunden läßt er von seinem Opfer ab, steht seelenruhig auf, knöpft sich die Hose zu und verschwindet, ohne die Bäuerin noch eines Blickes zu würdigen.
Benommen und kreidebleich, mit unerträglichen Schmerzen rafft die Frau ihre Kleidung zusammen und läuft nach Hause. Sie will weinen, doch keine Träne läuft über ihre Wangen. Leise betritt sie das Haus, weckt nicht einmal ihren Ehemann. Scham über das, was ihr angetan wurde, ist der Grund, warum sie ihm nicht alles berichtete. Bis zum Morgen ist sie damit beschäftigt, ihre blutenden Wunden zu stillen. Schmerzen in ihrer Brust treiben sie an den Rand des Wahnsinns. Nur die Angst, ihr Mann könnte etwas merken, hält sie aufrecht.
Sie bereitet ihm sein Frühstück und ist froh, als er sie fragt: „Bist du mit dem Fahrrad gestürzt?“
„Aber wie!“ antwortet sie und ist beruhig, daß er ihr glaubt. Es vergehen Tage, bis sie sich ihrem Mann anvertraut und ihm von den schlimmsten Stunden ihres Lebens berichtet. Daß sie weiß, wer ihr dies alles angetan hat, behält sie vorerst für sich. Erst auf seinen Rat hin, zur Polizei zu gehen und „dieses Schwein anzuzeigen“, beschließt sie, es zu tun und den Beamten ihren Peiniger zu nennen. Nur einer im Ort hat solch einen Gang, nur einer geht so vornübergeneigt mit schlackernden Armen – Leszek Pekalski. Diese Haltung, die der eines Gorillas gleicht, und der Gang, ähnlich dem einer Ente, verraten ihn schließlich. Die Beamten des kleinen Polizeireviers brauchen nach dem Täter nicht lange zu suchen, sie wissen,

Bernadetta B.

wo er wohnt und sich oft aufhält. Bei seinem Onkel Bogdan. Als die Polizisten Leszek verhaften, ist er wie immer freundlich. Er gesteht die Tat und wird, da er einen festen Wohnsitz hat, nach den Vernehmungen freigelassen. Kein Polizist glaubt, daß dieser Pekalski vielleicht noch andere Straftaten begangen haben könnte. Viele Mädchen und Frauen wurden in den Jahren zuvor mißbraucht, doch niemand kommt auf die Idee, die kleine Dachstube, in der Leszek haust, zu inspizieren. Man ist froh, daß Leszek seine Tat gestanden hat – alles andere ist Sache des Gerichts. Auch ein Grund dafür, daß die Beamten nicht tiefer im Leben des Sonderlings stöbern, sind die Einwohner des Ortes selbst. Hämisch beschimpfen sie die Polizei: „Das schiebt ihr doch nur diesem Dorfdeppen in die Schuhe, weil ihr den wahren Täter nicht finden könnt."
Selbst der Bäuerin glaubt man nicht so recht – ob sie ihn auch wirklich in dieser dunklen Nacht erkannt hat? Die meisten Dorfbewohner glauben, daß sie sich irrt und ein Fremder sie vergewaltigt hat. Als Leszek noch in Polizeigewahrsam ist, werden selbst die Nonnen des nahegelegenen Klosters beim Staatsanwalt vorstellig und bitten: „Laßt ihn frei! Der Lesio (Niedlichkeitsform für Leszek) war immer ein lieber und braver Junge." Und: „Gebt ihm die Freiheit, er hat bestimmt nichts getan, wir kennen ihn!"
Diese Freiheit, die so vehement gefordert wird, bekommt Leszek Pekalski mit der Auflage, sich zur Erstellung eines Gutachtens über seinen Geisteszustand in der einzigen Klinik Nordpolens für psychisch gestörte Kriminelle in Gdańsk untersuchen zu lassen.
Die Psychiater des Krankenhauses nehmen sich Zeit für diesen Leszek Pekalski, obwohl ihm „nur" eine Vergewaltigung vorgeworfen wird. Drei volle Monate, von März bis Juni 1991, versucht man, die Hintergründe seiner Tat zu analysieren. Ein Gutachten wird erstellt und erst nach vielen Monaten an die Staatsanwaltschaft übersandt. Man war „überlastet", so die spätere, lapidare Erklärung für diese Verzögerung.
Dieses Gutachten sagt aus, daß sein intellektuelles Niveau im

Grenzgebiet zur geistigen Behinderung liege. Im Moment der Vergewaltigung war seine Zurechnungsfähigkeit jedoch nicht eingegrenzt.
Die Ärzte stellen fest, daß es sich bei ihm nicht um eine primitive Persönlichkeit handelt, vielmehr sei er sehr berechnend. Er könne als äußerst brutal angesehen werden, da er seine Triebe wohl nicht immer zügeln könne. Man glaubt zu erkennen, daß Leszek noch zu weit schwereren Verbrechen fähig ist. Man ist der Überzeugung, daß diese Tat keine Einzeltat war oder bleiben wird und geht davon aus, daß ihm ein solches Verbrechen jederzeit wieder zuzutrauen wäre.
Während des Aufenthaltes in der Klinik lernt Leszek eine sehr viel ältere Frau kennen. Renata, die am Down-Syndrom leidet, merkt, daß dieser Mann sehr nett zu ihr ist, und sie verbringt jede freie Minute mit ihm. Er fragt sie immer wieder, ob sie ihn heiraten würde, und das gefällt Renata. Allmählich fällt auch dem Personal das Geplänkel der beiden auf, und sie melden es den Ärzten, die für Leszek zuständig sind. Niemand versteht, wie die beiden zusammenkommen konnten, und doch weiß jeder in der Klinik, daß zwischen der Frauen- und Männerabteilung nicht einmal eine Tür ist. Man legt Leszek nahe, jeden Kontakt mit dieser Frau zu unterlassen, versorgt Renata jedoch mit Antibabypillen.
Wieder einmal treffen sich die beiden später heimlich in einer größeren Kammer für Reinigungsmittel. Leszek ist am Ziel seiner Wünsche. Daß sie seinen Vorstellungen ohne Widerwillen entgegenkommt, gefällt ihm und er fragt sie: „Willst du mich heiraten?"
Diesmal erhält er auch sofort Antwort. Leszek ist verblüfft, zum erstenmal in seinem Leben vernimmt er: „Ja, sofort!"
Leszek fühlt sich wie im Himmel, endlich hat er eine Frau gefunden, die ihn heiraten möchte. Endlich, scheint ihm, ist die Zeit der Einsamkeit vorbei. Freudestrahlend vertraut er sich einem Arzt der Klinik an. Immer wieder will er ihm klarmachen, wie sich nun sein Leben verändern wird. Doch der Arzt reißt ihn aus allen Träumen. „Leszek, ihre Freundin Renata ist

geistig gestört, und deshalb ist es nicht leicht, sie zu heiraten."
Da unterbricht ihn Leszek:„Das macht mir nichts aus. Ich will sie und sie mich auch. Also lassen Sie uns heiraten!"
„Nein, Renata kann nicht heiraten, da muß ihr Vormund einwilligen, und das ist nicht so einfach, wie Sie glauben."
Der Arzt verweist Leszek an die Caritas, die ein Büro in der Klinik hat, um zu überprüfen, ob eine solche Ehe möglich ist. Im August wird Leszek entlassen und erfährt durch die Caritas, daß eine Hochzeit zwischen ihm und Renata niemals genehmigt werden wird und jeglicher Kontakt mit ihr unterbunden werden muß. Leszek ist verärgert. Er geht niemals mehr in diese Klinik.
Die Freundlichkeit seinen Mitmenschen gegenüber indes wird immer ausgeprägter. Er versteht es, mit seiner Höflichkeit gerade ältere Menschen für sich zu gewinnen. Was soll dieser nette und einfältige Mensch anderen auch antun, ist er doch selbst ein so „armes Schwein". Wie sehr er alle mit seiner Art blendet, sollte sich erst sehr viel später herausstellen.
So ziehen Monate ins Land, und Leszek genießt jeden Tag auf seine Art. Er streicht von Ort zu Ort und vagabundiert „durch mein Land", wie er später immer sagt. Sein Land und alles darin gehört ihm, ist sein Eigentum. Leszek bereist ganz Polen, oft zu Fuß, und wenn es der Geldbeutel erlaubt, fährt er auch mit der Bahn oder dem Bus. Von Ort zu Ort, von Stadt zu Stadt, er fühlt sich überall zu Hause. Meist reicht seine Rente nicht, weshalb er immer wieder betteln muß. Und immer wieder zieht es ihn zurück nach Osieki, seinen Geburtsort, wo sein Onkel Bogdan die Dachkammer für ihn freihält. Wenn es eine feste Station im Leben von Leszek Pekalski gibt, einen Ort, wo er sich immer wieder wohlfühlt, dann ist es diese kleine Kammer. Bogdan lebt schon viele Jahre alleine in seinem Haus und ist froh, ab und zu durch seinen Neffen Leben in sein sonst so ruhiges Zuhause zu bringen. Er ist dem Alkohol verfallen, Wodka, sein über alle Sorgen hinweghelfendes Lebenselixier, ist fester Bestandteil seines Lebensmittellagers, auch wenn kein Brot im Hause ist.

Im oberen Stockwerk befindet sich nur ein Raum, die kleine Dachkammer. Bogdan bemüht sich nie, diese Stufen nach oben zu gehen, um zu sehen, wie Leszek dort haust. Die Einrichtung kennt er, sie ist sowieso von ihm. Nur wenn er wieder einmal zuviel getrunken hat, fühlt er sich allein und es wäre ihm dann lieber, sein Neffe würde sich nicht immer in diesem Zimmer verkriechen. Leszek genießt die Ruhe dieses Raumes, sein Gefühl, „zuhause" zu sein. Alles was er besitzt, befindet sich in diesem Raum. Den Bettkasten hütet er besonders; braucht aber andererseits keine Angst zu haben, daß entweder sein Onkel oder einer von dessen Saufkumpanen nach oben kommen und seine Schatztruhe entdecken könnten.
Leszek erhält eines Tages vom Gericht die Vorladung zur Verhandlung in Sachen Bernadetta B., der 51jährigen Bäuerin. Leszek wartet achtundzwanzig Monate bis zu dem Tag, an dem er vor Gericht zu erscheinen hat. Achtundzwanzig lange Monate kann er sich frei bewegen. Niemand außer ihm weiß wirklich, was er in dieser langen Zeit getrieben hat.
Am 21. November 1992 hat Leszek Pekalski vor dem Kreisgericht in Bytow wegen Vergewaltigung von Bernadetta B. zu erscheinen.
„Zum Aufruf kommt die Sache Leszek Pekalski", verkündet der Gerichtsdiener auf dem Gang und betrachtet den Mann, der soeben den Gerichtssaal betreten will.
„Sie sind Leszek Pekalski?" fragt der Beamte und Leszek nickt.
„Bitte treten Sie ein."
Er öffnet ihm die Tür zum Sitzungssaal, wobei er darauf achtet, daß der Abstand zwischen ihnen möglichst groß bleibt. Leszek tritt nach vorne ans Richterpult und verneigt sich ehrfürchtig vor dem hohen Rat. So steht er vor seinem Richter, der ihn von oben bis unten mustert.
Der Staatsanwalt, ein dunkelhaariger Mann mit grauen Schläfen, verliest die Anklageschrift, nicht ohne ständig den vor ihm sitzenden Angeklagten zu beobachten.
„Was sagen Sie zu den Vorwürfen des Staatsanwaltes, Angeklagter?" lautet die Frage des Gerichts.

Leszek, den Kopf zum Boden geneigt, die Arme auf dem Rücken verschränkt, als hätte er größte Ehrfurcht vor dem Gericht, spricht leise, fast verschämt.
„Ich bereue es so sehr, Herr Rat, es war, weil ich nie eine Frau bekam, und da überfiel es mich einfach. Wahrscheinlich habe ich zuviel getrunken an diesem Tag", lügt er, denn er hat noch nie getrunken. Leszek verabscheut Alkohol. Für ihn eine Schutzbehauptung, die mangels genauerer Informationen über ihn niemand widerlegen kann.
„Es tut mir ja so leid, daß ich dieser braven Frau so wehgetan habe, ich will es auch nie wieder tun", versucht er in fast kindlicher Art, den Richter zu beeindrucken.
„Sie geben alles zu, was Ihnen der Staatsanwalt vorwirft?" Der Richter ist leicht verwirrt, es scheint ihm zu mühelos.
„Ja, Herr Richter, alles gebe ich zu und ich bereue es auch ganz fest", gibt Leszek zur Antwort.
Als ihn der Staatsanwalt danach auffordert, etwas über sein Leben zu erzählen, leuchten seine Augen auf – er weiß, das ist seine Stunde. Er beginnt, weit ausholend seine Jugend zu schildern, mit allen Facetten des Elends, die er erlebt hat. Und Leszek hat viel zu erzählen. Er merkt sehr schnell, wie gut das bei Gericht ankommt, wenn er von seiner unheilvollen Kinderzeit berichtet. Alle im Gerichtssaal sind beeindruckt von den Worten dieses einfachen, etwas verwahrlosten Menschen. Am Ende seiner Ausführungen sind alle Anwesenden voller Mitleid. Und verblüfft von der Freundlichkeit und Reue dieses so leidgeprüften Mannes. Selbst der Vorsitzende Richter, der in seiner langen Dienstzeit sehr viele Erfahrungen gesammelt hat, ist beeindruckt von den Ausführungen des Angeklagten. Wie ein Häufchen Elend steht er vor ihm.
Keiner im Saal zweifelt auch nur einen Augenblick daran, daß dieser einfältige Mensch niemals wieder zu solch einer Tat fähig wäre. Die Beratung des Gerichts für die Urteilsfindung dauert daher nicht lange. Der Richter sieht es als erwiesen an, daß es sich bei der Tat des Angeklagten um eine einmalige Verfehlung handele. Da Leszek Pekalski noch nicht vorbestraft

ist, verkündet er das Urteil: „Zwei Jahre Gefängnis auf fünf Jahre Bewährung!“
Leszek geht langsam, vornübergebeugt, in seiner für ihn typischen Art zum Ausgang des Gerichtssaales. Noch einmal richtet sich sein Blick zurück, zum Vorsitzenden Richter und ganz leise, mit großer Erleichterung, sagt er: „Danke“ – so, daß es jeder hören kann. Dann verläßt er zufrieden den Raum. Der Staatsanwalt blickt ihm angestrengt nach. Er kann ihn noch nicht einordnen. Kein ständig volltrunkener Penner, obwohl er optisch diesen Eindruck macht, ein Vagabund, mit ein paar Mark Rente jeden Monat …
„Ein Mensch, der einmal gestrauchelt ist, weil er nie das bekam, was er wollte“, so entläßt der Staatsanwalt diesen Menschen aus seinen Gedanken.
„Ein trauriger Fall“, stellt der Richter nach der Verhandlung fest. Er kann nicht ahnen, wen er soeben als freien Mann entlassen hat. Der Staatsanwalt schließt die Akte jedoch nicht. Er wird das Gefühl nicht los, daß mit der Persönlichkeit dieses Mannes etwas nicht stimmt. Er hatte vergessen, daß er die Untersuchung Leszeks längst angeordnet hat und daß sich bereits ein Gutachten bei der Staatsanwaltschaft befindet, das aber – wie vieles andere – nicht bei ihm angekommen ist. Der Staatsanwalt beschließt, daß Leszek Pekalski sich erneut in einer psychiatrischen Klinik untersuchen lassen muß.
Als er nach Wochen von der Klinik einen Termin erhält, schickt er die Polizei auf die Suche nach Leszek, doch sie hat kein Glück. Leszek ist längst auf Reisen, unterwegs in Polen. Immer wieder spricht die Polizei bei Pekalskis Onkel Bogdan vor, aber vergebens: „Leszek ist nicht da, er ist in Polen unterwegs!“
Da man keine Anhaltspunkte sieht, wo sich Leszek aufhalten könnte, teilt die Polizei ihr dürftiges Ermittlungsergebnis der Staatsanwaltschaft mit. Die schließt daraufhin ebenfalls die Akte Leszek Pekalski.

Ein ungeklärter Fall

Der für das Gericht in Bytow zuständigen Staatsanwaltschaft liegt zu dieser Zeit, als Leszek seine Verhandlung bestreitet, ein ungeklärter Fall vor. Man scheint nicht weiterzukommen im Fall Sylwia R., einem 17jährigen Mädchen aus dem dortigen Landkreis, das auf brutalste Weise getötet wurde. Sie war neu hinzugezogen und niemand scheint sie richtig gekannt zu haben. Obwohl alle zur Verfügung stehenden Polizeikräfte damit beauftragt waren, nach verwertbaren Spuren zu suchen, kam die Staatsanwaltschaft nicht weiter. Wer konnte das Mädchen getötet haben? Am 30. Juni 1992 teilt die Kreisstaatsanwaltschaft von Bytow den Eltern des Opfers schließlich mit, daß die Untersuchungen im Falle Sylwia R. „eingestellt worden sind, da der Täter nicht ermittelt werden konnte". Die Anklage gegen Unbekannt lautete auf: „Mord, Raub, Vergewaltigung und Leichenschändung."

Ermittlungstechnische, standardisierte Methoden werden hier nicht angewandt, Fälle nicht verglichen, Beweismaterial nicht oder nur unzureichend gesichert oder sogar verschlampt.

Die Einstellung der Ermittlungen erfolgt fünf Monate vor Leszek Pekalskis Verurteilung als Vergewaltiger der 51jährigen Bäuerin. Niemand ahnt einen Zusammenhang zwischen beiden Taten. Leszek wird, nachdem er die Tat an Bernadetta B. gestanden hat, in den Polizeiakten nicht einmal als Vergewaltiger geführt. Die einzige Person, die etwas sagen könnte, schweigt – aus Scham und Angst. Denn bereits einen Tag vor ihrer Ermordung traf Sylwia ihren Mörder – und sie war nicht allein. Ihre beste Freundin, Janina C. begleitete sie. Doch Janina sagte bei der Polizei bewußt falsch aus, damit ihre Eltern nicht erfahren, daß die beiden Mädchen sich mit einem fremden Mann getroffen haben. Sie schwieg, obwohl sie den Mörder hätte beschreiben und man ihn dadurch hätte dingfest machen können – früh, viel früher, als es dann tatsächlich der Fall war. Wie viele Menschen danach noch sterben mußten, kann bislang nur vermutet werden.

Jadwiga W., die Sekretärin der Staatsanwaltschaft

Nur vermutet werden kann auch, wie sich der Fall Leszek Pekalski ohne Jadwiga W. entwickelt hätte. Der Sekretärin des Staatsanwaltes fällt, als sie nach einigen Unterlagen sucht, eine Akte zu Boden. Ein Gutachten – sie hebt es auf und bemerkt, daß es aus der Akte Sylwia R. gefallen ist. Den Fall kennt sie, noch einmal blättert sie den grauenhaften Bericht durch, sieht sich noch einmal die Bilder des Leichenbeschauers an. Noch nie hat sie einen solchen Vorgang in den Händen gehalten – wann gibt es auch schon einen Sexualmord in dieser kleinen Stadt. Neugierig, was der Täter dem Opfer angetan hat, läßt sie dieser Fall nicht los. Immer wieder nimmt sie die Akte zur Hand. Für sie ist es einfach unverständlich, daß man den Täter nie gefunden hat, obwohl ihr Chef doch alle zur Verfügung stehenden Leute und Mittel eingesetzt haben will. Einen Tag später fällt ihr – wieder durch Zufall, wie sie später sagt – die Akte Leszek Pekalski in die Hände. Für diesen Fall erledigte sie die Terminüberwachung. Sie wird aufmerksam. „VERGEWALTIGUNG" liest sie auf dem Deckel der Akte in roter Schrift. Sie kennt den Fall, bei dem dieser Pekalski eine Bäuerin vergewaltigt und ihr schwere Verletzungen durch Schläge beigefügt hat. Und sie findet den Untersuchungsbefund der psychiatrischen Klinik.
Die letzten Sätze beunruhigen sie: Die Ärzte stellten fest, daß es sich bei ihm nicht um eine primitive Persönlichkeit handelt, er vielmehr sehr berechnend sei. Er könne als äußerst brutal angesehen werden. Er sei zu weit schwereren Verbrechen fähig. Ein solches Verbrechen sei ihm jederzeit wieder zuzutrauen. Immer stärker keimt in ihr der Verdacht, daß dieser Täter etwas mit dem Mord an Sylwia R. zu tun haben könnte, sie sieht Parallelen, wo es strenggenommen doch eigentlich keine gibt. Leszek hat eine 51jährige Bäuerin vergewaltigt, aber niemanden getötet. Dennoch: der Gedanke an diesen Mann läßt die Sekretärin nicht los. Sie sucht weiter und stellt verwundert fest, daß man Leszek Pekalski in Sachen R. nicht einmal vernommen hat – dabei war er doch auch ein Sexualtäter.
Beim Vergleich der ärztlichen Berichte, als sie die Verletzun-

gen der beiden Opfer gegenüberstellt, beschleicht sie ein merkwürdiges Gefühl. Die Verletzungen weisen die gleiche Handschrift auf. Das äußerst brutale Vorgehen, die Schläge ins Gesicht, der Mißbrauch des bewegungslosen Körpers. Soll sie zugeben, daß sie Akten studiert hat, obwohl dies gar nicht ihr Aufgabengebiet ist, oder soll sie schweigen?
Schließlich vertraut sie ihrem Chef ihre Vermutungen an. Er hat zunächst nur ein müdes Lächeln für sie übrig – zu grotesk erscheint ihm, daß die vielen damit beauftragten Kriminalisten den Täter nicht ermitteln konnten, aber nun seine Sekretärin den Fall gelöst haben will.
Am 17. Dezember 1992 fahren drei Polizeiwagen vor dem bescheidenen Haus des Bogdan Pekalski vor. Die Beamten gehen geradewegs auf das Haus zu. Er ahnt nichts Gutes, zu streng sind die Blicke der Beamten. Er tritt vor die Tür und erschrickt, als die Männer Punkt 17 Uhr ohne Gruß ins Haus stürzen. Ohne gefragt worden zu sein, zeigt Bogdan zur Eisentreppe, die zur Dachkammer führt. Es ist die Dachkammer, in der Leszek wohnt. Er ahnt, wen sie suchen.
„Dort oben ist er." Bogdan weist mit einer Geste die Treppe hinauf, in den ersten Stock. Leszeks zeitweilige Bleibe.
„Er schläft", sagt Bogdan. „Hat er etwas getan?"
Er ist noch nicht einmal richtig angezogen; steckt sein Hemd in die Hose, fährt mit den Fingern durch seine Haare und schlüpft in seine Pantoffeln, die im Zimmer verstreut liegen. Wieder einmal hat der Mann eine lange Nacht hinter sich. Seine Freunde waren gekommen und man hatte manche Flasche Wodka geleert. Mit seinem mächtigen Kater kann er kaum verstehen, was man von seinem Neffen will. Er hat doch erst Verhandlung gehabt und war wieder freigelassen worden. Was sollte denn nun wieder sein?
„Wollen Sie mir nicht einmal sagen, was los ist? Ich komm gar nicht mit!"
„Das brauchen Sie auch nicht", fährt ihn einer der Beamten an. „Zeigen Sie uns das Zimmer von Leszek, alles andere erklären wir Ihnen später."

Die Beamten gehen mit Bogdan die Treppe hinauf, zum Dachgeschoß.
„Hopp, aufstehen Leszek Pekalski, Sie sind verhaftet!“ ist alles, was man zu dem eben noch Schlafenden sagt. Schlaftrunken steht Leszek auf und kann gar nicht fassen, daß man ihm sofort Handschellen anlegt. Er wird sofort aus dem Zimmer geführt.
„Hier also wohnt Leszek? Sieht ja toll aus“, sagt einer der Beamten verächtlich zu Bogdan, der wie versteinert im Raum steht und auf die Kleidungsstücke deutet, die im ganzen Raum umherliegen.
„Lüften dürftet ihr auch mal“, sagt er nur, geht zum Fenster und reißt es auf, daß die Pappe aus dem Rahmen springt. Eifrig durchsuchen die Beamten das ganze Zimmer, bis einer den Bettkasten freilegt und aufgeregt verkündet: „Ja, da schau her! Was haben wir denn da?“
Er zeigt auf den Inhalt des Kastens. Seine Kollegen hören auf der Stelle mit ihrer Suche auf. Sie starren auf das, was im Bettkasten liegt. Es ist nicht etwa die dreckige Wäsche Leszeks, die hier zum Vorschein kommt. Jeder der Beamten erkennt, daß sie einen Fund ganz besonderer Art gemacht haben.
„Sofort zwei Mann an die Eingangstür, laßt niemanden herein“, befiehlt der Leiter der Untersuchungskommission und fügt noch hinzu: „... und Leszek sofort in die Zelle unseres Reviers bringen!“
Die beiden angesprochenen Beamten verlassen mißmutig den Raum und gehen die Treppe hinunter zum Hauseingang. Zu gerne wären sie oben geblieben und hätten verfolgt, was es in Leszeks Zimmer noch alles zu entdecken gibt. Die im Zimmer verbliebenen Polizisten stehen noch immer um den geöffneten Bettkasten. Gerade will einer von ihnen sich bücken, um die Gegenstände, die vor ihm liegen, näher zu inspizieren, als der Leiter der Kommission unmißverständlich zu verstehen gibt: „Nichts anfassen, wir müssen erst einen Staatsanwalt holen. Er will sich sicher zuerst ein Bild machen, von dem was hier herumliegt.“

Leszeks Onkel Bogdan Pekalski

Der Leiter der Aktion ist sichtlich nervös. Die Angelegenheit scheint ihm zu heikel, als daß er ohne Staatsanwalt agieren möchte. Er begreift sofort, daß dies ein außergewöhnlicher Fall ist, der außergewöhnliche Entscheidungen erfordert. Er will die Verantwortung für das weitere Vorgehen nicht allein übernehmen. So wartet er ab, bis der Staatsanwalt, den man über Funk verständigt hat, eintrifft. Ruhig geht dieser nach seiner Ankunft die Treppe zum oberen Stockwerk hinauf und fragt sich, ob sich die Aufregung wirklich lohne. Als er sieht, was vor ihm liegt, schlägt er beide Hände vors Gesicht: der gesamte Bettkasten ist gefüllt mit Damenunterwäsche und Damen-Oberbekleidung. Es sind unzählige Einzelteile. Kleine und große Höschen in allen Farben und Schnitten, Büstenhalter, Blusen, T-Shirts. Alle Kleidungsstücke sind erdverschmiert und voller Blutflecken. Es sind weit über einhundert Einzelteile. Geschockt verläßt er den Raum, gibt noch die Anweisung, die ganzen Gegenstände einzusammeln und in das Büro der Staatsanwaltschaft zu bringen.
Dort herrscht kurz nach seinem Eintreffen helle Aufregung. Ein Stein war ins Rollen gebracht; jetzt gilt es, schnell und richtig zu handeln.
„Holen Sie den Oberstaatsanwalt her, sagen Sie, es wäre sehr wichtig“, ruft er ins Vorzimmer. „Und bringen Sie mir die Akte von ... na, Sie wissen schon.“
„Sie meinen von Sylwia R.?“
„Ja, natürlich“, er kann seine Aufregung nicht mehr verbergen. Als er die Akte auf dem Schreibtisch hat, sucht er sofort einen ganz bestimmten Bericht: Die Beschreibung der Polizei, wie man das Opfer aufgefunden hat. „Die Verletzungen, die starken Schläge sind ja fast identisch“, stellt er kopfschüttelnd fest. Und: man fand keine Unterwäsche …
„Wieso sah niemand diesen Zusammenhang?“
Der Staatsanwalt schüttelt den Kopf. Er, dessen Unterschrift unter dem Abschlußbericht steht. Seine Bemerkung: „Täter nicht auffindbar, Ermittlungen einstellen“, läßt ihn nicht zur Ruhe kommen. Er fühlt sich schuldig. Kurz darauf wird Les-

zek Pekalski ins Polizeirevier geführt. Ahnungslos setzt man ihn in das Vernehmungszimmer. Dort bleibt er, vorerst allein. Als sich eine Polizeikommissarin vorstellt, staunt er – noch nie hat er eine Frau bei der Polizei gesehen. Alicja W., so stellt sie sich vor, will ihn vernehmen.

„Mich, wegen was denn?" fragt er in sehr freundlichem Ton.

Die Beamtin weiß zunächst nicht genau, wie sie ein Verhör mit diesem Leszek Pekalski aufbauen soll, da die gefundenen Wäschestücke noch nicht analysiert sind. Sie kann nur darauf hoffen, daß dieser einfältige Mann bereit ist, mit ihr zu sprechen. Daß sie ihn über sein Aussageverweigerungsrecht aufklären müßte, vergißt sie. Ihre Versuche, ihm Aussagen über Sylwia R. zu entlocken, schlagen fehl.

„Über eine Sylwia weiß ich nichts!" ist sein ganzer Kommentar. Die Kommissarin beschließt, die Vernehmung abzubrechen und im Büro des Staatsanwaltes fortzusetzen. Auch hier ist Leszek stets freundlich: „Guten Tag Herr Staatsanwalt", mit diesem Gruß betritt er das Büro.

„Setzen Sie sich", sagt er zu Leszek und deutet auf den bereitgestellten Stuhl. „Sie bleiben hier", ordnet er die Anwesenheit der beiden Polizisten, die Leszek vorgeführt haben, an. Es ist ihm sichtlich wohler, die beiden Beamten hinter Leszek stehen zu sehen.

„Sie sind also Leszek Pekalski?"

„Ja, das bin ich", antwortet der.

„Dann wissen Sie bestimmt schon, warum Sie hier bei mir sind?"

„Nein, zu mir sagt ja keiner was. Man spricht nur immer von einer Sylwia, die ich gar nicht kenne."

„Soso … wer Sylwia R. war, wissen Sie also nicht?"

„Nein, ich kenne niemanden, der so heißt. Müßte ich das?"

Die arglose Miene, die Leszek dabei aufsetzt, macht dem Staatsanwalt zu schaffen. Er denkt an die Wäschestücke, die vielen Blutflecken, die Ohnmacht, die ihn beim Anblick des Fundes überkam. Es schien ihm, als sei er zu spät gekommen, ganz gleich, was da passiert war. Es schien ihm, als habe er

Fehler gemacht, als sei er für den Fund verantwortlich. Und vor ihm sitzt dieser Mensch, grinsend, freundlich, demütig. Kaminski schreit ihn schließlich an, Leszek zuckt erschrocken zusammen.
„Wir haben in Ihrem Bettkasten blutverschmierte Kleidungsstücke gefunden! Frauenkleidung!"
Leszek stöhnt kurz, versucht, dem Blick des Staatsanwaltes auszuweichen.
„Wir glauben, daß die alle Ihnen gehören!"
Leszek blickt nicht auf, gibt aber fast trotzig zur Antwort: „Ja, die sind mein Eigentum."
„Tragen Sie Damenwäsche?" Der Staatsanwalt tut verblüfft. Damit hat er nicht gerechnet.
„Nein, aber sie gehören mir. Sie sind alle mein Eigentum!"
Der Anwalt ringt nach Luft, muß sich beherrschen, würde am liebsten aufspringen und sein Gegenüber schlagen. Vor Wut, Empörung, Haß – und Zorn über sich selbst.
„Bringen Sie den Mann ins Gefängnis, ich werde mich morgen mit ihm beschäftigen", weist er die Beamten an. Leszek steht auf, tritt zwischen die beiden Beamten und verabschiedet sich artig.
„Auf Wiedersehen, Herr Staatsanwalt", sagt er und verläßt dessen Büro. Wutschnaubend sieht der Leszek hinterher, wie er die Tür des Büros hinter sich schließt.
„Auf Wiedersehen, ja ..." dabei denkt der Staatsanwalt laut nach. Vor ihm auf dem Schreibtisch liegt noch immer die Akte des getöteten Mädchens.
„Der Oberstaatsanwalt ist da, soll ich ihn hereinbitten?" fragt unvermittelt seine Sekretärin.
Nach einer kurzen Unterredung, bei der er seinem Leiter eine Zusammenfassung der Ereignisse – aus seiner Sicht – schildert, erhält er die Anweisung, sich auf diesen Fall zu konzentrieren.
Er ist zufrieden. Schon am nächsten Tag will er gut vorbereitet sein – es gilt also, sich wieder in den Fall Sylwia R. einzurbeiten. Er will Leszek zu einem Geständnis bringen.

Leszek Pekalski wird noch am selben Tag in das Gefängnis nach Słupsk, einer Stadt im Norden Polens, gebracht. Er ist kleinlaut, spricht kein Wort, ohne daß er gefragt wird. Man weist ihm die Zelle 53 zu. Leszek befindet sich zum ersten Mal in einem richtigen Gefängnis. Völlig apathisch steht er in dem kleinen Raum und betrachtet die Einrichtung. Ein Tisch, ein Doppelstockbett, ein Einzelbett und ein kleines Wandregal. Noch immer hält er seine Ausstattung, Decken, eine Tasse und ein Eßgeschirr, die man ihm gegeben hat, in seinen Händen. Er ist völlig unfähig die Gegenstände abzustellen, zu sehr beeindruckt ihn die Atmosphäre, die in diesem Raum herrscht. Leszek ist umgeben von grauen Wänden, einer schweren Eisentür und einem kleinen Fenster, das er ohne Stuhl nicht erreichen kann. Er betrachtet die Sprüche an der Wand, die offensichtlich seine Vorgänger hinterlassen hatten, und liest halblaut: „Alles ist vergänglich, auch lebenslänglich!" Und: „Tröste dich mit mir, ich saß auch acht Jahre hier!"
Nachdenklich legt er die erhaltenen Utensilien ab und rückt den kleinen Tisch unter das Fenster. Er klettert hinauf und sieht nur eine große Wiese, umrahmt von einem Weg. Die Wiese endet an einer großen, hohen Mauer, die mit Stacheldraht gekrönt ist. Er steigt vom Tisch und setzt sich auf das Bett. Vor ihm auf dem Tisch liegen ein leeres Blatt Papier und ein Kugelschreiber. Was soll er damit? Er legt es beiseite. Plötzlich folgt lautes Schlüsselklirren und die schwere Zellentür wird krachend geöffnet. Ein sehr streng wirkender, uniformierter Gefängnisbeamter herrscht ihn an: „Leszek Pekalski?"
Noch bevor Leszek antworten kann, klärt ihn der Beamte auf, wie der Tagesplan im Gefängnis abzulaufen hat. Er hört sich alles genau an, denn er erkennt, der Blick des Beamten duldet kein Nachfragen.
„Alles verstanden?" – Leszek nickt nur mit dem Kopf. Bevor der Beamte die Zelle verläßt, dreht er sich noch einmal zu Leszek um und sagt: „Auf dem Blatt Papier, das auf dem Tisch liegt, möchte ich bis morgen Ihren Lebenslauf stehen sehen. Verstanden!"

Laut krachend schließt sich die Tür hinter dem Wärter, und Leszek steht allein in dem Raum, der für lange Zeit sein Zuhause werden soll. Die Nacht ist angebrochen. Punkt zehn Uhr wird das Licht gelöscht. So liegt Leszek mit weit aufgerissenen Augen im Bett und starrt an die Decke. Nur ein kleiner Lichtstrahl durch das Fenster erhellt den Raum ein wenig. Die Gitterstäbe malen verwinkelte Gestalten an die Decke, graues Schattenspiel zeichnet sich an den Wänden ab. Er dreht sich zur Seite und versucht zu schlafen, was ihm erst nach Stunden gelingt. Er vergißt, weshalb er hier ist.
Mit einem lauten Schlag öffnet sich am nächsten Morgen eine Klappe an der Zellentür, und Leszek bekommt sein Frühstück. Hungrig nimmt er die zwei Scheiben Brot, die Margarine und eine Blechtasse voll Kaffee entgegen. Zufrieden setzt er sich an den Tisch und genießt offensichtlich die Mahlzeit, wann hatte er auch schon einmal ein Frühstück bekommen? Vielleicht zuletzt in der Sonderschule, bei den Schwestern im Heim, aber in den letzten Jahren bestimmt nicht. Egal wo er später übernachtete, ob in verlassenen Scheunen oder im Sommer im Wald, da war niemand, der ihm ein Frühstück reichte. Bald darauf ist Hofgang angesagt. Die Gefangenen werden in Zweierreihen zu der großen Wiese geführt, die er von seinem Fenster aus sehen kann. Argwöhnisch betrachten die Gefangenen den Neuankömmling.
„Wohl verkehrt in die Einbahnstraße gefahren?“ wird er gefragt. Leszek muß lachen.

Nur für Schokolade

Leszek beobachtet den Tausch von Zeitungen und Zeitschriften und den Handel mit allen möglichen Gegenständen. Er bemerkt sehr schnell, daß der Hofgang der Supermarkt des Gefängnisses ist. Hier kann man alles haben, und es gibt nur wenige Zahlungsmittel – Tabak, Zigaretten oder Kaffee. Alle möglichen Gegenstände und Waren wechseln ihre Besitzer, meist hinter vorgehaltener Hand. Sein gesamtes Umfeld genau beobachtend, vernimmt er die Stimme eines Wärters: „Leszek Pekalski, herkommen, Besuch."
Ihm ist nicht klar, was das zu bedeuten hat. Wer sollte ihn schon besuchen? So geht er mit dem Wärter durch die langen Gänge des Gefängnisses. An einer kleinen grauen Tür angekommen, bleibt der Beamte stehen und öffnet sie. Der Uniformierte deutet auf zwei Personen, die hinter einem Tisch sitzen. Leszek geht zum Tisch und will gerade seine Hand zum Gruß ausstrecken, als ihn der Staatsanwalt anherrscht: „Hinsetzen, Sie kennen mich sicher noch." Ihm wird noch einmal die Kommissarin vorgestellt.
Der Staatsanwalt kommt dann schnell zur Sache: „So, Pekalski, nun erzählen Sie uns mal schön der Reihe nach, was Sie so in der letzten Zeit getrieben haben."
„Wollen Sie eine Zigarette?" unterbricht die Kriminalbeamtin und reicht ihm eine Packung.
„Nein danke, aber eine Tafel Schokolade hätte ich gerne."
„Schokolade?"
„... die esse ich so gerne und hier bekommt man ja keine."
Die Kommissarin sieht den Staatsanwalt an, der nickend seine Zustimmung erteilt. So macht sie sich auf den Weg, für den Gefangenen Schokolade zu holen. Als sie das Besprechungszimmer wieder betritt, schaut Leszek verdutzt, daß es ihm tatsächlich gelungen ist, eine Tafel zu erhalten. Wieder bedankt er sich artig.
„Ich hoffe, Sie sind jetzt auch so nett und erzählen uns mal, was sie mit Sylwia R. gemacht haben. Denn deshalb sind wir

nämlich hier", so der Staatsanwalt, der Leszek ein Bild des Mädchens vorlegt – ein Bild, das im Leichenschauhaus während der Obduktion angefertigt wurde.
„Das Mädchen kenne ich nicht, was ist denn mit ihr passiert, die ist ja voller Blut", sagt Leszek und umklammert seine Tafel Schokolade, als hätte er Angst, man würde sie ihm wieder wegnehmen.
„Wir haben in Ihrem Zimmer die blutverschmierte Unterwäsche dieses Mädchens gefunden." Der Staatsanwalt blufft, noch ist keines der gefundenen Wäschestücke genauer untersucht oder gar einer bestimmten Person zugeordnet worden.
Die Beamtin ergänzt: „Wir sind hier nicht zum Spaß, Herr Pekalski. Wir haben Beweise gegen Sie."
„Beweise?" Pekalski wird unsicher, seine Haltung demütig.
„Beweise, die darauf schließen lassen, daß nur Sie allein der Täter gewesen sein können. Wir haben sogar einen Zeugen, der Sie ganz genau erkannt hat, daß Sie am Tattag in Kolczygłowy waren."
Auch dies ist eine Lüge, doch sie verfehlt ihre Wirkung nicht. Wie beiläufig legt man ein Paßfoto des Mädchens auf den Tisch, in der Hoffnung, irgendeine Reaktion bei Leszek hervorzurufen. Und tatsächlich. Leszek wird unruhig, starrt auf das Foto, dann wieder zur Beamtin und zum Staatsanwalt. Er fühlt sich gefangen, und sein Gehirn sucht fieberhaft nach Möglichkeiten, zu entkommen. Was soll er sagen, wie soll er sich verhalten? Während er versucht, sich selbst zu beruhigen, erklingt die sanfte Stimme der Kripobeamtin.
„Nun hören Sie mal gut zu, Pekalski! Auf Mord und noch dazu auf so grausame Art verübt, steht bei uns in Polen noch immer die Todesstrafe. Verstehen Sie, die Todesstrafe. Nur wenn wir, der Herr Staatsanwalt und ich, für Sie bei Gericht ein gutes Wort einlegen, wird der Richter vielleicht eine Zeitstrafe verkünden und von einer Verurteilung zur Todesstrafe absehen."
Sie blickt ihn an und fügt hinzu: „... und Sie wollen doch nicht gehenkt werden, oder?"

„Ohne ein umfangreiches Geständnis in dieser Sache werde ich für die Todesstrafe plädieren und Sie werden sie wahrscheinlich auch erhalten." Der Staatsanwalt weiß sehr genau, daß man die Todesstrafe so gut wie abgeschafft hat: sie wird seit Jahren nicht mehr vollzogen. Aber woher soll Leszek das wissen?

Wie ein Hammer treffen ihn die Worte „Todesstrafe" und „Erhängen". Er kann nicht mehr klar denken, immer wieder kreisen diese Worte in seinen Gedanken.

„Wir wissen längst", fügte der Staatsanwalt hinzu, genau erkennend, daß er Leszek dort hat, wo er ihn haben will, „... daß Sie ein armer Kerl sind, eine schwere Jugend hinter sich haben. Nie eine Frau bekamen. Ich habe die Akte B. nochmals sehr genau studiert und Sie haben gesehen, daß das Gericht Sie sehr milde behandelt hat."

Dies erweckt Vertrauen bei Leszek. Ein Geständnis wird für ihn zur einzigen Möglichkeit, dem Tod zu entrinnen. Er hat Angst.

„Und Sie versprechen mir, daß ich nicht gehängt werde?"

„Ja. Aber ich will alles ganz genau wissen, haben Sie verstanden?"

„Ja." Leszek zögert, fügt dann aber hinzu: „Ich erzähle es Ihnen ganz genau."

Die Kripobeamtin schaltet ein Tonbandgerät ein. Leszek Pekalski, inzwischen scheinbar völlig ruhig geworden, fängt mit seiner Erzählung an. Es ist still in dem Raum. Was folgt, ist eine detailreiche Schilderung dessen, was Sylwia R. am Tag ihres Todes widerfahren ist. Leszek Pekalski nennt Daten, die nur der Täter wissen kann, beschreibt, was er getan hat. Er faßt sich dabei immer wieder an die Hose, streichelt sich, redet sich selbst in Rage, ist erregt. Angewidert blicken sich die beiden Zuhörer an. Während der Schilderungen umklammert Leszek die Tafel Schokolade. Als er am Ende seiner Ausführungen ist, wirkt er entspannt. Er wartet offensichtlich darauf, vom Staatsanwalt gelobt zu werden, da er ja nun das gewünschte Geständnis abgelegt hat.

„Muß ich dafür wirklich sitzen, Herr Staatsanwalt?" fragt Leszek, doch er bekommt keine Antwort.
Der Staatsanwalt ruft statt dessen zwei Gefangenenwärter: „Bringen Sie diesen Kerl in seine Zelle zurück."
Leszek ist zwar enttäuscht vom schnellen Ende des Gesprächs – er hat noch viele Fragen zur Todesstrafe, doch bezahlt gemacht hat sich für ihn das Geständnis: die Tafel Schokolade. Als er danach allein in seiner Zelle sitzt, freut er sich sogar – er ist sich sicher, daß er noch viele Tafeln bekommen wird. Er weiß sehr genau, daß die beiden Beamten noch öfter kommen werden, nachdem man sein Geheimversteck entdeckt hat, sehr oft sogar.
Und so ist es auch: Jedes Mal, wenn sie Leszek besuchen und ihn glauben lassen, sie hätten genügend Beweise gegen ihn, legt er Teilgeständnisse ab – jedoch nicht ohne vorher sein Honorar zu kassieren. Längst bittet er nicht mehr darum, er fordert es ein. Manchmal eine Tafel, manchmal mehrere. Er gesteht und gesteht und kein Ende ist abzusehen.
Der Staatsanwalt ist inzwischen besessen von diesem Fall, immer mehr Greueltaten ordnet er Leszek zu. Immer mehr kommt er zu der Einsicht, daß dieser Mann eine grauenhafte Blutspur durch ganz Polen legte. Vom Ostseestrand bei Danzig bis nach Niederschlesien läßt sich inzwischen seine Spur verfolgen. Die Zahl der Opfer ist zu diesem Zeitpunkt völlig unklar. Unklar ist auch, wie es diesem Mann gelungen ist, über zehn Jahre lang unbehelligt sein Unwesen zu treiben – und das fragen sich auch, nachdem sich die Medien eingeschaltet haben, die Bürger des Landes. Leszek aber wird immer bockiger und anspruchsvoller. Längst haben ihn seine Mithäftlinge aufgeklärt, daß es nicht gut sei, alles zuzugeben, auch nicht für ein paar Tafeln Schokolade. Und so kommt der Tag, an dem er gegenüber dem Staatsanwalt sagt, daß er nichts mehr gestehen werde. „Auch nicht für Schokolade."
Für den Staatsanwalt zeichnet sich ab, daß es noch viel zu ermitteln gibt in Sachen Leszek Pekalski. Er vermutet, daß noch viele Opfer unter der Erde liegen, von denen man noch gar

nichts weiß und deren Verschwinden ohne den Täter wohl nie aufgeklärt werden können. Immer wieder stellt er sich die bange Frage, wie dem beizukommen wäre – ohne die Mithilfe von Leszek? Dieser schweigt, spricht nur noch mit seinen Mithäftlingen, am liebsten mit denjenigen, die schon viele Jahre hier einsitzen. Er lernt, hat sich schnell angepaßt an das Leben im Gefängnis. Als er einmal den Mord an einem Kind gestanden hatte, wurde er von seinen Mithäftlingen mit dem Tode bedroht. Selbstverständlich widerruft er dieses Mordgeständnis sofort; nur so kann er auf die Gnade der Mitgefangenen hoffen.

Wären die Wärter nach seinem Mordgeständnis an diesem Säugling nicht gewesen, man hätte ihn längst getötet. Längst wäre die „Anstaltsmüllabfuhr" gekommen, wie man solche schnell ausgeführten Kommandos nennt, und hätte ihn, den „Müll", beseitigt. Doch auch die Staatsanwaltschaft kennt die Praktiken der Häftlinge und gibt entsprechende Anweisungen, Leszek besonders im Auge zu behalten. Zunächst läßt man das Gerücht verbreiten, daß man sich offensichtlich geirrt hat und Leszek gar nicht der Mörder dieses Kindes sein könne. Weiterhin wird eine Sperre des gemeinsamen Hofganges angeordnet sowie eine vorläufige Isolation vor den Mithäftlingen. Diesem Umstand hat es Leszek höchstwahrscheinlich zu verdanken, daß er noch lebt.

Eingesperrt mit einem Mörder

Am 13. Februar 1993, einen Tag nach Leszeks 27. Geburtstag, öffnet sich die schwere Holztür zu Zelle 53 des Gefängnisses in Słupsk. Ein Mitgefangener wird Leszek als neuer Zellengenosse vorgestellt. Sein Name ist Roman Z., ein über 50jähriger, sehr gepflegter Mann. Schlank, nicht allzu groß, eine beginnende Glatze verlängert sein Gesicht. Wenn er seine Drahtbrille aufsetzt, sieht er wie ein Professor, Anwalt oder Arzt aus. Für Leszek ist er ein Mann, dem man vertrauen kann. Die Brille, die ihm einen intelligenten Eindruck verleiht, benötigt Roman Z., um Kleingedrucktes besser lesen zu können. Auch beim Fernsehen trägt er sie, um besondere Details bei Erotikfilmen genauer zu betrachten. Leszek ist begeistert, Gesellschaft in seiner einsamen Zelle zu bekommen, die er seit dem 17. Dezember 1992 bewohnt.

Zu diesem Zeitpunkt weiß noch niemand, wer Pekalski wirklich ist und was er auf dem Gewissen hat. Roman hat lediglich erfahren, daß er mit einem Vergewaltiger auf eine Zelle kommen soll. Jahre danach erzählt er: „Es war mir egal, mit wem ich sitzen sollte, viel zu sehr hat mich meine Inhaftierung mitgenommen. Ich dachte an meine Familie und daran, was sie ohne mich tun würden."

Doch das Zusammensein der beiden ist nur von kurzer Dauer – ganze drei Tage, dann werden sie auf Wunsch Leszeks getrennt. Er hat sich bei den Wärtern beschwert, daß er von Roman ständig belästigt werde. Durch die dauernden Fragen nach den Straftaten fühle sich Leszek „gestört und gequält", wie er selbst sagt. Dabei will Roman ihm nur helfen, da er der Meinung ist, sich in der Juristerei gut auszukennen. Für andere Gefangene hat er schon Veränderungen erreichen können, Hafterleichterungen und dergleichen, für sich selbst allerdings war er weniger erfolgreich.

So kommt es, daß Leszek wieder allein in seiner Zelle ist und tun und lassen kann, was er will. Zumindest für einige Monate, genau bis zum Juni 1993. Die Polizei ist am Ende ihrer Mög-

Roman Z., Leszeks Zellengenosse

lichkeiten angelangt, seitdem Leszek beharrlich schweigt. Wie könnte man ihn wieder zu Aussagen bewegen? Viele Möglichkeiten werden genauer analysiert, doch nichts bringt die Ermittlungen wirklich weiter.

Da erfährt die Oberstaatsanwaltschaft, daß sich bei der Polizei ein Mithäftling gemeldet hat, der von sich behauptet, er könne aus Leszek „mehr herausholen, als es der Polizei jemals möglich wäre". Der Oberstaatsanwalt sieht darin eine Möglichkeit, Leszek Pekalski überführen zu können und läßt sich sämtliche Ermittlungsergebnisse bringen.

Der Staatsanwalt, der die Ermittlungen bisher geführt hat, wird von seiner Aufgabe entbunden. Dem Oberstaatsanwalt wird die Aufgabe übertragen, allein den Fall Leszek Pekalski zu behandeln. Der andere versteht die Welt nicht mehr. Er, der diesen Mann überführt und den Täter wahrscheinlich unzähliger Morde hinter Schloß und Riegel gebracht hat, muß den Fall abgeben – einen Fall, der für ihn sicher mit einem beruflichen Aufstieg verknüpft gewesen wäre. Er weiß: ganz Polen schaut auf den Mann, den es zu überführen gilt. Selbst in Warschau, der Hauptstadt, läßt man sich inzwischen täglich über die Ermittlungen unterrichten.

Das Justizministerium beschäftigt sich ebenfalls mit dem Täter. Man befürchtet, einem der größten Massenmörder der Geschichte auf der Spur zu sein. An einem Dienstag erhält der Staatsanwalt dann die offizielle behördliche Mitteilung, daß die Strafsache Leszek Pekalski an seinen Kollegen übertragen wurde. Er nimmt sich für einige Tage Urlaub und will über die neue Situation nachdenken. Immer steht ihm vor Augen, daß sein Bild und sein Name in allen Zeitungen war. Er überlegt, wie die Menschen – und vor allem die Kollegen – über ihn urteilen werden. Würden sie die Entziehung des Falles nicht als Ausdruck des Zweifels an seiner Sachkompetenz auffassen und ihn verachten? Was wird seine Familie denken?

Wenige Tage später liegt er auf dem Friedhof von Słupsk. Er hat sich erschossen.

Leszeks neuer Zellengenosse ist wieder Roman Z.. Die Poli-

zei erhält Anweisung, sich unverzüglich mit dem Spion in Verbindung zu setzen und ihm auch – so behauptet er jedenfalls – einiges in Aussicht zu stellen für den Fall, daß er etwas erreichen sollte. Wieviel man ihm verspricht, kann heute nicht mehr nachvollzogen werden. Fest steht, daß sich die Polizei mit Roman zusammensetzte und man sich einig wurde, daß er für die Polizei tätig werden soll. Die Polizei versichert Roman auch, wie dankbar man anderenorts sei, wenn er dazu beitragen könnte, die Missetaten des „Ungeheuers" Leszek aufzudecken.
Roman muß ein Protokoll unterschreiben, daß er für die Polizei unter dem Decknamen „Robert", den er sich selbst aussuchte, arbeiten würde. Doch Roman verlangt, daß dieser „Vertrag" eine Einschränkung beinhalten müsse. Er besteht auf einen Passus in der Vereinbarung, der klarstellt, daß er nur im Falle Leszek Pekalski behilflich sein wird, nicht in anderen Fällen. Er will damit absichern, daß er nicht zum Dauerspion im Dienst des Gefängnisses wird, wie er später aussagt. Diese Vereinbarung wird geschlossen und von den Beteiligten unterzeichnet. Roman soll unverzüglich eine Ausfertigung erhalten, nur ist just in diesem Augenblick der Fotokopierer defekt. So zumindest die Darstellung Romans. Dann wird geklärt, wie der Austausch der Informationen zwischen ihm und der Polizei zu erfolgen hat. Roman wird angewiesen, sich im Falle einer Neuigkeit mit dem Gefangenenbetreuer der Anstalt in Verbindung zu setzen. Man greift auf ein altes, uraltes Mittel zurück: Einschleusung eines Spitzels, dem Leszek vertrauen und die eigenen Taten erzählen soll. Die Polizei ist sich klar, daß dafür nur ein Mitgefangener in Frage kommt, dem auch die anderen Häftlinge vertrauen. Und der war in Roman Z. gefunden, der eine Gefängnisstrafe verbüßen muß, weil er – wieder einmal – gestohlene Autos vermittelt hat. In den Monaten zuvor saß er in verschiedenen Zellen, und da er sich in juristischen Dingen etwas auskennt, macht er sich beliebt bei den Mithäftlingen. Für jeden Gefangenen hat er meist einen guten Rat anzubieten. Er schreibt Anträge, Erklärungen, sogar Brie-

fe der Mithäftlinge an deren Frauen. Man weiß: Er hat selbst schon so oft eingesessen und kennt alle Schliche, um Vorteile für das Leben im Knast zu erreichen.
Auch Leszek hat inzwischen erkannt, mit welch klugem Mann er seine Zelle wieder teilen würde. Roman Z. könnte ihm bestimmt behilflich sein. Diesen hatte die Staatsanwaltschaft, damit er sich leichter entscheiden werde, natürlich wissen lassen, daß Leszek vielleicht sogar ein kleines Kind ermordet hat. Es dürfte ein wichtiger Grund für Romans Entscheidung gewesen sein, daß seine sechzehnjährige Tochter in einem Park überfallen wurde und fast Opfer eines Triebtäters geworden wäre. Was Roman bisher von Leszek gehört hat, läßt in ihm den Verdacht aufkommen, daß er auch dabei seine dreckigen Finger im Spiel gehabt hat. Seit dem Vorfall leidet die Tochter unter Alpträumen.
Langsam hatte man Leszek darauf vorbereitet, daß er bald wieder einen Zellengenossen bekommen wird. Von der psychiatrischen Abteilung des Krankenhauses in Krakau habe man in Erfahrung gebracht, daß dieser stark selbstmordgefährdet sei, weswegen er nicht allein sein dürfe. Im Juni 1993 kommt Roman zu Leszek, der erfreut feststellt, daß Roman wieder seinen Farbfernseher dabei hat. Noch bevor Roman sich in der Zelle einrichtet, schließt Leszek den Fernseher an. Er ist überglücklich, endlich kann er nach Herzenslust fernsehen. Natur- und Liebesfilme sieht er besonders gern. Roman staunt nicht schlecht, als Leszek ihm vorschreibt, wo er seine Kleidung aufzuhängen habe und daß der Fernseher so stehen soll, wie Leszek am besten sehen kann. Auch als ihm erklärt wird, „Zelle 53, das ist meine Zelle, mein Eigentum".
Roman muß lachen. Für Leszek ist dieses Lachen unverständlich und so wiederholt er auch sofort: „Das hier ist meine Zelle, verstehst du?"
Roman nickt nur. Er denkt an seine Aufgabe, an seinen Straferlaß und an seine Familie. Für die baldige Freiheit und um wieder bei seiner Familie sein zu können, nimmt er den Befehlston Leszeks in Kauf. Er ahnt nicht, was noch auf ihn zukommen

Auf diesem Tisch schrieb Leszek Pekalski sein Geständnis

wird. Und er ist sich sehr sicher, daß er mit Leszek gut auskommen wird. Viel zu sehr ist Roman diesem geistig überlegen, außerdem hat er aus dem letzten Zusammensein in der Zelle mit ihm gelernt. Die Aufgabe der Staatsanwaltschaft scheint ihm leicht lösbar.
Die Order ist klar: Er soll Leszek so weit bringen, daß der ein volles Geständnis über alle seine Straftaten ablegt. Schriftlich, denn mit Staatsanwaltschaft und Polizei spricht er kein Wort mehr. Leszek ist enttäuscht, denn als er den letzten Mord gestand, bekam er keine Schokolade, obwohl dies so vereinbart gewesen war. Daraufhin widerrief er auch sofort sein Geständnis, wie so oft, wenn man ihn ärgerte.
In dieser Zeit wird er in den gerichtspsychiatrischen Abteilungen in Krakau untersucht. Die Ergebnisse der Untersuchungen versteht er zwar nicht, aber er bemerkt offenbar, daß ihm diese Befunde sehr behilflich sein könnten. Darin sieht er die Chance, der Todesstrafe zu entgehen, denn von der Staatsanwaltschaft will er vorerst keine Gnade mehr. Daß auch die Staatsanwaltschaft dies als die große Gelegenheit ansieht, alles aus ihm herauszuquetschen wie Zahnpasta aus einer Tube, weiß er natürlich nicht. Längst hat man von den Wärtern erfahren, daß Leszek sich in letzter Zeit damit brüstet: „Mir können sie gar nichts tun, ich weiß das von den Ärzten. Ich bin nämlich krank, sehr krank. Ich bin sogar unzurechnungsfähig! Unzurechnungsfähige bekommen keine Todesstrafe!"
Die größte Angst hat Leszek vor seinem eigenen Tod. Deshalb ist ihm jemand wie Roman, der sehr schreibgewandt ist, sehr willkommen. Denn nun ist es Leszeks Ziel, die Psychiater davon zu überzeugen, daß er unzurechnungsfähig ist, krank, ein Opfer seiner schrecklichen Kindheit. Immer wieder erzählt er den Ärzten: „Nicht meine Opfer verfolgen mich. Meine Kindheit verfolgt mich. Die Mutter schlug und erniedrigte mich ständig. Meine Oma war genauso. Sie haben mich nicht menschlich erzogen. In der Schule bekam ich nur Prügel und Spott. Ja, meine Mutter und meine Oma, sie haben mich für das ganze Leben kaputtgemacht."

Original der letzten Seite des niedergeschriebenen Geständnisses:

Strączno – zabrałem kobiecie pieniądze
w kwocie kilkaset tysięcy złotych.
Bełchatów – zabrałem dziewczynie torebkę i
pierścionki złote
Machliny – zabrałem facetowi sygnet
Popowo – zabrałem dziewczynie kanapki chleba
i dwa słoiki.
Lębork – zabrałem kobiecie dwa pierścionki
Toruń – zabrałem jednej dziewczynie torebkę i
wyrzuciłem dwa lub trzy kilometry od miej-
sca zdarzenia drugiej kobiecie w Toruniu
zabrałem płaszcz i wyrzuciłem do śmiet-
nika a trzeciej dziewczynie zabrałem to-
rebkę i kurtkę i wyrzuciłem gdzieś dalej
bo nie było mi to potrzebne.
Ludzie, o których byłem przesłuchiwany do-
wiedziałem się od policji że nie żyją.

Pękalski Leszek

Strąnczno – ich nahm einer Frau das Geld weg, einen Betrag von mehreren hunderttausend Złoty.
Bełchatów – ich entriß einem Mädchen die Tasche und nahm ihr die goldenen Ringe weg.
Machliny – ich nahm einem Burschen den Siegelring weg.
Papowo – ich nahm einem Mädchen das Frühstücksbrot und zwei Gläser weg.
Lębork – ich nahm einer Frau zwei Ringe weg.
Toruń – ich nahm einem Mädchen die Tasche ab und schmiß sie weg; zwei oder drei Kilometer weiter war der Vorfall mit der zweiten Frau in Toruń, ihr nahm ich den Mantel ab und warf ihn in einen Müllbehälter; und dem dritten Mädchen nahm ich die Tasche und die Jacke ab und warf sie etwas weiter ebenfalls weg, denn ich brauchte sie nicht.
Von den Leuten, von denen ich verhört wurde, von der Polizei erfuhr ich, daß sie nicht mehr leben.

Pekalski Leszek

Romans Aufgabe ist, Leszek zu überzeugen, daß ihm nur ein psychiatrisches Gutachten helfen könne. Er, Roman, würde einen Psychiater finden, der Leszek dies attestiert. Und so ist es nicht verwunderlich, daß Leszek immer mehr Vertrauen zu diesem auf ihn so intelligent wirkenden Mann faßt. Viele Tage verbringt Roman damit, Leszek zu überzeugen, daß es völlig egal ist, wieviele Straftaten er begangen hat, es für ihn sogar besser wäre, möglichst viele Taten zu gestehen. Denn wer kann schon von einem Menschen behaupten, der drei oder vier Menschen ermordet hat, daß in dessen Gehirn noch alles in Ordnung sei. Stunde für Stunde ist er damit beschäftigt, seinem Ziel näher zu kommen, nämlich ein schriftliches Geständnis dieses Mannes zu erhalten. Er fordert ihn auf, alles zu gestehen, aber natürlich nicht bei der Staatsanwaltschaft oder der Polizei, denn die sind ihm ja schon längst nicht mehr gutgesinnt. Nein, er soll alles niederschreiben, hier in seiner Zelle, ist der gutgemeinte Rat Romans. Er würde ihm dabei schon behilflich sein und schlägt ihm vor, ein detailliertes Tagebuch zu schreiben. Roman will dann anschließend dafür sorgen, daß dieses Tagebuch aus dem Gefängnis geschmuggelt und in die Hände der Weltpresse gelangen wird, damit die ganze Welt erfährt, wer das wahre Opfer ist. Alle würden erfahren, daß er, dieser arme „Lesio" nichts dafür kann, was er den Menschen alles angetan hat.
„Und wenn es alle Welt erfährt, bleibt auch den Gefängnispsychiatern nichts anderes übrig, als dies vor Gericht zu bestätigen", meint Roman. Nichts könnte dann unter den Tisch gekehrt oder verschleiert werden, denn allen, auch den Leuten in seinem Dorf, würde klar werden, daß er unschuldig ist. Leszek ist begeistert. Er schenkt Roman sogar eine Tafel Schokolade für die grandiosen Ideen.
Leszek verspricht, so bald als möglich mit dem Tagebuch zu beginnen. Roman sieht sich mit diesem Versprechen schon am Ziel seiner Wünsche. Denn wie lange sollte es schon dauern, bis Leszek seine Straftaten aufgeschrieben hat? Mehr als 14 Tage würde er dazu bestimmt nicht brauchen, Roman würde

ihm auch helfen, wenn er Probleme mit dem Schreiben haben sollte. Und – was sollte es schon viel zu berichten geben? Freudestrahlend informiert Roman Z. den Staatsanwalt über seinen Erfolg. Tags darauf sucht der Staatsanwalt die Gefängnisleitung auf und ordnet an, daß die Zelle 53 des Gefängnisses nicht mehr durchsucht werden darf. Die fähigsten Vollzugsbeamten werden auf diesen Zellentrakt abkommandiert. Um Leszek die Arbeit zu erleichtern, wird veranlaßt, daß ihm die Sicherheitsbeamten etliche Pornohefte zukommen lassen sollen. Und wie durch ein Wunder liegt nach einem Hofgang in der Zelle ein Stapel Papier in ihrer Zelle.
„Hab alles ich besorgt", klärt Roman den verwunderten Leszek auf. „Ich mußte für ein paar Gefangene Anträge stellen, und da hab ich diesmal keine Zigaretten verlangt, sondern Schreibpapier."
Das leuchtet Leszek ein. Er legt die losen Blätter sorgfältig zusammen und will mit seiner „Arbeit", wie er es nennt, beginnen.
Roman stellt verwundert fest, wie peinlich Leszek bemüht ist, sauber und ordentlich zu schreiben, daß er die Buchstaben fast einzeln aufs Papier malt.
Leszeks Tagebuch beginnt mit der Überschrift: Leszek Pekalski 13. Oktober 1993 Arrest Słupsk.
Roman, sichtlich nervös, unterbricht ihn, bevor er mit seinen Aufzeichnungen beginnt: „Aber du mußt jedes Detail schildern, hörst du, wirklich jedes, das ist für die Psychiater sehr wichtig. Am besten, du beginnst mit deiner Kindheit, dann beschreibst du jeden Fall einzeln. Wenn du noch weißt, wo du die Opfer verscharrt hast, machst du eine Skizze von der Stelle. Aber so genau, wie du es nur kannst. Nicht, daß man sagen kann, das stimmt alles gar nicht."
„Und wenn du es ganz genau machst", fährt Roman fort, „kann gar nichts schiefgehen, dann muß und wird die ganze Welt erkennen, daß du unzurechnungsfähig bist. Man wird dich in eine psychiatrische Anstalt einweisen und ein bißchen behandeln. Dann müssen sie dich wieder freilassen. Verstehst du,

frei. Bald wirst du ein freier Mann sein und kein Staatsanwalt und kein Richter können das verhindern."
Daraufhin schreibt Leszek. Er gibt sich größte Mühe und glaubt selbst, daß man mit ihm zufrieden sein wird. Da ihm das Schreiben aber sehr große Mühen bereitet, er jedoch nicht nachlässig werden will, muß er oft Pausen einlegen. Er hört dann Musik – Schlager, gefühlvolle Schlager. Oder er sieht sich Liebesfilme im Fernsehen an. So vergehen Tage, für Roman endlose Tage, bis Leszek seine Kindheit niedergeschrieben hat. Als Roman die Aufzeichnungen liest, ist er überrascht, über welch Gedächtnis Leszek verfügt. Er kann sich an alle möglichen kleinen Begebenheiten präzise erinnern, schildert seine geheimsten Kindheitserlebnisse. Immer mehr treibt Roman Leszek an. Er gaukelt ihm vor, daß die „Arbeit" bald fertig sein müßte, denn der Prozeß gegen ihn würde sicher bald beginnen. In Wahrheit ist er unruhig, will endlich entlassen werden. Die Staatsanwaltschaft ist von den Erfolgen ihres Spitzels begeistert. So kommt sie voran. Nach ihren Ermittlungen, von denen Roman nichts weiß, kann sie Pekalski bereits 17 Morde, die meisten in Tateinheit mit „besonders brutaler Vergewaltigung und Leichenschändung" nachweisen. Drei Überfälle kommen hinzu, bei denen die Frauen überlebten, eine davon grausam verstümmelt. Täglich kommen neue Erkenntnisse ans Tageslicht. Die Staatsanwaltschaft ist sich aber auch bewußt, daß allein die bisherigen Beweise für einen Urteilsspruch nicht ausreichend sein würden. Für den leitenden Staatsanwalt wird zur Gewißheit, daß er nicht eher ruhen kann, bis die letzte Tat aufgedeckt sein würde. Sein Ziel ist, diesen Pekalski für alle begangenen Taten zur Rechenschaft zu ziehen. Leszek Pekalski soll die Strafe erhalten, die er für seine Greueltaten verdient hat. Und dazu ist ihm jedes legale Mittel recht. Wirklich nichts würde er auslassen. Wenn es der Wahrheitsfindung auch nur ein bißchen dienen kann, würde er all seine Möglichkeiten ausschöpfen. Eines steht für ihn außer Zweifel: Leszek Pekalski, der, den alle für einen armen Dorftrottel halten, ist wohl einer der größten Serienmörder Polens, wenn nicht der ganzen Welt.

Leszek macht inzwischen seine „Arbeit" gut. Seine Aufzeichnungen, er hat nun seine Kindheit und Jugend niedergeschrieben, beeindrucken Roman. Leszek will nun beginnen, einzelne Taten zu schildern. Vielleicht, weil er zwischendurch immer Sexvideos sieht, schreitet die Fertigstellung dieses für die Staatsanwaltschaft interessanten Teils der Aufzeichnungen nur langsam voran. Es scheint, als hätte er Angst davor, Erlebtes niederzuschreiben, Details von sich zu geben. Er beschreibt einen Fall, vernichtet das beschriebene Papier, setzt sich wieder hin, beginnt erneut. Roman wundert sich – was hat dieser Leszek zu verbergen? Wieso hat er Schwierigkeiten damit, nahezu alltägliche Verbrechen zu schildern, wo er doch die Freiheit in Aussicht hat? Was verbirgt sich hinter diesem kleinen, etwas unbeholfenen Mann, der alles, was sich um ihn herum in der Zelle befindet, zu seinem Eigentum erklärt? Das Herz scheint Leszek fast stehenzubleiben, als am nächsten Tag die Tür der Zelle geöffnet wird und ihm der Beamte zuruft: „Leszek, Sie haben Besuch! Eine junge Dame!"
„Meine Schwester?" fragt Leszek, erhält aber keine Antwort. Er überlegt kurz. Eine junge Dame, das kann nur seine Zwillingsschwester sein. Freudig folgt er dem Beamten ins Besucherzimmer. Lange, sehr lange hat er schon darauf gewartet, daß ihn jemand besuchen würde. Vor allem wartet er auf seine Zwillingsschwester und auf Onkel Bogdan. So vieles hätte er ihnen zu erzählen. Doch im Besucherzimmer findet er weder die Schwester noch der Onkel vor. Leszek ist enttäuscht. Dafür lächelt ihm eine junge, attraktive Reporterin entgegen. Leszek ist unsicher und weiß nicht, wie er auf diese Frau reagieren soll. Er will sich gerade zu dem Gefängniswärter umdrehen, als ihn die Reporterin anspricht.
„Ich bin Journalistin, meinen Namen kennen Sie ja schon. Und Sie sind Leszek Pekalski?"
„Ja, das bin ich", gibt er sich zu erkennen. Er fühlt sich geschmeichelt von der Ehre, daß sich eine Reporterin gerade für ihn interessiert.
„Ich möchte über Sie schreiben", sagt sie, und fügt hinzu:

„Sie sind ja jetzt ein berühmter Mann in Polen.“
„Wenn Sie meinen“, ist seine Antwort. Er ist stolz. Berühmt! Er! Neugierig fragt er: „Was wird denn von mir geschrieben?“
„Daß Sie sehr vielen Mädchen sehr weh getan haben.“
„Da waren die aber alle selber schuld ...“, sagt er hastig, bricht aber mitten im Satz erschrocken ab.
„Erzählen Sie weiter“, fordert die Reporterin Leszek auf. Mit einer Antwort wie dieser hat sie nicht gerechnet. Leszek wird kaltschnäuzig, als er ihr Interesse entdeckt.
„Ich werde gar nichts mehr erzählen, wenn ich nicht mindestens zwei Schachteln Zigaretten, und zwar Marlboro, und drei Tafeln Schokolade von Ihnen bekomme. Schokolade esse ich nämlich für mein Leben gerne.“
Sie willigt ein, macht sich schnell – und aufgeregt – auf den Weg zur Kantine, um das Gewünschte zu besorgen.
Während Leszek allein mit seinem Wärter im Besucherraum sitzt, überlegt er, was er dieser jungen Frau alles erzählen soll. Die Wahrheit etwa? Während er darüber nachdenkt, vor allem, was Roman dazu raten würde, betritt sie wieder das Zimmer. Sie lächelt ihn an: „Hier sind die gewünschten Sachen.“
Sie stellt eine Plastiktüte neben sich. Leszek läßt die Reporterin keine Sekunde aus den Augen. Es ist ihr peinlich, als sie merkt, wie Leszek ihren Körper mustert. Sie ist erleichtert, als er das Schweigen bricht.
„Was soll ich Ihnen denn erzählen?“ will er wissen.
„Alles!“ lautet ihre kurze Aufforderung.
Leszek nickt nur kurz mit dem Kopf und beginnt, zu erzählen. Sie beobachtet ihn sehr genau und bemerkt das nervöse Umherirren seiner Augen einen stechenden Blick, der Menschen Angst machen kann. Sie versucht ständig, diesen kalten Augen auszuweichen, doch es gelingt ihr nicht.
Auch Leszek wird unruhig, seine Hände verschwinden unter dem Tisch. Sie ahnt, was er tut. Er erzählt weiter, immer weiter, ohne sie nur eine Sekunde aus den Augen zu lassen. Schweiß rinnt ihm über die Stirn, er ist äußerst erregt und sie bekommt Angst. Der Wärter, der Leszek genau beobachtet,

bricht die Unterredung ab. Zu gefährlich scheint ihm die Entwicklung.
„Die Besuchszeit ist zu Ende. Kommen Sie, Leszek, wir gehen“, fordert er Pekalski auf. Die Reporterin blickt zur Uhr und stellt fest, daß die ihr gewährte Zeit noch lange nicht zu Ende ist. Außerdem merkt sie, daß Leszek noch weitererzählen möchte. Dem Beamten ist dies zu riskant; unmißverständlich hält er die Tür auf.
„Kommen Sie wieder? Ich würde mich freuen“, ruft Leszek der Frau noch zu, und greift ganz gierig nach der Plastiktüte.
„Sicher!“ Ihre Antwort meint sie ernst. Daß diese Unterredung so positiv, zumindest im journalistischen Sinne, ablaufen würde, damit hätte sie niemals gerechnet. Sie wittert die Story ihres Lebens. Und dabei hatten ihre Kollegen in der Redaktion noch gelacht, als man gerade sie auswählte, diesen Menschen zu durchleuchten. Jetzt, als sie die Redaktion betritt, will sich wiederum niemand mit ihr freuen.
Einzig ihr Vorgesetzter scheint sich brennend dafür zu interessieren, was sie mitgebracht haben mag – vom ersten Besuch bei einem Mann, den ganz Polen inzwischen für viele, ungezählte Mordtaten verantwortlich macht. „Darauf ist die Stimme von Leszek Pekalski?“ fragt der Chefredakteur und deutet auf ihr Tonband.
„Ja! Ich hab's geschafft – und er will mich wiedersehen! Ich bekomme so viele Interviews wie ich nur will, das hat er mir fest versprochen.“ Triumphierend reißt sie die Arme nach oben, genießt ihren Erfolg. Die Kollegen staunen nicht schlecht, als sie den Kassettenrecorder einschaltet und Leszeks Stimme ertönt. Sehr deutlich kann man ihn verstehen. Er hat viel zu berichten.
Ihr Artikel erscheint in der nächsten Ausgabe des Blattes, und es scheint, als würde ganz Polen ihn lesen wollen. Niemals zuvor hat die Öffentlichkeit von Leszek selbst erfahren können, wer er ist und was er zu berichten hat. Viele Spekulationen sind über ihn im Umlauf, doch nun spricht er selbst. Und: er redet immer wieder mit der Reporterin, was wiederum dem Staats-

anwalt gefällt. Denn er sieht eine weitere Möglichkeit, über Leszek Neues zu erfahren. Welche genauen Instruktionen sie vor den Besuchen in der Strafanstalt von der Staatsanwaltschaft bekommt, bleibt ihr Geheimnis und das der Staatsanwaltschaft. Sicher ist, daß sie – relativ leicht und immer öfter – eine Besuchserlaubnis erhält. Doch Leszek agiert schlau – einerseits will er sie sehen und mit ihr reden, andererseits verweigert er es aber, über seine Taten zu sprechen.

Seine Ansprüche werden immer höher; er fordert immer mehr Schokolade. Auch die Journalistin wird dreister. Weil er nicht über die Taten redet, will sie wenigstens ein Bid von ihm machen. Als er – für sie überraschend – einwilligt, macht sie eine ganze Serie. Es gelingt ihr auch, den anwesenden Beamten für sich zu gewinnen. Ein Bild entsteht, auf dem Leszek „nur für Sie" posiert: die Hand in der Hose.

Roman fühlt sich nicht sehr wohl bei dem Gedanken, daß Leszek dieser Reporterin alles erzählen könnte. Was soll seine Arbeit dann noch wert sein? Vor jedem Besuch der Reporterin impft er deshalb Leszek ein, bei den Gesprächen nichts über seine Taten zu erwähnen. Und er wird ungeduldiger: Wenn Leszek nicht schreibt, erteilt er ihm Fernsehverbot – die härteste Strafe für Leszek. Immer wieder versucht der, die Strafe zu umgehen, indem er Roman Schokolade anbietet. Davon hat Leszek nun genug. Doch Roman will keine Schokolade, er will so schnell wie möglich wieder frei sein, und das ist nur möglich, wenn Leszek sein Geständnis niedergeschrieben hat.

Auch die Staatsanwaltschaft bleibt nicht untätig. Man tut soviel man nur kann, will oder von den Ministerien genehmigt bekommt. Die Vielzahl der Fälle, in denen es genauer zu ermitteln gilt, treiben die Kosten ins Unermeßliche. 349 ungeklärte Fälle will man prüfen, allesamt Taten, die man dem festgenommenen Leszek zuordnen kann. Davon 240 Morde, 44 Vergewaltigungen und 61 Schicksale, die ungeklärt sind. Die Kosten der Ermittlungen sind bis zu diesem Zeitpunkt auf eine halbe Milliarde alter Złoty angewachsen. Eine immens hohe Summe für das arme Land Polen. Die Kosten der Polizei –

wie etwa für Hubschraubereinsätze – sind darin noch gar nicht berücksichtigt.
Noch nie hat man in Polen so viel Geld in die Überführung eines einzelnen Verbrechers investiert. 2181 Zeugen werden vernommen, zu jedem einzelnen ein Protokoll angefertigt. Tausende sollen noch vernommen werden.
Die Staatsanwaltschaft beschränkt sich auf die für sie gesicherten Taten und nicht auf Leszeks Geständnisse, denn längst hat man Leszek Pekalski kennengelernt. Sieht er eine Möglichkeit, die für ihn zum Vorteil werden kann, nutzt er sie schamlos aus, indem er einfach alles widerruft, was er einmal gestanden hat. So bleibt dem Staatsanwalt letztlich nur eine Chance, diesem Unhold zu seiner Strafe zu verhelfen: er muß Fakten wenigstens für die Fälle heranschaffen, die auch ohne Geständnis zu einer Verurteilung ausreichen können.
Leszeks großes Lebensgeständnis, das er in der Zelle 53 des Gefängnisses in Słupsk ablegt, ist in einigen Fällen nicht zu beweisen, da er sich nicht mehr genau erinnert oder erinnern will, wo er die Leichen vergraben hat. Immer wieder läßt er sich ein Hintertürchen offen. Wo er sich sicher wähnt, man habe Beweise, kann er sich aber an oft aberwitzig kleine Details der Tat erinnern. So ist es ihm möglich, genau zu beschreiben, welche Unterwäsche oder welchen Schmuck die einzelnen Opfer getragen haben, obwohl die Taten bereits fünf und mehr Jahre zurückliegen. Er weiß sehr genau, wie schnell das mühsam aufgebaute Kartenhaus der Staatsanwaltschaft ohne seine Mitarbeit zusammenbrechen kann.
Leszek Pekalski erhält Vorteile vom Staat, als sei er einer seiner hochgeehrten Gäste. Instinktiv begreift er dank seiner Schläue, wie er die Justizmaschinerie zu seinem Vorteil ausbeuten kann. Nach eineinhalb Jahren psychiatrischer Behandlungen und Vernehmungen vor Polizei und Staatsanwalt ist Leszek Pekalski über die Möglichkeiten, sich der Justiz zu entziehen, aufgeklärt.
Die Staatsanwaltschaft beauftragt in dieser Zeit auch einen Experten für Graphologie damit, eine Schriftprobenanalyse von

Pekalski zu erstellen. Prof. Dr. K. St. kommt zu folgendem Ergebnis:
Die tiefgründige graphologische Analyse der Handschrift des Leszek Pekalski deutet auf eine gesunde Psyche. Aus dem Bild der Handschrift des Leszek geht hervor, daß er kein komplizierter Mensch, nicht hin- und hergerissen zwischen Zweifeln und Widersprüchen zu sein scheint.
Es handelt sich eher um eine primitive Person mit einem ziemlich niedrigen IQ (Intelligenzquotient), aber trotzdem ist er in vollem Umfang zurechnungsfähig. Man kann ihn als einen infantilen Extrovertiker beschreiben, zunächst offen zu Menschen, verwandelt er sich aber in letzter Zeit zu einem Einzelgänger, immerhin mit den Elementen der Verschlossenheit (Introversion). Ein unsicheres und verlorenes Individuum, labil, unter Dominanz stehend und seit seiner Kindheit von Frauen beherrscht und mißhandelt. Er kann aber nicht ohne sie leben, er sehnt sich nach Verständnis, Freundlichkeit, Liebe und Wärme. Sie sind schuld, daß er ein Versager ist, unsicher und schüchtern, eine richtige „Schlafmütze“ trotz einer guten psychischen Kondition, aber tatsächlich wenig leistungsfähig.
Er ist ein Kind der Natur und eng mit ihr verbunden. Aus dem Schriftbild geht hervor, daß ihr Autor keine komplizierten Entscheidungen trifft und sich den einfachsten Weg zum Ziel sucht, ohne die Folgen zu bedenken.
In diesem Fall scheint ihm ein Mord die sofortige Nähe zum anderen Geschlecht und den gewünschten körperlichen Kontakt zu ermöglichen. Aus der sexuellen Erregung hervorgerufene Impulse beschleunigen derlei Entscheidungen. Der Vergleich seiner Handschrift aus dem Jahre 1991 und der eigenhändigen Opferliste, die zwei Jahre später von Pekalski geschrieben wurde, zeichnet einen Sprung in der geistigen und wahrscheinlich auch in der moralischen Entwicklung ab. In seiner früheren Schriftart kann man eine masochistische Veranlagung erkennen. Es zeigen sich allerdings keine Spuren von Aggressionen, welche mit deutlicher Verschlossenheit und Introvertismus in seiner späteren Schrift zu erkennen sind.

Es gelang bei ihm nicht, die Mechanismen der Selbstkontrolle zu entwickeln, was bedeutet, daß er seine Instinkte und Triebe nicht beherrschen und auf normalem Weg beruhigen kann. Deswegen beruhigt er sie bewußt und mit Vorbedacht mit sofortiger Tötung unter Einfluß einer starken sexuellen Erregung. Er kann sich selbst nicht helfen, kommt zu dem Schluß, daß er nur durch sein verbrecherisches Verhalten seinen Streß und seine Komplexe wirksam bewältigen kann. Er fühlt sich durch seine Taten „geadelt“ und „emporgehoben“.

Es gibt mittlerweile kaum einen Psychiater in Polen, dem Leszek Pekalski nicht vorgeführt wurde. Entsprechend unterschiedlich fallen die einzelnen Gutachten aus; einige schätzen ihn als unterdurchschnittlich, andere als überdurchschnittlich intelligent ein. Überraschend ist, welch saubere und klare Handschrift Leszek hat, bedenkt man die schulische Ausbildung, die er genossen hat. Eineinhalb Jahre befindet sich Leszek in psychiatrischer Untersuchung, vorwiegend in der gerichtspsychiatrischen Abteilung in Krakau. Die Polizei spottet deshalb, daß man ihn „dort wohl ganz verrückt gemacht“ habe. Ein weiteres psychiatrisches Gutachten aus Krakau kommt zusammengefaßt zu folgendem Ergebnis:
„Er ist der klassische Fall eines besessenen Sexualtriebtäters, eines seelisch Abartigen, geprägt von schweren Persönlichkeitsstörungen: ein sozialer Außenseiter, der von seiner Umgebung nie akzeptiert wurde und sich mit Gewalt nahm, was ihm die Gesellschaft verweigerte Ein Narziß, der seine Konflikte und Ängste sexualisierte, in sich aufstaute und so zu einer Bombe wurde, die früher oder später explodieren mußte. Entweder würde er sich selbst umbringen oder andere. Psychisch krank scheint er nicht zu sein. Er tötete im Vollbewußtsein.“
Daher ist es ihm völlig egal, ob die Frauen und Männer, die er vergewaltigte noch lebten. Die Psychiatrie spricht hier von „verdinglicht“, was bedeutet, daß Leszek seine Opfer während der Taten zu Objekten degradierte. Mit diesen Objekten konn-

te er tun, was er wollte, ohne an Schuld oder Reue zu denken. Und es verschaffte ihm ein Gefühl der Allmacht. Sexualität war ihm dabei nur Mittel zum Zweck, eine Triebfeder, die er nicht steuern kann und auch nicht will.
Leszek Pekalski wird zunächst ab März 1994 in der psychiatrischen Klinik in Krakau untersucht und dann in die dortige Universitätsklinik verlegt. Dort untersucht man ihn nochmals. Für die Auswertung eines erstellten Gutachtens werden die besten Psychiater, Psychologen, Sexualberater sowie Mitarbeiter der einzigen international anerkannten Jagiellonen-Universität zu Rate gezogen. In diesem Ausnahmefall hat man alle Experten der Psychiatrie eines Landes beauftragt, Gutachten über Leszek Pekalski zu erstellen. Man kommt zu folgendem Ergebnis:
„Leszek Pekalski leidet unter einer Störung, die man als Nekrosadismus bezeichnet. Er tötete und schlug auf die regungslosen Körper ein. Diese Taten beflügelten ihn."
Leszek Pekalski wird durch das ständige Umherreichen von einem Psychiater zum anderen immer dreister. Er genießt es förmlich, wie man sich um ihn bemüht. Wann in seinem ganzen Leben hätte ihn jemals irgendwer so beachtet? Und nun dreht sich plötzlich alles um ihn, jeder ist darauf bedacht, gut mit ihm auszukommen. Er merkt sehr schnell, wie sich der Wind für ihn gedreht hat. Leszek ist nicht mehr der unbeachtete Dorftrottel, nun wird er gegrüßt, sogar von den Männern in den weißen Kitteln. Auch gestaltet sich der Aufenthalt in einer psychiatrischen Anstalt viel angenehmer für ihn als die Haft. Durch seine freundliche Art hebt er sich von den anderen Patienten ab und wird zum gern gesehenen Gast. Die Freundlichkeit der Pfleger ist nicht mit dem harten Umgangston der Gefängniswärter zu vergleichen. Und oft bekommt er zu hören: „Wenn Sie mir sagen, wie die Morde geschahen, kann ich Ihnen helfen."
Sehr schnell lernt Leszek einem Psychater „die Wahrheit" anzuvertrauen, um sie dann bei der Polizei zu widerrufen und sich als Unschuldslamm darzustellen. Dieses Spielchen be-

herrscht er so souverän, daß es ihm gelingt, sich eineinhalb Jahre in diversen psychiatrischen Anstalten untersuchen zu lassen. (In Deutschland befindet sich ein Mörder zur Erstellung eines psychiatrischen Gutachtens über seine Schuldfähigkeit circa sechs Wochen in einer Anstalt.)
Es ist egal, ob Leszek den Rat eines Psychiaters oder eines Mitgefangenen erhält, er befolgt sie alle. Niemand mehr weiß, was Wahrheit und Lüge von all dem ist, was Leszek von sich gibt. Vermutlich kann er es selbst nicht mehr unterscheiden. Leszek Pekalski ist fleißig, er macht seine „Zellenhausaufgaben". Fein säuberlich schreibt er Seite für Seite und versieht sie mit Tatortskizzen, so gut er sich erinnern kann. Er schreibt in 130 Tagen auf 57 Seiten ein Protokoll. Jede Seite davon eine Verhöhnung aller menschlichen Werte. Niemand weiß, ob es ihm Freude bereitet, über die Vorfälle genauestens zu berichten. Er kennt keine Tabus, genüßlich schreibt er nieder, wie er – meist junge – Menschen auf die grausigste Art tötete und, fast ausschließlich erst nach deren Tod, schändete. Was hat ihm mehr „Freude" bereitet – das Schänden oder das Töten?
Unverständlich ist, warum er junge, hübsche Frauen deformiert und sie erst vergewaltigt, nachdem aller Reiz, der von den Körpern ausgegangen war, zerstört ist. Er zertrümmerte den Kopf eines blutjungen Mädchens, von dem er selbst sagt: „Sie war sehr schön." Und er stülpt ihr eine Plastiktüte über, bevor er sie vergewaltigt. Er vergräbt Frauen in der Hoffnung, daß sie ihm über Tage erhalten bleiben. Ja, er sucht nach Jahren noch nach ihnen und ist verärgert, wenn er sie nicht mehr finden kann. Er beschreibt, wie er wahllos vergewaltigt und tötet, ob einen sechs Monate alten Säugling oder eine Greisin von 80 Jahren. Vor nichts schreckt er zurück. Für ihn gibt es keine Tabus.
Wieviele namenlose Tote sind noch in seinem Gedächtnis vermerkt? Niemand weiß es, niemand vermag sie zu zählen. Er ist ein Monster, ein fleischgewordener Alptraum. In einer kurzen Erklärung vor Gericht gesteht er eines Tages dreiundfünfzig Morde und vier Vergewaltigungen, erstere sämtlich in

Tateinheit mit besonders schwerer Vergewaltigung und Leichenschändung.
Er beschreibt akribisch genau, wann und wo er gemordet hat. Die Namen der Opfer kennt er zwar nicht, beschreibt aber den jeweiligen Tathergang so genau, daß man die Opfer problemlos seinen Geständnissen zuordnen kann. Obwohl die Justiz die Fälle nicht einzeln nachgeprüft hat, weiß man heute, daß zumindest ein Großteil seiner Geständnisse auf Tatsachen beruhen. Tatsachen, die nur der Täter wissen kann.
Roman, sein Zellengenosse, staunt nicht schlecht, als Leszek beim 50. Mord angelangt ist. Er schläft nur noch mit einem Messer unter seinem Kopfkissen, weiß aber gleichzeitig, daß ihm ein Messer gegen den anderen Leszek, den er nicht kennt, nicht helfen würde. Zu unterschiedlich ist das, was er sieht, und das, was er zuweilen heimlich liest. Die zunächst leichte Aufgabe, wird für ihn eine große Belastung. Er ist eingesperrt mit einem Menschen, von dem nun die schlimmsten Gerüchte kursieren. Der Gelegenheitsverbrecher hat sich in eine Bestie verwandelt – jedenfalls schreibt er das.
Roman erzählt später: „Ekel, unheimlicher Ekel überkam mich, als Leszek in Details schwelgte. Meist erlebte er die Taten nach, er ergötzte sich an seinen Erzählungen. Er grunzte wie ein Schwein, die Hand ständig an seiner Hose. Ausschweifend schilderte er, wie es ihm gefiel, wenn jemand blutüberströmt unter seinen Händen verstarb. Egal ob jung oder alt, ob Greis oder Säugling, ob Mann oder Frau.“
Trotzdem geht Roman hoffnungsvoll in seinen Prozeß. Er kann sich nicht vorstellen, daß seine Mühen ohne Lohn bleiben sollen – doch erhält er keinen Straferlaß. Drei Jahre Gefängnis lautet das Urteil.
Er ist schwer enttäuscht, läßt sich aber vor Gericht nichts anmerken. Sofort sucht er nach Wegen, sich seine Gerechtigkeit selbst zu holen. Er stellt einen Antrag auf einen 24-Stunden-Ausgang. Obwohl er noch eine relativ hohe Reststrafe zu verbüßen hat, gewährt man ihm dies. Im März 1994 erhält Roman Z. Hafturlaub, darf das Gefängnis von Słupsk verlassen,

um wenigstens einen Tag bei seiner Familie verbringen zu können.
Doch er will nicht nur für einen Tag und eine Nacht ein freier Mann sein. So beschließt er sofort, nie mehr ins Gefängnis zurückzukehren. Und der Fall Leszek soll für ihn nicht abgeschlossen sein, zuviel hat er dafür riskiert und erduldet. Er wendet sich an die Journalistin, die er aus Erzählungen Leszeks kennt und geht im April 1994 zur Redaktion der Danziger Zeitung „Wieczór Wybrzeża", die ihn freudig empfängt. Roman hat mehr als Informationen aus zweiter Hand zu bieten: Er ist im Besitz des handgeschriebenen Tagebuches von Leszek Pekalski – mit allen Geständnissen.
Die ungläubigen Redakteure recherchieren bis ins letzte Detail, ob es sich dabei auch wirklich um ein von Leszek selbst geschriebenes Original handelt. Für Geld ist in diesem Lande sehr viel zu erreichen, und so steht nach einigen Tagen fest: das Tagebuch ist echt.
Mit riesigen Lettern veröffentlicht die Zeitung am 26. April 1994 das „TAGEBUCH EINES VAMPIRS".
Die Zeitung ist im Handumdrehen ausverkauft. Ganz Polen will wissen, was Leszek Pekalski niedergeschrieben hat. Im ersten Teil der Ausgabe kündigt die Zeitung an, daß Leszek zwar noch nicht verurteilt sei, aber dennoch den Titel „Vampir des Jahrhunderts" tragen dürfe. Obwohl er bei seinen Taten keinerlei Blut getrunken oder ähnliches getan hat, ging dieser Name für Leszek Pekalski von Mund zu Mund. Am Tag darauf erscheint der zweite und letzte Teil über das Tagebuch des Vampirs.
Auch die Staatsanwaltschaft in Słupsk hat diesen Artikel gelesen und ist sehr verwundert über das Material, das dieser Zeitung zur Verfügung steht. Der Oberstaatsanwalt macht sich selbst auf den Weg nach Danzig, um die Angelegenheit zu regeln. Für ihn ist nicht wichtig, woher der Verlag diese Unterlagen erhalten hat – das kann er sich schon denken. Er will sich keine Blöße geben, weshalb kein Wort über Roman Z. und seine Flucht aus dem Gefängnis fällt. Der Chefredakteur händigt

dem Staatsanwalt die Unterlagen aus, und es scheint, als sei dieser damit zufrieden. Aber er bleibt es nicht lange, denn er hat nur Kopien des wichtigen Beweismittels erhalten. Sofort kontaktiert er seinen Chef, Generalstaatsanwalt Wojciech H., der nun mittels Fax den Verlag um die Herausgabe der Originale ersucht. Er fordert die Herausgabe zwar höflich, aber mit Nachdruck, da diese Unterlagen ohne Genehmigung illegal aus der Strafanstalt entfernt worden seien. Natürlich vergißt er nicht, den Verlag darauf hinzuweisen, daß man nicht wünsche, daß über diesen Fall weiter berichtet wird. Dieses Fax von allerhöchster Stelle ist für alle Beteiligten der Beweis für die Echtheit des Dokuments und daß die Staatsanwaltschaft bis zu diesem Zeitpunkt gar nichts von der Existenz des fertiggestellten Tagebuchs gewußt hat. Ein peinliches Versagen, das sich auf das Verhältnis der Justizbehörde zur Presse auswirkt: fortan fließen keine Ermittlungsergebnisse mehr an die Öffentlichkeit. Denn jetzt hat man die Originale und ist damit zufrieden. Voreilig zufrieden, da man die Cleverneß Roman Z.s unterschätzte.
Noch immer auf freiem Fuß, muß die Staatsanwaltschaft durch die Presse erfahren, daß Roman Z. im Besitz eines von Leszek geschriebenen Geständnisses ist. Wie dies alles zustande kam, vertraut Roman nur einem Menschen an. Er schüttet diesem sein Herz aus, da er noch immer auf Gerechtigkeit hofft und dazu könnte ihm nur die Presse und sein Bericht verhelfen. Dies ist die authentische Wiedergabe eines aufgezeichneten Telefongespräches mit Roman, der sich zu diesem Zeitpunkt auf der Flucht befand.
„Es ist richtig, daß ich mich am dritten Tag meines Zellenaufenthaltes mit Leszek freiwillig zur Verfügung stellte, ihn auszuhorchen, was er alles angestellt habe. Vieles wurde über ihn berichtet, doch niemand wußte, was wirklich stimmte.
Viel zu verworren waren all die Erzählungen über ihn, und ich sah darin meine Chance, bald meine Familie wiederzusehen, die ich so sehr liebe und von der ich nicht wußte, wie es ihr ergeht ohne mich. Eines Tages wurde ich zu einem Staatsanwalt

vorgeladen, der sich mir nicht vorstellte. Ich hatte den Mann noch nie gesehen, doch als ich sein Zimmer betrat, wußte ich, wer das war. Zu genau hatte mir Leszek diesen Mann mit seinen grauen Haaren und seinem grauen Bart beschrieben. Er verhörte mich und gab mir das Protokoll zur Unterschrift. Dann erhielt ich ein dickes Heft von ihm, wo ich alles notieren sollte, was ich von Leszek erfahren würde. Das Heft gab ich an Leszek weiter, der sich sehr freute.
Bei meinem Besuch beim Herrn Staatsanwalt bin ich davon ausgegangen, daß die Staatsanwaltschaft als höhere Instanz der Polizei, deren Zusagen, was meine Strafe betrifft, einhalten würde. Doch ich habe mich sehr getäuscht. Ich glaubte, so clever wie nie in meinem Leben gewesen zu sein, heute weiß ich, ich war der größte Idiot. Ich fühlte mich sicher mit den erhaltenen Versprechungen und mußte das Gegenteil erleben." Dann beginnt Roman, Leszek zu beschreiben:
„Leszek sah aus wie der größte Penner, als ich ihn zum erstenmal sah: zerknitterte Hosen, nicht rasiert, er hatte nachts offensichtlich in den Klamotten geschlafen, die er tagsüber trug. Er hatte Kleidung von der Fürsorgestelle erhalten, aber da er ständig zunahm, paßte ihm diese nicht mehr. Aber das war ihm egal. Und diesen Menschen mußte ich beim Betreten der Zelle fragen, ob ich bei ihm wohnen dürfe? Darauf bestand er. Nachdem ich ihn fragte, vernahm ich ein großzügiges Ja. Wahrscheinlich – oder ganz sicher –, weil ich einen Farbfernseher und einen Videorecorder hatte. Leszek hatte zwar weiter seine Rente, war aber der Meinung, daß es ihm zustünde, Kleidung zu erhalten. Sonst hätte er sich welche selbst gekauft, wie die meisten der Insassen. Lange Zeit hatte er gespart, um sich über einen Polizisten, dem er versprach, wieder einmal etwas Neues zu gestehen, einen Kassettenrecorder kaufen zu können. Denn Leszek hört gerne Musik, vor allem die Gruppe Abba.
Zu meinem letzten Geburtstag bekam ich von meiner Frau ein Feuerzeug geschenkt, das ich im Gefängnis besonders in Ehren hielt. Eines Tages legte ich es in der Zelle auf den Tisch,

was ich eigentlich nie tat, ich hatte es immer in meiner Tasche aufbewahrt. Leszek sah es und zündete sich eine Zigarette damit an. Wütend verbat ich ihm das Benutzen des Feuerzeuges. Ich wollte nicht, daß er es mit seinen Händen berührte. Als ich ihm sagte: Laß es, faß es nie mehr an, lernte ich ihn zum ersten Mal richtig kennen. Blitzschnell sprang Leszek, das Feuerzeug noch immer in der Hand, auf und umklammerte mit beiden Händen meinen Hals. In seinen Augen erkannte ich, das ist meine letzte Stunde. Während er mich würgte, stotterte er vor Aufregung: Das gehört mir, alles hier gehört mir. Gib acht, das Gas könnte austreten und dir in die Augen sprühen, brachte ich noch hervor. Da ließ Leszek von mir ab, gab das Feuerzeug zurück und entschuldigte sich sogar. Nachträglich glaube ich den Grund zu kennen, warum Leszek losließ. Es war, weil ich ihn darauf aufmerksam gemacht hatte, daß er sich verletzen könne. So etwas kannte Leszek nicht, daß man nicht wollte, daß ihm etwas Übles widerfährt.
Niemand wird sich vorstellen können, was in einem selbst vorgeht, wenn man weiß: ein Massenmörder drückt einem die Kehle zu. Niemand kann verstehen und nachfühlen wie es ist, wenn einem der Tod so nahe ist. Man mußte nur seine Augen sehen, es waren die Augen eines Haies, der sie verdreht, bevor er zubeißt. Noch einmal sah ich diese Augen, die vor kurzer Zeit für viele den Tod bedeutet haben. Danach faßte mich Leszek nie mehr an. Einmal noch erlebte ich ihn in derselben Verfassung. Eines Tages, wie so oft, sollte er zu einer Rekonstruktion am Tatort abgeholt werden, wahrscheinlich nach Breslau. Die Wärter kamen diesmal etwas früher und forderten, daß er rasch seine Sachen zusammenpacken sollte. Dies hatte man ihm noch nie bei einer solchen Gelegenheit gesagt und er kannte sich gar nicht mehr aus, bekam Angst, daß etwas geschehen würde, von dem er keine Ahnung hatte. Noch nie mußte er packen. Die Wärter waren inzwischen weggegangen, aber ich habe bemerkt, wie Leszek sich verändert hatte, er bekam wieder diesen Blick, diesen verdrehten Blick eines Haies. Er war in diesem Moment, glaube ich, zu allem

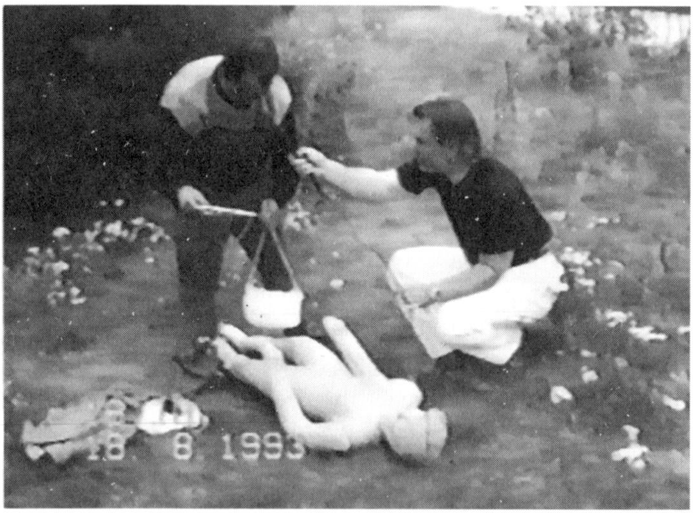

Leszek rekonstruiert an einer Puppe, wie er ein Opfer getötet hat.

bereit. Inzwischen kamen die beiden Beamten noch einmal an die geöffnete Zellentür, Leszek wartete in sicherem Abstand nur darauf, was als nächstes geschehen sollte. Ohne daran zu denken, was auf ihn zukommen könnte, streckte einer der Beamten seine Hand nach Leszek aus, um ihm Geld zu geben. Geld, das er immer bekam, wenn er zu Rekonstruktionen fuhr, vor allem für Schokolade. Man wollte, daß er sich freute und durch die Geschenke leichter zu bewegen wäre, neue Tatorte bekanntzugeben. Als der zweite Wärter von ihm verlangte: Komm, mach voran, schau, daß du weiterkommst, spielte er verrückt. Er wurde sehr, sehr böse. Man konnte sehr genau sehen, wie Leszek sein konnte. Man sah sein wahres Gesicht, er war bereit, zu töten. Die Beamten erkannten die Situation und konnten gerade noch die schwere Türe zuschlagen."
Roman will ihm in diesem Moment zugeschrien haben, daß er sowieso zurückgebracht werde; er solle keine Angst haben. „Leszek beruhigte sich. Aber seine braunen Augen waren wie die eines Hai, diesen Ausdruck in den Augen vergesse ich nie."
Roman berichtet weiter: „Ich hatte Angst in diesem Augenblick, große Angst. Eines Tages erzählte Leszek mir, daß er erfahren hatte, wahrscheinlich von einem Mitgefangenen, daß es gut wäre, im Gefängnis einen zu töten, damit er in eine Pflegeanstalt käme, da würde es ihm viel besser gehen. Und ich war ihm doch am nächsten, ich war doch sein Eigentum. Dieser einfältige Mensch wurde für mich immer unberechenbarer. Eines Tages, Leszek lag im oberen Bett wie immer, fiel seine Hand nach unten, direkt in mein Gesicht. Ich wußte nicht: geschah dies im Schlaf oder war er wach? Mein Herz schlug mir bis zum Hals. Ich hatte noch nie in meinem Leben solche Angst wie in diesen Minuten.
Ich hatte Bilder von meiner Frau und meinen Kindern neben dem Tisch aufgehängt und bemerkte, wie Leszek diese immer wieder betrachtete, doch ich maß dem keine Bedeutung bei. Eines Tages fragte er mich: Würdest du ihnen helfen, wenn ich deine Frau oder deine Kinder angreifen würde? Ich gab keine Antwort, ich wußte, daß mir Leszek diese Frage nur stellte, um

zu testen, wie ich darauf reagieren würde. Ich wußte von Leszek zu viel, darauf führte ich es zurück.
Meine Familie interessierte Leszek sehr. Ich fand heimliche Notizen von ihm, wo er meine Adresse und die Namen meiner Frau und meiner Kinder notiert hatte. Du bist einer der ersten, die ich besuchen werde sagte er einmal, aber wie er das meinte, weiß ich bis heute nicht. Allein der Gedanke ließ mich nächtelang nicht schlafen. Heute weiß ich, sollte Leszek je wieder freikommen, egal auf welche Art, er würde sein Versprechen einhalten."
Auf die Frage, ob Leszek ihn wohl mochte, antwortete Roman: „Wahrscheinlich, ich denke schon. Während der langen Zeit, die wir zusammen verbrachten, kamen wir uns immer näher. Hätte er all diese schrecklichen Dinge nicht angestellt, hätte er für mich ein Freund werden können. Als ich ihm das Gefühl vermittelte, daß es nicht seine Schuld wäre, sondern seine Kindheit und die Umstände seines Heranwachsens, stand er eines Tages demonstrativ auf und sagte zu mir: Du bist mein bester Freund. Aber darauf konnte ich ja nicht stolz sein. Er ließ sich den selben Oberlippenbart wachsen, so wie ich ihn trug. Er wusch sich, ging nie ohne geputzte Schuhe aus der Zelle, er begann sogar, sich zu pflegen. Auch mir putzte er die Schuhe. Aber ich kann es nicht ertragen, wenn mir jemand meine Schuhe putzt. Ein paarmal habe ich ihn deshalb ausgeschimpft, aber es half nichts – er sah alles als sein Eigentum an, auch meine Schuhe, auch wenn sich das dumm anhört. Niemals habe ich verstanden, warum er dies tat, ob er sich bei mir einschmeicheln wollte, ich weiß es nicht.
Heute muß ich sagen, als Leszek begann sich zu pflegen, sogar seine Wäsche reinigen ließ, begann ich ihn zu mögen. Meist war er sogar sehr rücksichtsvoll zu mir. Er lag den ganzen Tag mit seinem Kopfhörer auf seinem Bett und hörte Musik. Wenn ich nicht in der Zelle war, machte er die Musik so laut er nur konnte, wenn ich zurückkam, stellte er sofort leise. Er begann sogar zu fragen, ob er den Fernseher anmachen dürfe. Er begann, sehr höflich zu mir zu sein. Wir waren uns meist einig,

welche Sendungen wir uns anschauten. Leszek sah gerne ‚Glücksrad' (die polnische Version). Naturfilme und Horrorfilme mochte er genauso wenig wie Kriminalserien. Kriminalfilme erregen mich sehr, sagte er immer. Ich erinnere mich noch sehr genau an eine ‚Glücksrad'-Sendung, als Leszek wieder einmal die Lösung vor den Kandidaten wußte.
Die sollen die Sendung in der Zelle mit dir aufnehmen, du weißt viel mehr als die, sagte ich zu ihm, und er freute sich sehr. Leszek war sich bewußt, daß er meine Hilfe brauchte. Das spürte ich.
Im Dezember 1993 sollte ich meine Verhandlung haben, worauf wir beide uns sehr freuten, wir waren überzeugt, daß ich die Verhandlung als freier Mann verlassen würde. Leszek freute sich darauf, da ich versprach, ihm zu helfen, wie wir es vereinbart hatten. Am Morgen vor dem Prozeßbeginn gab mir Leszek fünf Tabletten, damit ich ruhig meine Verhandlung überstehen könnte. Er hatte sie aufgespart für mich. Er täuschte den Beamten vor, daß er sie schlucken würde, behielt sie aber in der Handinnenfläche. Er mußte drei Beruhigungstabletten, die er täglich bekam, unter Aufsicht einnehmen. Leszek sagte zu mir: Daß du ruhig bleibst, deine Verhandlung gewinnst, freikommst und mir von draußen helfen kannst.
Heute glaube ich, daß Leszek ein großer Egoist ist. Deshalb gab er mir auch die Tabletten." Warum redet Roman über Leszek, als sei dieser ein normaler, psychisch gesunder Mann? Seine Antwort: „Weil er nicht dumm ist. – Vielleicht hat er psychische Störungen, aber er ist gerissen, gewieft, er ist sehr clever, pfiffig, gewandt, durchtrieben und hat Sinn für das Praktische. Als Kind stempelte man ihn als Dorfdeppen ab und dies war sehr bequem für ihn. Viele hatten Mitgefühl mit ihm und halfen ihm. Er machte nur, was er wollte. Er war stets unsauber und hungrig. Alle sagten zu ihm: Armer kleiner Lesio.
Damit erreichte er sehr viel. Und: er ist immer höflich und zuvorkommend. Vor den Beamten in Słupsk machte er sich selbst lächerlich, weil er genau merkte, sie glauben ihm, nehmen ihn aber nicht ernst. Die verhörende Polizistin nahm ihn sogar vom

Arrest zum Büro des Staatsanwaltes ohne jegliche Sicherheitsmaßnahmen mit. Sie fuhr mit ihm im Personenwagen, Leszek allein auf dem Rücksitz und ohne Handschellen. Ein Wunder, daß er nicht entkommen ist.
Sie glauben, er gibt alles zu, weil er so dumm ist und weil ihm sowieso schon alles egal ist. Damit er ihnen alles sagt, geben sie ihm Pornos. Sie lassen ihn Pornofilme ansehen und wollen, daß er sich erregt und leichter spricht. Leszek genießt es, daß er sogar im Polizeirevier solche Filme sehen darf. Er gibt ohnehin nur Fälle zu, die der Polizei seiner Meinung nach längst bekannt sind. Es gefällt ihm, Geschenke von der Polizei zu bekommen, die ihn einen Mörder nennen. Leszek mußte zu achtundzwanzig Rekonstruktionen der Tatabläufe in die verschiedensten Orte und Städte in Polen. Er genoß auch diese ‚Ausflüge', denn er begriff sehr schnell, daß die Beamten tun, was er will.
An einen Fall erinnere ich mich noch besonders: Wieder einmal wurde er abgeholt, und er erzählte mir später, daß sie ihn in eine Stadt namens Mława mitnahmen, wo er eine Frau getötet hatte. Er wurde von den Beamten nur in guten Restaurants verpflegt, übernachtete in Hotels und bekam sehr viel Süßigkeiten, vor allem seine heißgeliebte Schokolade. Er freute sich auf das ‚Geleit' durch den Herrn Staatsanwalt und die hohen Polizeibeamten, die sich alle sehr um ihn bemühten. Er sah sich als Star. Als er zeigen sollte, wo er den Körper versteckt hatte, dachte er darüber nach, daß damit der Ausflug zu Ende war, und täuschte eine Ohnmacht vor. Alle waren der Meinung, daß dieser arme schwache Leszek offensichtlich überfordert war. Doch Leszek war nicht überfordert, er wollte nur noch einmal die Reise machen, und das ist ihm gelungen. Er konnte auf einmal keinen Schritt mehr laufen und man mußte ihn zurückfahren. In der Zelle lachte er sich bei mir kaputt über die Dummheit der Beamten. Er machte sich über sie lustig. Er spielte mit allen.
Als er eines Tages im Juni 1993 von einer solchen Rekonstruktion zurückkam, war er sehr aufgeregt, da der Mann ei-

nes Opfers anwesend war. Leszek erschrak sehr und hatte große Angst vor dessen Rache. Daraufhin hat er sich bei der Staatsanwaltschaft erkämpft, daß keine Angehörigen mehr dabeisein dürften. Der Staatsanwalt willigte ein."
Roman wird gefragt: „Wer hat die Rolle des Opfers gespielt?"
„Man versuchte zunächst, daß Polizistinnen diese Rolle übernehmen würden. Doch keine war bereit, sich auch nur anfassen zu lassen. Wenn er zeigen mußte, wie er die Opfer angegriffen hatte, wurden äußerst kräftige Polizisten dazu geholt. Für die Darstellungen der Vergewaltigungen hatte man eine Gipspuppe anfertigen lassen. Doch diese zerbrach sehr schnell auf Grund der starken Einwirkungen.
Daraufhin hat der Staatsanwalt eine Plastikpuppe im Sexshop gekauft, den offenen Mund hat man meist mit einem Pflaster zugeklebt. Leszek war verliebt in diese Puppe. Er hat sich sehr stark erregt beim Anfassen, weil sie ihn besonders an ein Opfer erinnerte. Alles erregte ihn, was ihn an eine Frau erinnerte und weil er so erregt war, zeigte er in allen Details, was er den Opfern angetan hatte.
Er träumte immer nur von dieser Puppe, er wollte sie unbedingt besitzen. Leszek hat mir oft erzählt von der Geschichte mit seinem Schwager, der ihm eine solche Puppe nicht kaufte, obwohl Leszek sie bereits bezahlt hatte. Auch von seinem Onkel Bogdan erzählte mir Leszek sehr viel. Ich glaube, sein Onkel wußte sehr viel von ihm, deshalb haßte er ihn auch. Bogdan versoff oft Leszeks Geld und hat ihn geschlagen. Aber ihm hat er nie etwas getan, vielleicht weil er Angst vor ihm hatte. Und Leszek wußte, daß er dort immer wieder unterkommen würde.
Ich haßte ihn, wollte ihn aber niemals verletzen, hat er mir einmal gesagt. Leszek hatte in einer karitativen Einrichtung für psychisch Kranke, in der er sich für kurze Zeit in Behandlung befand, eine Frau kennengelernt. Die Nonnen, die dieses Heim führten, warfen ihn, nachdem sie bemerkten, wie er hinter dieser Frau her war, hinaus. Leszek hat dann immer berichtet, er würde bald heiraten, und zwar diese Frau."

Frage an Roman, ob er darüber nähere Angaben machen könne?
„Nein, aber ich habe ihn einmal gefragt, warum er nie geheiratet hat, dann hätte er doch täglich, was er braucht?
Nein, mich wollte keine haben. Darüber bin ich sehr enttäuscht! Über die Ehe wollte er nicht sprechen. Aber über seine Opfer sprach er gerne."
Auf die Frage, was Leszek mit seinen Opfern gemacht habe, antwortet Roman:
„Am Anfang befriedigte ihn der Gedanke, daß er einen regungslosen Körper vor sich hatte. Später hat er mit diesen regungslosen Körpern sehr grausame Sachen gemacht. Leszek redete stets davon, aber ich konnte schon gar nicht mehr hinhören. Es ekelte mich, ständig neue Grausamkeiten zu erfahren, die sich ein normaler Mensch nicht vorstellen kann. Es schreckte mich ab. Auch hatte ich ständig Angst davor, zuviel von ihm zu wissen, vielleicht würde er mich gerade deshalb einmal umbringen. Nie hat er ein Opfer bedauert, nie, daß er so viele Menschen getötet hat.
Er bedauerte nur eines, nämlich daß er Bernadetta, die 51jährige Bäuerin, nicht umgebracht hat. Sie brachte eigentlich alles ins Rollen, man hat ihn erwischt, weil sie zur Polizei ging. Die Polizei hätte ihn sonst nie geschnappt, dessen war er sich sicher. Er hatte nie das Gefühl, daß er ein Opfer verletzt hatte. Nie hat er sich damit auseinandergesetzt. Er wollte ein Opfer haben. Das war sein Eigentum. Jedes hat ihm gehört, nach der ersten Berührung. Leszek konnte nie verstehen, warum sie sich gewehrt haben.
Wozu haben sie sich gewehrt? Sie haben doch alle mir gehört, wozu haben sie geschrien, sie wollten sich mir nicht hingeben. Das sagte er ständig. Manchmal denke ich, wenn sich die Frauen nicht gewehrt hätten, könnten viele von ihnen noch leben. Einmal habe ich mir eine Geschichte ausgedacht und war gespannt, wie er darauf reagiert. Ich erzählte ihm von einem Taxifahrer, der mit Hilfe eines Betäubungsgases seine Opfer ruhig stellte. Leszek hörte mir genau zu und sagte: Der war

schlauer als ich. Aber ich hatte ja kein Gas und hätte auch nicht gewußt, wo ich mir eines hätte besorgen können.
Er erzählte mir alles über seine Taten, auch seine schlechten Erinnerungen. Von den ‚Vorfällen‘, aus denen nichts wurde, weil er überrascht wurde und nichts anstellen konnte. Er wurde böse, wenn er davon erzählte, wenn er seine Opfer schon so weit hatte und dann flüchten mußte. Oder wenn er Leichen nicht vergewaltigen konnte, wie er sich das vorgestellt hatte. Er tötete sehr berechnend, hatte immer Mordgegenstände zur Hand. Er hatte viele seiner Morde vorher nicht geplant und doch immer eine Waffe, sei es nur einen Stock, bei sich und war vorbereitet. Am Anfang tötete er immer mit Gegenständen, die er fand. Fand er einen Hammer, tötete er mit diesem. Hatte ein Mädchen einen Gürtel an ihrer Hose, wurde dieser benutzt. Später trug er immer einen Stock bei sich und schlug die Opfer damit auf den Kopf.“

Nach dreijähriger Untersuchungshaft des Angeklagten entscheidet man endlich, am 6.12.1995 beim Gericht die Anklageschrift einzureichen. Aktenzeichen: 1 Ds 1/93. Diese Anklageschrift wirft Leszek Pekalski 17 Morde sowie drei Vergewaltigungen vor, die die Opfer schwerverletzt überlebten. In 67 Aktenordnern mit zusammen 13.400 Seiten geht man sehr genau auf die einzelnen Umstände der Taten ein. Jede Handlung des Täters an den Opfern wird detailliert beschrieben, so genau, daß man sie in der Presse in Polen nicht veröffentlicht. Man will den Angehörigen das Leid ersparen, auch noch zu erfahren, wie grauenhaft ihre Verwandten wirklich ums Leben kamen und wie schrecklich sie mißhandelt und verstümmelt wurden.
Ein bekannter Redakteur einer großen Illustrierten, dem ebenfalls, wie dem Autor, eine Kopie des Originalgeständnisses vorliegt, sagt: „Es ist das Schrecklichste, das Unmenschlichste, das ich je gelesen habe.“
Der gesamte Polizeiapparat, der mit den Ermittlungen beauftragt ist, versteht die Welt nicht mehr, als die Arbeit abrupt ge-

Aus dem Originalgeständnis von Leszek Pekalski:

Z Warszawy później pojechał
sobie kawatek za Warszawę do Pruszk
W Pruszkowie chodziłem sobie dwa dn
po mieście. Jak chodziłem sobie po mie
to to pod wieczór spotkałem ładną i z
robną dziewczynę w wieku około 15 lat
może 13 lat. Szła ona na obrzeża
miasta a ja szytu za nią. Szłem za
nią pół godziny może trochę krucej. Ja
ja szłem ~~styłu~~ za nią to zaczepiłem
i uderzyłem ją nożem z przodu. Po ude
niu ją nożem rozebrałem i miałem z
nią stosunek. Wkładałem swojego członka
jej pitki, pitkę miała małą i niedrośni
tą. Cycki ona miała małe i twarde. Wło
miała ciemne i długie do ramion. Członka
nie szło włożyć do jej pitki bo miała pitk
małą i ciasną. To zdarzenie z dziewczyn
było pod wieczór. Byłem z nią dwie może
~~dwie~~ 3 godziny.

Später fuhr ich ein Stück aus Warschau hinaus nach Pruszkow. In Pruszkow ging ich zwei Tage durch die Stadt. Als ich so durch die Stadt ging, da, abends traf ich ein schönes und junges Mädchen von 15 Jahren, aber vielleicht auch von 13 Jahren. Sie ging zum Stadtrand und ich ging hinter ihr her. Ich folgte ihr eine halbe Stunde, vielleicht auch etwas weniger. Ich ging hinter ihr her, dann hielt ich sie an und stach sie mit dem Messer von vorn. Danach zog ich sie aus und hatte Geschlechtsverkehr mit ihr. (…) Dieses Ereignis mit dem Mädchen war abends. Ich war mit ihr zwei, vielleicht auch 3 Stunden zusammen.

stoppt wird. Keiner der Beamten kann verstehen, warum die Anklage auf nur siebzehn Morde begrenzt wird.
„Die Liste der Taten ist lächerlich kurz", sagt daraufhin ein leitender Polizeibeamter. Viele gehen noch weiter: „Der Staatsanwaltschaft ist es doch egal, ob er wegen 17 oder 170 Morden verurteilt wird. Die Strafe ist dieselbe."
Ein weiterer Beamter ist der Meinung: „Die Staatsanwaltschaft wurde während der Ermittlungen vom Justizministerium gestoppt."
Viel zu viel Geld sei schon in diesem Fall verschwendet worden, hieß es. Das Land könne diese Summen für viel wichtigere Dinge gebrauchen als für diese Ermittlungen.
Einer sagt vielleicht die ganze Wahrheit, die hinter dem Rückzieher steckt: „Muß denn die ganze Welt erfahren, daß ausgerechnet ein Pole der größte Massenmörder der Geschichte ist?"
Viele Fragen, auf die es wohl nie eine Antwort geben wird. Fest steht, daß sich Leszek Pekalski zunächst wegen 17 Taten zu verantworten hat.

Ein Monster auf Reisen

OPFER Nr. 1
Ewa P., ermordet am 14.02.1984 in Toruń

Toruń ist als Geburtsstadt des Juristen und Astronomen Nikolaus Kopernikus bekannt. Leszek Pekalski kennt den Namen dieser Stadt ebenfalls genau. Höchstwahrscheinlich, weil er in Toruń seinen ersten Mord beging.

Zwei Tage nach seinem achtzehnten Geburtstag trifft er hier ein, am 14. Februar 1984. Er schwänzt die Schule und ist allein nach Toruń gefahren. Um sich selbst ein „Geschenk" zu machen. Es wird Nachmittag, und Leszek vertreibt sich die Zeit in einer ungepflegten Parkanlage. Er wartet. Beobachtet Menschen. Sie laufen an ihm vorbei – mißachten sie ihn absichtlich? Er weiß es nicht, doch es ist gut. Er steht da, das Gesicht abgewendet. In scheinbar kraftloser Haltung, den Rücken leicht gekrümmt, prägt er sich die Umgebung ein. Er zieht sich zurück, dahin, wo weniger Menschen sind. Es beginnt dunkler zu werden. Er macht sein Opfer aus.

Ewa P. nimmt eine Abkürzung durch den Park, denn sie muß zum Bus. Sie hat es eilig, muß pünktlich sein, denn sie ist Leiterin des örtlichen Bahnhofes. Leszek Pekalski tritt ihr unvermittelt in den Weg, auf den sie kaum geachtet hatte. Sie erschrickt kurz, blickt ihm flüchtig ins Gesicht und eilt weiter. Ihr Herz klopft. Die Schritte folgen ihr, sind schnell wieder gleichauf. Pekalski spricht sie an – höflich und freundlich, was sie überrascht, angenehm. Doch sie reagiert nicht, geht weiter, will sich nicht aufhalten lassen – schon gar nicht von einem derart verlumpten, gnomenhaften Kerl.

Nur einen Augenblick lang betrachtet sie die jämmerliche Gestalt und hat nur Verachtung übrig für diesen heruntergekommenen Mann, der sie wie ein lästiges Anhängsel begleitet. Dies läßt sie ihn auch spüren. Er redet immer heftiger auf Ewa ein, und ihr wird die Situation immer unangenehmer. Seitlich von

ihr, wie ein kleines Kind hin- und herspringend, versucht er, ihre Aufmerksamkeit auf sich zu lenken.
So sehr sie auch versucht, ihn abzuschütteln – es gelingt ihr nicht. Selbstbewußt bleibt Ewa stehen und will Leszek gerade zurechtweisen. Sie hat ihre Hand schon erhoben, um ihren Worten mehr Ausdruck zu verleihen, da sieht sie in die Augen dieses Mannes – und ist geschockt. Sie spürt genau, daß sie nicht mehr in die Augen eines dümmlichen jungen Mannes schaut, dem es nur Spaß macht, sie anzusprechen. Sofort erkennt sie die Veränderung, die in ihm vorgegangen ist. Sie merkt, daß sich die anfängliche Höflichkeit in blanken Haß verwandelt hat. Augenblicklich nimmt sie die erhobene Hand herunter und streckt sie instinktiv abwehrend nach vorne. Wie gebannt läßt sie seine Augen in sich eindringen – Augen des Bösen. Sie will weglaufen, schreien, sich wehren, doch sie steht wie angewurzelt vor diesem Menschen.
Unfähig zur Gegenwehr sieht sie, wie Leszek einen Hammer aus seiner Manteltasche hervorholt und weit ausholend mit voller Wucht auf ihren Kopf einschlägt. Ewa bricht ohnmächtig zusammen. Noch fünfmal schlägt er mit dem Hammer auf sie ein, dann bückt er sich zu der reglosen Gestalt vor ihm und entblößt sie. Den Hammer hat er bereits wieder in seine Manteltasche gesteckt. Unvermittelt bewegt sich Ewa P. etwas. Er ist leicht verwirrt, was ihn wütend macht. Er greift nach einem Stock, der im Gras neben ihnen liegt, und beginnt wie wahnsinnig, auf Ewa P. einzuschlagen. Blut spritzt ihm entgegen, alle Grenzen fallen. Er setzt sich auf ihren Bauch, wirft den Stock zur Seite und schlägt sie mit bloßen Händen ins Gesicht. Niemand sieht ihn, niemand bemerkt sein grauenhaftes Vorgehen. Er zieht seine Hose aus, nimmt sein „Organ“ (so bezeichnet er sein Glied) heraus, befriedigt sich und schlendert dann, nachdem er sich die Hose zugemacht hat und aufgestanden ist, fast achtlos davon. Zufrieden geht er anschließend durch den Park. Er bemerkt seine große Lust, ein Opfer zu quälen. Und er registriert, wie leicht es war, dieses Opfer „still“ zu machen. Er verläßt den Park.

Nach einigen Minuten findet ein Bahnwärter die blutüberströmte Frau und holt sofort einen Krankenwagen herbei. Doch Ewa liegt bereits im Sterben. Niemand kann dieser jungen Frau mehr helfen. Sie erlebt nicht mehr, daß man ihr im Krankenwagen noch die Haare abschneidet, um sie für die Operation vorzubereiten. Die Schädeldecke klafft weit auseinander und soll geschlossen werden. Sie wird tot im Krankenhaus eingeliefert.
In diesem Falle muß ein Unschuldiger, wie in vielen Fällen des Leszek Pekalski, für diesen Mord büßen: ein Arbeitskollege des Opfers mit Namen Roman B. Er verbüßt unschuldig ein Jahr Untersuchungshaft. Das längste Jahr seines Lebens, wie er später berichtet. Die Auswirkungen dieses fatalen Irrtums machen ihm bis heute schwer zu schaffen. Nach seiner Entlassung aus dem Gefängnis hat man ihn interviewt.
„Es sprach alles gegen mich“, schildert er.
Roman B. kommt kurz nach dem Tod von Ewa P. in Untersuchungshaft. Er ist für den Staatsanwalt dringend verdächtig, sie ermordet zu haben. Man vermutet eine Beziehung zwischen den beiden. Immer wieder beteuert Roman, daß eine solche zu Ewa P. niemals bestanden habe, sondern daß die beiden lediglich eine Freundschaft verband. Die polizeilichen Akten sagen: Die Polizei fand einen Taxifahrer, der bezeugte, zur Tatzeit einen Mann in einem braunen Parka gesehen zu haben, der mit einem Hammer in der Hand den Tatort verließ. Roman B. hat so eine Windjacke, man findet sie, aber die Jacke ist schwarz. Untersuchungen ergeben, daß Romans Jacke Blutspuren aufweist. Man vergleicht sie mit der Blutgruppe des Opfers und sie ist identisch.
Der Taxifahrer glaubt bei einer Gegenüberstellung, daß Roman „wahrscheinlich“ der Mann ist, den er am Tatort gesehen hat. Roman sagt, daß er die Jacke schon den ganzen Winter über getragen hat. Seine Freundin dagegen behauptet, die Jacke noch nie an ihm gesehen zu haben, vermutlich um ihm zu helfen. Ein Hotelportier will Roman gesehen haben, wie er aufgeregt vom Tatort kommend in der Hotelhalle umherlief, um

dann an einem Tisch neben dem Empfang aus Streichhölzern kleine Häuschen zu basteln.
„Das ist er!" sind sich Hotelportier und Taxifahrer bei einer polizeilichen Gegenüberstellung später sicher. Alles spricht gegen ihn und die Schlinge zieht sich immer enger zu. Roman beteuert immer wieder seine Unschuld, aber niemand glaubt ihm. Mithäftlinge raten ihm, er solle sich „etwas antun", er käme dann in ein Krankenhaus, von wo aus eine Flucht leichter möglich wäre. Roman B. will dies aber nicht tun. Nach einem halben Jahr Gefängnis tritt er in einen Hungerstreik.
Man verlegt ihn und versucht sieben Tage lang, ihn künstlich zu ernähren. Er kommt in eine psychiatrische Anstalt, lernt dort eine Frau kennen, kann tagsüber die Anstalt verlassen, kommt aber immer wieder zurück. Er flüchtet nicht, sondern behauptet, er wolle seine Unschuld beweisen. Im Mai 1985, er sitzt seit über einem Jahr in Untersuchungshaft, beginnt sein Prozeß.
Der Staatsanwalt ist davon überzeugt daß Roman B. der Mörder von Ewa ist und fordert 25 Jahre Haft. Die höchste Zeitstrafe, die in Polen verhängt werden kann. Darüber hinaus gibt es nur noch die Todesstrafe.
Der Staatsanwalt urteilt aufgrund der Blutgruppe von Roman so. Das Opfer Ewa besaß die gleiche. Diese an sich banale Zufälligkeit reicht aus, ihn als Mörder zu verdächtigen, denn eine genauere Analyse der Blutgruppen gibt es noch nicht. Der Hotelportier ist sich beim Gerichtstermin „nicht mehr sicher, ob es Roman war, der an dem Abend im Hotel gewesen ist".
Auch der Taxifahrer weiß bei der Gerichtsverhandlung nicht mehr genau – hat er Roman tatsächlich erkannt? Und auch auf die Frage des Richters nach der Farbe der Jacke, die er so genau gesehen haben will, lautet seine Antwort: „Ich weiß es nicht mehr."
Der Richter fragt Roman B.: „Warum haben Sie bei Ihrer ersten Vernehmung durch die Polizei nichts ausgesagt, was Sie hätte entlasten können?"
„Ich habe alles gesagt, stundenlang hat man mich verhört."

Dem Richter liegt von dieser Vernehmung aber kein entsprechendes Protokoll vor. Da stellt sich heraus, daß die Polizeibeamten die Aussagen Romans nicht einmal protokolliert haben.
Schließlich zeigt sich: die Blutgruppenanalyse ist kein ausreichender Beweis. Auch die Aussagen der anderen Zeugen sind zu vage für eine Verurteilung.
Das Gericht spricht Roman B. am 14. Juni 1985 aus Mangel an Beweisen frei. Heute lebt er von der Sozialhilfe und muß regelmäßig einen Arzt aufsuchen.
Leszek Pekalski hat die Tat gestanden und die Tatumstände so genau beschrieben, wie es nur der Täter tun kann. Ewa P. war sein Geschenk an sich selbst aus Anlaß seines 18. Geburtstages. „Ich wollte auch einmal ein Geschenk!“ Das war seine Rechtfertigung vor der Polizei.

OPFER Nr. 2
Kazimierz N., ermordet am 20.10.1986 in Lobez

Am Abend des 20. Oktober 1986 begegnet Leszek Pekalski im Wald nahe dem Dorfe Lobez einem 79jährigen, grauhaarigen Mann aus dem Dorf Uherce bei Stettin. Er zieht einen Holzkarren mit Reisig hinter sich her. Der Greis sucht für den bevorstehenden Winter wie seit vielen Jahren nach Brennholz. Seine alten Beine und seine von der Gicht gezeichneten Hände schmerzen, der Boden ist sumpfig. Immer schwerer fällt ihm das ständige Bücken. Er muß sich Zeit lassen, darf keine Bewegung übereilen. In aller Ruhe hebt er Stock für Stock auf und denkt an die Wärme, die ihm dieses Holz in den langen Wintermonaten geben wird. Kohle kann er sich schon lange nicht mehr leisten. Die Rente ist zu gering. Er ist oft im Wald. Und da findet ihn Pekalski. Er verfolgt das Treiben des alten Mannes in einigem Abstand. Er will sich nicht bemerkbar machen. Viel zu sehr gefällt ihm, wie mühsam sich der alte Mann nach jedem Stück Holz bücken muß. Da wird er geblendet. Auf dem Karren des Mannes liegt etwas, das die Sonne reflektiert. Er blinzelt, versucht, zu erkennen, was es ist: eine Axt. Da liegt eine Axt, und Leszek will sie sofort haben. Der alte Mann hat sie für sich mitgebracht, aber er braucht sie nicht – zu viel Holz liegt auf dem Waldboden. Der Greis legt die Axt zuweilen herum, damit er Holz aufschichten kann, was den Beobachter noch unruhiger macht. Er schleicht sich an, näher und näher – er will diese Axt, mit der der Alte noch „herumspielt". Das Blitzen des blanken Stahls zieht ihn magisch an, es spiegelt sich in seinen kalten, kleinen, teuflischen Augen. Pekalski ist nur noch wenige Meter von dem Greis entfernt. Der alte Mann hört schlecht und bemerkt die Gefahr nicht, die sich knackend und trampelnd den Weg durch das Unterholz bahnt. Leszek taucht im Rücken des Mannes auf, ergreift gierig die Waffe und tanzt mit ihr neben dem Karren. Der Mann ist noch immer damit beschäftigt, Äste und Zweige zu finden, er bemerkt ihn nicht einmal, als Leszek mit einem mächtigen

Satz direkt hinter ihm auftaucht. Da dreht sich der Alte erschrocken um. Er sieht einen jungen Mann, der mit erhobener Axt auf ihn zustürzt, denkt an einen Räuber und will gerade erklären, daß er kein Geld hat, als die Axt schon auf ihn niedersaust. Mit einem mächtigen Hieb spaltet Leszek Pekalski den Kopf des wehrlosen alten Mannes. Pekalskis Augen sind verdreht – er hat nur noch wilde Raserei in sich. Er holt weit aus und schlägt dem Greis erneut mit voller Wucht auf den Kopf. Der Mann bricht zusammen, blutet seinem Schlächter aber noch zu wenig. Noch dreimal schlägt er mit der scharfen Kante der Axt zu. Der alte Mann verblutet. Leszek genießt den Anblick wie einen Film. Dann entkleidet er die Leiche. Die ganze Nacht verbringt er sitzend neben ihr und läßt sie nicht aus den Augen. Als ihm kalt wird, wärmt er sich mit den Kleidern des Opfers. Immer wieder dreht er es um. Er schläft nicht in dieser Nacht; zu mächtig fühlt er sich, zu befriedigend ist die Situation für ihn. Immer wieder ergötzt er sich am Anblick dessen, wozu er imstande war. Ganz allein er hatte Macht.
Am nächsten Morgen, es ist schon hell geworden, findet er eine am Boden liegende Plastikschnur und hebt sie auf. Er will sie gerade in seiner Hosentasche verstauen, als er es sich anders überlegt und die Schnur zu einem Lasso knotet. Pekalski hat eine Idee: er will nun mit der Leiche des alten Mannes spielen. Mühsam hebt er den Leichnam auf, lehnt ihn an einen Baum und fesselt ihm, so, wie er es im Indianerfilm gesehen hat, die Hände auf den Rücken. Er muß lachen, als er den alten Mann in dieser Stellung vor sich sieht. Der Greis hängt nackt in seinen Fesseln, mit gespaltenem Schädel und langsam verkrustendem Blut. Davor führt Leszek einen Indianertanz auf, eben, wie er es in Filmen gesehen hat. Er springt um sein Opfer und genießt die Armseligkeit des toten Geschöpfes. Immer wieder umkreist er seinen gefesselten „Gefangenen“ – bis er durch das nasse Laub zu Boden stürzt. Pekalski wird wütend, steht auf. Er will nun nicht mehr Indianer spielen. Sein Opfer ist schuld, daß er sich wehgetan hat. Mit der Axt gibt er seinem Zorn nach.

Nach Stunden bindet er die Reste des alten Mannes los und schleift sie ins Gebüsch. Das Spiel ist zu Ende. Sorgsam bedeckt er den Leichnam mit Plastiktüten, Ästen und einem schweren Stück Holz. Den Reisigwagen zieht er pfeifend zum nächsten Fluß und versenkt ihn lachend.
Auch hier muß zunächst ein Unschuldiger büßen. Die Staatsanwaltschaft ermittelt, daß ein Sohn des Ermordeten Ärger mit dem alten Mann hatte, und vermutet, daß er der Täter sein könnte. Kurz vor Heiligabend, der Leichnam wurde einige Wochen vorher durch spielende Kinder gefunden, wird Bolesław N., Sohn des Opfers, festgenommen. Sein eigener Bruder, mit dem er ebenfalls nicht gerade das beste Verhältnis hat, ist von seiner Schuld überzeugt.
Nach Monaten erzählt der Festgenommene von einer ungewöhnliche Konfrontation: „Mein Bruder Jan saß mit dem Oberleutnant aus dem Amt für innere Angelegenheit und einem Staatsanwalt zusammen. Sie benahmen sich wie gute Freunde. Bis heute erinnere ich mich an die Worte meines Bruders: Gib es nur zu, alle werden dir helfen, Mutter Jozefa und auch die Herren hier, gib es nur zu. Ich wollte ihm ins Gesicht spucken, aber das gehört sich nicht unter Brüdern. Sie zeigten mir eine Erklärung: Mein Bruder habe angeblich gesehen, wie ich meinen Vater tötete. Wahrscheinlich war mein Bruder wieder einmal betrunken, denn seine Handschrift war wackelig."
Nach mehrmonatiger Untersuchungshaft wird Bolesław N. entlassen.
Die Staatsanwaltschaft war zu dem Entschluß gekommen, daß die ihn belastenden Beweise unzureichend sind.
Bolesław will aber völlig frei von allen Beschuldigungen sein und legt Beschwerde ein. Diese wird abgelehnt, da sie einen Tag zu spät beim Gericht eingeht. Ein Formfehler.
Als Jan erfährt, daß man seinen Bruder aus der Haft entlassen hat, erhängt er sich. Bolesław N.: „Den wahren Grund für seinen Selbstmord hat er mit ins Grab genommen."

OPFER Nr. 3
Andrzej M., ermordet am 13.01.1987 in Słupsk

Eine hohe Hecke an einer Straße in Słupsk – der Stadt, in der sich Leszek heute im Gefängnis befindet –, ein Wächterhäuschen und die sich dahinter verbergenden Gebäude erwecken Leszek Pekalskis Neugier. Er hat vor kurzem das Gewichtheben zu seinem Hobby erkoren. Inzwischen ist er an der Sonderberufsschule in Słupsk zum Maurer ausgebildet worden. Er steht so lange am Zaun und blickt hinter die Hecke, bis es ihn friert. An der Einfahrt zu dem Grundstück entdeckt er ein weiteres kleines Häuschen mit einigen Wachposten. So geht er auf den Posten zu und bittet, eingelassen zu werden. Die Beamten müssen über den ungebetenen Besucher lachen. Wie er auch aussieht! Zerschlissene Schuhe, heruntergekommene Kleidung, nicht frisiert und nicht rasiert. Aber man sieht ihm an, wie sehr er friert und so hat man Mitleid mit diesem anscheinend armen Menschen. Er bleibt eine Weile, wärmt sich und jammert über sein Leben. Wieder ruft die Erzählung von seiner trostlosen Jugend bei den Zuhörern Mitleid hervor.
Nach einiger Zeit verläßt Leszek Pekalski das kleine Häuschen, geht aber nicht zurück zur Straße, sondern in das Grundstück nach hinten. Was Pekalski nicht weiß: die Polizeibeamten bewachen ein Munitionsdepot, und das befindet sich in einem Gebäude, das Leszek besonders interessiert. Dieses Gebäude ist ein militärischer Hochsicherheitstrakt und für alle Besucher tabu – doch bei Leszek, diesem heruntergekommenen Subjekt, macht man eine Ausnahme. Er ist viel zu friedlich, als daß sich die Beamten weiter um ihn kümmern würden.
Aber: der ihnen unbekannte Mann taucht nicht wieder auf. Die Beamten werden doch unruhig und wollen ihn suchen. Jeder noch so entlegene Winkel wird durchkämmt, doch nichts ist von ihm zu sehen. Er hat sich in einer Wandnische am Ende des Geländes versteckt und beobachtet das Treiben der Polizisten. Es werden immer mehr, jemand betätigt den Alarm. Alle zur Verfügung stehenden Beamten werden zur Suche hin-

zugezogen. Aber so sehr man sich auch bemüht, von Leszek Pekalski ist nach wie vor nichts zu sehen. Ein junger Polizist findet ihn schließlich und Leszek wundert sich über die Aggressivität des Mannes. Der Wachmann schreit ihn an: „Schau, daß du wegkommst! Du hast hier nichts zu suchen!"
Es sollten die letzte Worte des 23jährigen Andrzej M. sein. Nach kurzem Disput versucht der Polizist, Leszek vom Grundstück zu verjagen. – Leszek sagt später: Der Polizist schrie mich an, schubste und schlug mich. Als ihm die Situation zuviel wird, zieht er ein Messer und sticht auf den Polizisten ein. Schon beim ersten Stich sackt dieser zu Boden. Er versucht zwar noch, seine Dienstwaffe zu ziehen und auf Leszek zu feuern, doch der Schuß geht in die Erde. Leszek erkennt die Gefahr und beginnt zu fliehen. Über einen Zaun türmt er in den naheliegenden Wald. In der Zwischenzeit findet ein Kollege den am Boden liegenden, stark aus dem Hals blutenden Polizisten. Herbeigeholte Sanitäter können jedoch nur noch den Tod des jungen Mannes feststellen.
Nachdem der Kasernenarzt den Toten untersucht hat, läßt er eine Sitzung der ranghöchsten Offiziere einberufen. Er erklärt diesen, daß die begutachtete Verletzung nur von einem Profi, einem Spion stammen kann. Nur in deren Ausbildungslagern würde man diese Tötungsweise lehren. „Sie ist lautlos und führt mit einem einzigen Stich zum sofortigen Tod."
Die Kasernenleitung läßt Großalarm geben, alle Soldaten des Umkreises werden auf die Suche geschickt. Hunderte Polizisten durchkämmen die Stadt. Haus für Haus wird durchsucht, doch man findet den Verdächtigen nicht. Alle zur Verfügung stehenden Hubschrauber und Hunde werden eingesetzt und die Kaserne ist in höchster Alarmbereitschaft. Nachdem man nach Stunden Leszek Pekalski noch immer nicht gefunden hat, lösen die örtlichen Dienststellen Alarm in der Region, später sogar in ganz Polen aus. Der inzwischen gebildete militärische Sonderstab und die Behörden sind sich einig: hinter dieser Tat muß das Werk eines Spions oder Terroristen stehen. Sogar ein politisches Attentat wird in Betracht gezogen. Leszek Pekals-

ki, der das Gelände rund um seine Geburtsstadt, besonders den angrenzenden Wald, wie seine Hosentasche kennt, sitzt auf dem Ast einer Tanne und beobachtet durch die schneebedeckten Zweige das Geschehen am Boden. Wieder einmal ist es ihm gelungen, unerkannt zu entkommen.
Am nächsten Tag geht er zum Haus seines Onkels, als wäre nichts geschehen. Doch dieses Mal hat er eine Spur hinterlassen. Es ist das Haar an seiner Mütze, die er am Tatort verliert. Während des Gerangels mit dem Polizisten muß ihn dieser an den Haaren gezogen und ihm die Mütze vom Kopf geschlagen haben. Man findet diese Mütze sowie die Haare von Leszek Pekalski und leitet sie zur Identifizierung an die Gerichtsmedizin weiter. Die Technik vor Ort reicht aber für eine genaue Untersuchung nicht aus. Wochen später beschließt man, Haare und Mütze im Nachbarland untersuchen zu lassen, doch die Mütze taucht später nicht mehr auf. Auch nicht die Haare.
Leszek Pekalski gibt den Mord an dem jungen Polizisten sofort nach seiner Verhaftung zu, brüstet sich sogar mit seinen Ortskenntnissen, mit denen es ihm gelungen war, seine Verfolger abzuschütteln. Als man im Gefängnis erfährt, daß Leszek den Mord an einem Polizisten gestanden hat, bekommt er Ärger mit den Wärtern, die sich der Polizei gleichgestellt fühlen. Man läßt ihn spüren, daß er einen von ihnen getötet hat.. Der dumme Dorftrottel, für den ihn so viele Beamte gehalten haben, läßt die Leiterin der Ermittlungen in Sachen Pekalski zu sich kommen. Als sie Leszek im Gefängnis besucht, beichtet er, gelogen und sich wichtig gemacht zu haben, als er diese Tat gestand. Er schwört bei allem was ihm heilig sei, diesen Mord niemals begangen zu haben. Man glaubt ihm nicht, da verspricht er als Beweis, einen anderen Mord zu gestehen. Die Beamtin teilt der Vollzugsbehörde im Gefängnis auf seinen Wunsch hin mit, daß er den Polizisten wohl doch nicht ermordet hat. Leszeks Problem ist gelöst, die Beamten sind wieder freundlicher zu ihm.
Nach dieser Tat tötet er vier Frauen im Alter von 21 bis 40 Jahren in nur elf Monaten.

OPFER Nr. 4,
Janina H., ermordet am 14.06.1988 in Białogard

„Wo sind hier nur die ganzen Weiber?" murmelt Leszek Pekalski. Er ärgert sich, ist extra mit der Bahn nach Białogard gefahren, und dann das! Er geht nun schon eine ganze Weile die Straßen entlang, klingelt und klopft willkürlich an verschiedenen Haustüren – und stets öffnen ihm Männer. Dann entschuldigt er sich und geht weiter, verärgert zwar, aber er läßt sich nichts anmerken. Was er nicht weiß: die Frauen sind allesamt in der nahegelegenen Textilfabrik bei der Arbeit. So ist es nicht verwunderlich, daß er keine von ihnen an den Haustüren antrifft. Er wird ungeduldig und böse. Als ihm ein Hund über den Weg läuft, schlägt er auf ihn ein, bis dieser winselnd liegenbleibt.

Das beruhigt ihn kaum. Ungeduldig eilt er durch die Straßen, tastet die Häuser mit seinem Blick ab, versucht, eine Frau zu finden. Dann kommt er an das Haus von Janina H., sie ist alt und alleinstehend. Er sieht sie durch ihr Küchenfenster und lächelt kurz, geht dann schnell zur Haustür und klopft. Janina H. öffnet ihm freundlich lächelnd.

Ohne ein Wort dringt er in ihre Wohnung ein, verschließt die Haustüre und treibt die Frau mit Schlägen in ihre Küche. Er vergewissert sich nicht einmal, ob sonst noch jemand im Haus ist. Doch er ist nicht wirklich zufrieden – die Frau gefällt ihm nicht, ist ihm zu alt und er wird wütend. Noch schneller verpaßt er ihr noch heftigere Schläge, bis sie in der Küche angekommen sind. Die Frau torkelt, versucht, sich an einem Stuhl festzuhalten, reißt ihr Tischtuch herab und fällt zu Boden. Sie ist ohnmächtig. Um ganz sicherzugehen, daß sich die alte Frau nicht mehr bewegt, nimmt er ein Tuch, das über der Stuhllehne hängt, und würgt sie damit. Nun ist er am Ziel seiner Wünsche: das „alte Miststück" (so Pekalski bei der Polizeivernehmung) rührt sich nicht mehr. Sie liegt tot vor ihm, er kniet sich hin und masturbiert. Doch damit nicht genug: Leszek Pekalski hat Hunger bekommen. Er geht zum Kühlschrank der alten

Opfer Leokadia S. aus Łódź.

Frau und nimmt eine Wurst, sucht Brot und ein Messer, setzt sich an den Tisch und macht ruhig Brotzeit. Als er seinen Hunger gestillt hat, steht er auf und betrachtet sein Werk. Die Wut über das Opfer, das ihm „nicht schön genug" ist, kehrt mit aller Macht zurück. Langsam beginnt er den Leichnam zu entkleiden, holt das Messer vom Küchentisch und stößt immer wieder auf sein Opfer ein.

Während der Rekonstruktion mit der Staatsanwaltschaft hat Pekalski später Schwierigkeiten, das Haus wiederzufinden. Als er es endlich erkennt, erinnert er sich plötzlich, daß er zweihundert Meter weiter einen anderen „Vorfall", wie er es nennt, gehabt hat. Es ist Mariana L., die am 12. Juli 1990 auf dieselbe Weise wie Janina H. getötet wird. Auch sie öffnet Leszek arglos ihre Tür. Leszek erschlägt sie mit einer Holzplatte, die er im Vorgarten findet, und sticht sie dann mit zahlreichen Messerstichen nieder.

Auf die gleiche Weise stirbt auch die 87jährige Leokadia S. aus Lódz. Leszek gesteht diese Morde und widerruft sie wieder, worauf die Staatsanwaltschaft die Ermittlungen einstellt.

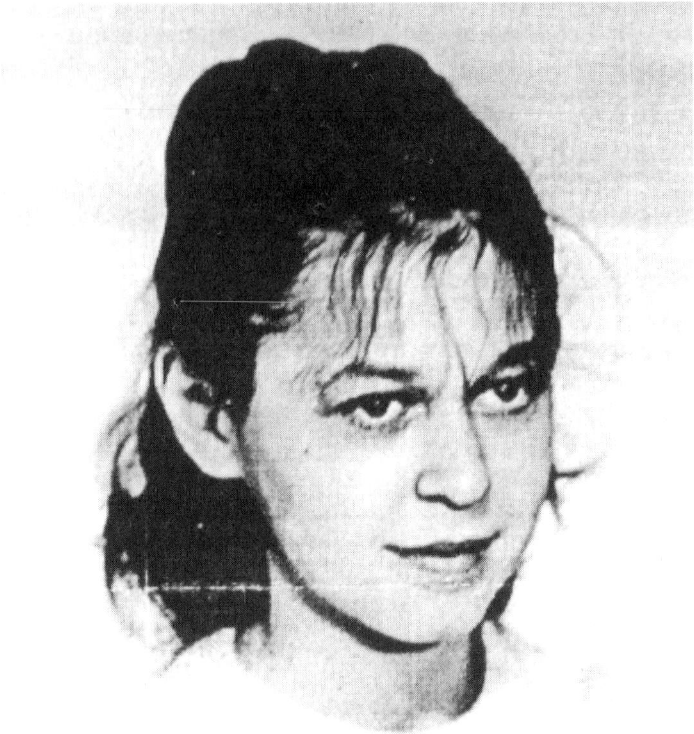

Opfer Małgosia K..

OPFER Nr. 5
Małgosia K., ermordet am 11.11.1988 in Papowo

Das Dorf Papowo ist ebenfalls ein Ziel der grauenhaften Ausflüge Leszek Pekalskis. Für die Staatsanwaltschaft ist es der Fall 5 der Anklageschrift. Nach dem Geständnis Leszeks, er ist inzwischen 22 Jahre alt, ist es seine 26. Tat.
Małgosia K., ein 13jähriges Mädchen, fährt wie jeden Tag mit dem Bus zur Schule. Das liebenswerte und hilfsbereite Kind bereitet seinen Eltern große Freude. Kein Tag vergeht, ohne daß sie nicht für ihre Nachbarin, eine alte Frau, zum Einkaufen geht, ihr Kohlen aus der Scheune holt oder ihr einen anderen Gefallen tut. Wie jeden Tag will sie auch am 11. November 1988 mit dem Bus zur Schule fahren, doch an diesem Tag ist der Stundenplan geändert. Der Unterricht soll erst später beginnen.
Ein verhängnisvoller Umstand, der das teuflische Treiben des Leszek Pekalski begünstigt. Denn Małgosia geht heute allein durch den Wald zur Bushaltestelle. Sie weiß nicht, wo heute ihre Freundinnen sind – warum trifft sie niemanden, warum steht auch niemand an der Haltestelle? Während ihre Schulfreundinnen wissen, daß sie an diesem Tag erst später zur Schule müssen, hat Małgosia dies vergessen. So steht sie da und wundert sich, daß der Bus heute nicht pünktlich fährt. Es ist kalt. Małgosia formt Schneebälle und wirft sie durch die Gegend.
Da fällt ihr ein: Ihre Lehrerin hat den Schülern am Vortag mitgeteilt, daß der Unterricht eine Stunde später als sonst beginnen wird. Sie beschließt, auf ihre Freundinnen zu warten, denn wieder zurück zu ihrem Elternhaus und dann erneut zur Bushaltestelle zu gehen, dazu war die Zeit nun zu kurz.
Leszek Pekalski bewohnt seit Tagen eine verlassene Hütte, nur etwa einhundert Meter von dem Bushäuschen entfernt. Er beobachtete die Mädchen schon mehrfach, und sie gefallen ihm. Doch sie sind immer in Gruppen zusammen. So bietet sich ihm keine Gelegenheit, ihnen näherzukommen. Aber er hat Zeit –

und wie in fast allen Fällen des Leszek Pekalski spielt ihm auch an diesem Tag der Zufall das Opfer in die Hände. Im Fall von Małgosia K. sind es ein geänderter Stundenplan und ihre Vergeßlichkeit.

Leszek erkennt seine Gelegenheit und geht auf das Bushäuschen zu, als wolle auch er mit dem nächsten Bus fahren. Zunächst also nicht ungewöhnlich für das Mädchen, daß Leszek Pekalski dasteht und sie beim Schneeballwerfen beobachtet. Doch als sie sich wieder bückt, um einen Schneeball zu formen, geht der ihr unbekannte Mann auf sie zu. Erschrocken fährt sie hoch und lächelt ihm ins Gesicht. Es ist ein unschuldiges, freundliches, leicht verwirrtes Lächeln. Sie versteht nicht, was dieser Mann vorhat, will ihn gerade grüßen.

In Leszek Pekalskis Gehirn gibt es nur noch einen Gedanken: Das Mädchen muß er haben, das junge Mädchen, das allein und wehrlos vor ihm steht. Er kann und will sich selbst nicht mehr halten, zu günstig erscheint die Situation, zu erregt ist er schon. Und einem so jungen Mädchen stand er schon lange nicht mehr gegenüber.

Małgosia beginnt zu ahnen, was in ihm vorgeht. Sie erkennt, in welcher Gefahr sie sich befindet und will laut schreien. Sie will davonlaufen, doch es gelingt ihr nicht mehr, diesem Untier zu entkommen.

Er packt sie mit aller Gewalt an der Hand. Das Mädchen beginnt zu schreien. Sie schreit um ihr Leben, doch niemand ist in der Nähe, der ihre Schreie hören könnte. Er schleudert sie kurz herum, sie verliert das Gleichgewicht. Eine Gegenwehr ist unmöglich: Leszek Pekalski hat sich in ein mordendes Monstrum verwandelt. Er klinkt sich aus, taucht in eine Welt, in der es keine Grenzen gibt. Und keine Schreie. Leszek Pekalski will, daß sie ruhig ist, doch sie schreit immer lauter. Sie will sich befreien aus dieser schrecklichen, schmerzhaften Umklammerung, doch sie schafft es nicht. Da schlägt er dem Mädchen mit einem schweren Stock mitten ins Gesicht. Małgosia blutet, versteht nicht, was dieser Mann eigentlich will und versucht ihr Gesicht mit der Hand zu schützen. Das Ungeheuer läßt nicht von dem Mädchen ab, immer wieder schlägt Pekalski auf sie ein. Małgosia versucht ein letztes Mal, sich zu wehren – vergebens. Leszek lacht ihr ins Gesicht. Sie strampelt mit den Beinen und winselt um Gnade. Leszek Pekalski kniet bereits über ihr und betrachtet gierig ihren Körper. Er glaubt, daß dies nicht der richtige Ort für sein Vorhaben sei und zieht das Mädchen an den Beinen zu dem Platz, der ihm seit Tagen als Unterschlupf dient. Das Mädchen schreit nach der Mutter, doch Leszek zieht sie in die dachlose Hütte, in sein Reich.

Sie kann die unsäglichen Schmerzen nicht mehr ertragen, die ihr dieses Scheusal zufügt und steckt ihre Finger in den Mund, wie ein kleines Kind. Leszek gefällt dies nicht und er schlägt erneut und noch kräftiger auf sie ein. In ihrem Schmerz beißt sich das 13jährige Mädchen fast alle Finger ihrer Hand ab. Leszek ist verblüfft und überlegt kurz, reißt ihr den Mund auf und wirft die Stücke im hohen Bogen in den Schnee. Ihr Gesicht ist voller Blut, aber ihr Körper gibt doch noch nicht auf, er will leben. Immer wieder zuckt sie, als der Stock auf sie niederprasselt. Dann erwürgt er dieses unschuldige Mädchen mit bloßen Händen. Ihre Augen werden starr. Ein Leben wurde ausgelöscht, das noch nicht einmal richtig begann. Völlig zufrieden steht Leszek auf und geht einige Schritte hin und her, er ist offensichtlich verwirrt und sich nicht sicher, ob das Mädchen wirklich tot ist. So tritt er mit seinen Schuhen immer wieder auf ihren Kopf, bis er glaubt, sein Werk endgültig vollbracht zu haben.

Nun liegt sie absolut wehrlos da, und sexuelle Gier steigt in ihm auf. Er kniet sich über den leblosen Körper und betrachtet ihn sehr genau. Er schändet den Leichnam in einer Form, die nur dem Trieb eines Menschen, der alle Grenzen des Grauens überwunden hat, entsprungen sein kann.

Nach mehreren Stunden läßt er von ihr ab und setzt sich neben sie. Seelenruhig nimmt er die Schultasche des Mädchens und durchwühlt sie. Er findet ihre Schulbrote darin, die er an Ort und Stelle verspeist. Die Schulhefte wirft er weg.

Małgosias Freundinnen haben von dem Geschehen nichts be-

Leszek Pekalski beschreibt einen „Vorfall" in seinem schriftlichen Geständnis:

W Chojnicach wy-
siadłem w południe i chodziłem sobie po mie-
ście ze cztery godziny czasu / Jak spacerowałem
sobie po mieście to spotkałem młodą dziewczynę.
Szłem z tyłu za nią na obrzeża miasta. Jak
szłem za nią to się podnieciłem seksualnie.
Na obrzeżach miasta ja ją uderzyłem noże
kilka razy w przednią część ciała. Następnie
ją rozebrałem i / ruchałem ją. Miałem 3
razy wytrysk do jej pitki jeden raz i dwa
razy na nią.

In Chojnice stieg ich am Nachmittag aus und ging vier Stunden durch die Stadt. Wie ich so in der Stadt spazierenging, traf ich ein junges Mädchen. Ich ging hinter ihr her zum Stadtrand. Als ich so hinter ihr herging, erregte mich das sexuell. Am Stadtrand habe ich das Messer paarmal in ihren Vorderleib gestoßen. Danach zog ich sie aus und (…)

merkt, sie wundern sich auch nicht, daß Małgosia nicht zum Bus kommt. Ihr Vater bringt sie, wenn es seine Zeit erlaubt, oft mit dem Auto zur Schule. Erst als der Unterricht beginnt, vermißt man sie, vermutet jedoch, daß sie krank ist. Die Eltern und die ganze Familie suchen das Mädchen die ganze Nacht, aber sie finden sie nicht.
Ihr Vater erzählt später: „Wir warteten zu Hause auf unser Mädchen. Das Mittagessen stand auf dem Tisch, doch Małgosia kam nicht, und wir begannen sie zu suchen. Ich suchte bis zwölf Uhr nachts in dem Wald, durch den sie ihr Nachhauseweg führte. Aber ich fand sie nicht, obwohl, wie sich später herausstellte, ich ein paarmal an der Stelle war, an der sie gefunden wurde. Mein Bruder fand sie dann zufällig. Den Mörder sah ich am 15. April 1993, als sie ihn hierher brachten, damit er alles zeigt."
Pekalski schildert die Tat im Beisein des Staatsanwaltes und des Vaters des Opfers und demonstriert alles an einer Puppe.

OPFER Nr. 6
Helena W., gestorben am 23.03.1989 in Debno Lubuskie

Einige Tage vor der Ermordung von Mariola S. (dem 7. Opfer Leszek Pekalskis gemäß der Anklageschrift der Staatsanwaltschaft), kommt ein etwa 23jähriger Mann am Bahnhof von Debno Lubuskie an. Er trägt einen Jeansanzug, hat schulterlange Haare und kein Gepäck. In der Innenstadt geht er von Haus zu Haus und fragt nach einer Frau mit dem Namen Wasilewska, doch niemand kennt diese Frau. Da sich der junge Mann als Sozialarbeiter aus Poznań vorstellt, hat man Vertrauen zu ihm und schickt ihn zu der Lehrerin der Stadt, die für die Betreuung alter Menschen zuständig ist. Ein Mitarbeiter der Lehrerin, ein älterer Herr, gibt dem Sozialarbeiter die Adresse einer alten Dame, die, wie er glaubt, dringend Hilfe benötigt. Es ist die Adresse von Helena W., einer 78jährigen Rentnerin. Wenige Minuten später klingelt der Sozialarbeiter an der Türe von Helena W., die sich sichtlich freut, endlich einmal Besuch zu bekommen, und noch dazu von so einem freundlichen jungen Mann.
Stunden später kommt eine Nachbarin an die Wohnungstür von Helena W., Sie sieht von Zeit zu Zeit nach ihr und hilft bei Besorgungen und Behördengängen. Verwundert stellt sie fest, daß die Wohnungstüre nicht versperrt ist – sie kennt Helena W., und die, obgleich sie eine alte Frau ist, verschließt doch immer ihre Wohnungstür.
Die Nachbarin tritt ein und erschrickt: Helena liegt vor der Küchentür, völlig nackt. Die Wohnung gleicht einem Schlachtfeld. Umgeworfenes Mobiliar deutet auf einen Kampf hin, der in der Wohnung stattgefunden haben muß. Helena W. röchelt noch, ihr Kopf und ihr ganzer Körper sind blutüberströmt. Die Nachbarin weiß zunächst nicht, was sie tun soll, dann aber eilt sie aus dem Haus und holt eine Frau zu Hilfe, die im Nebenhaus wohnt. Gemeinsam heben sie Helena vom Boden, legen sie auf ihr Bett und rufen einen Krankenwagen.
Nach einer Stunde ist sie im Krankenhaus und wird sofort ope-

riert, doch alle Bemühungen der Ärzte sind vergebens. Helena W. stirbt nach wenigen Tagen, am 23. März 1989, an ihren schweren Verletzungen, ohne das Bewußtsein je wiedererlangt zu haben. Helenas letzte Worte, bevor der Krankenwagen sie abholte: „Bei mir war ein Mann von der Krankenversicherung."

Die Polizei durchsucht die Räume und findet in dem Chaos zwei blutverschmierte Messer, deren Klingen verbogen sind. Am Boden liegt ein altes Fotoalbum, einzelne Seiten sind herausgerissen. Die Beamten stellen Ermittlungen an, aber alle Spuren verlaufen im Sande. Es gelingt ihnen trotz größter Bemühungen nicht, den Täter zu finden.

Am 22. August 1994, fünfeinhalb Jahre nach diesem grauenhaften Mord, ist Leszek Pekalski in der Stadt Białystok, und er ist nicht allein, er ist in Begleitung eines Staatsanwaltes und mehrerer Polizisten. Er befindet sich hier zur Rekonstruktion eines anderen Mordes (dem 9. Opfer gemäß Anklageschrift der Staatsanwaltschaft), weswegen man ihn in Handschellen in die Stadt bringt. Doch Leszek ist sich unschlüssig, was er an diesem Tag gestehen soll, und so führt er die Beamten von Ort zu Ort.

Er verspricht dem Staatsanwalt wieder einmal, auszupacken, und wieder kommt dieser zunächst auf die Ermordung eines sechs Monate alten Säuglings zu sprechen. Behäbig beantwortet Leszek die Fragen des Staatsanwalts, aber den Mord an einem halbjährigen Kind, den er bereits gestanden hatte, bestreitet er nun vehement. Denn nach dem Geständnis dieses Mordes hatte Leszek die größten Probleme mit seinen Mithäftlingen – er hatte nicht gewußt, daß diese so empfindlich auf Kindermörder reagieren, selbst Morddrohungen hatte er deshalb erhalten, und so beschloß er, dieses Geständnis zu widerrufen. Um von diesem Mord abzulenken, gesteht Leszek den Mord an Helena W.. Daraufhin entscheidet der Staatsanwalt zu dem Haus, das sich in der Nähe befindet, zu fahren.

Während der Fahrt beschreibt Leszek sehr genau das Haus und die Küche von Helena W.. Er erinnert sich sogar an zwei Bäume, die sich vor dem Haus befinden und erzählt, daß ihm die alte Frau ein Fotoalbum gezeigt habe. „Zwei Messer sind an ihr kaputtgegangen, darüber war ich sehr böse, denn Messer sind teuer. Außerdem weiß ich noch, die Frau war alt und häßlich.“ So weiß er zu berichten, doch nicht mehr erinnern kann er sich daran, mit wievielen Messerstichen er die Frau getötet hat.

„Sie hat mich an meine Oma erinnert“, ist sein ganzer Kommentar.

Zunächst schafft es Leszek, daß man im Fall mit dem Säugling nicht weiter nachbohrt. Abermals ist das Ganze für ihn eine Luxusreise im Privatfahrzeug des Staatsanwalts, mit anschließender Übernachtung in einem Hotel und Essen in einem Restaurant. Man fährt mit ihm von Stadt zu Stadt und ist froh über den redseligen Leszek. Nicht einmal die Farbe des Kopftuches, das die alte Frau trug, bevor er es ihr vom Kopf riß, hat er vergessen. Er erinnert sich an zwei Schränke, einer davon mit Glastüren. Die Schränke befinden sich jedoch nicht mehr in der Küche. Die Angehörigen bestätigen später, daß sie diese Schränke aus der Küche nahmen, als sie nach dem Tod des Opfers den Haushalt auflösten.

„Ein Zimmer war gelb gestrichen“, gibt er zu Protokoll, was sich ebenfalls als wahr herausstellt, doch dieses Protokoll ist später unauffindbar. Alle Personen, die fünf Jahre früher mit dem angeblichen Sozialarbeiter gesprochen haben, erkennen Leszek beim Polizeiverhör zweifelsfrei als diesen wieder. Dieses Protokoll ging nicht im Justizsystem verloren, sondern verschwand auf dem Postweg.

„Das kommt in Polen schon einmal vor“, bestätigt ein Polizist.

OPFER Nr. 7
Mariola S., ermordet am 17.03.89 in Wrocław

Am 16. März 1989 arbeitet Mariola S. wie jeden Tag als Verkäuferin in einem Laden in ihrer Heimatstadt Wrocław und kommt gegen 19 Uhr nach Hause. Sie ist in großer Eile, denn sie will an diesem Abend noch ausgehen. Das Umziehen dauert ihr heute viel zu lange und sie ist froh, als sie mit ihrem Aussehen endlich zufrieden sein kann. Ihre Geldbörse steckt sie noch schnell ein und verläßt das Haus, ohne ihrer Mutter Bescheid zu geben, wohin sie geht und wann sie wieder zurückkommen wird. Das ist eigentlich nicht ihre Art, denn sonst hat sie sie über ihre Unternehmungen stets unterrichtet. Noch ungewöhnlicher ist, daß sie an diesem Abend nicht einmal die Haustür verschließt.

Zwei Stunden später, gegen 21 Uhr, wundert sich der Streifenpolizist, der jeden Abend in diesem Wohnviertel seine Runden dreht, daß die Tür des Hauses, in dem Mariola wohnt, offensteht. Er drückt auf den Lichtschalter, betritt den Hausflur und findet am Boden eine Damenhandtasche und einen Plastikbeutel. Während er die Gegenstände aufhebt und betrachtet, sieht er sich im Hausflur um, doch er kann nichts Verdächtiges oder Außergewöhnliches entdecken. Als er die Tasche öffnet, sieht er den Ausweis von Mariola S., die er gut kennt. Er weiß, die mollige junge Frau geht sehr oft abends in das nahegelegene Café, in dem auch er des öfteren verkehrt.

Er nimmt Plastikbeutel und Tasche unter den Arm und will sie im Café abgeben. Er ist sich sicher, daß sich Mariola auch heute wieder dort aufhält. Im Café angekommen, sucht er nach ihr, doch sie ist nicht da. Er spricht mit dem Ober, der ihm bestätigt, daß Mariola zwar an diesem Abend vorbeikommen wollte, aber bisher noch nicht erschienen ist.

„Schau ich eben auf meinem Rückweg noch einmal vorbei, sicher ist sie dann schon gekommen“, sagt er zu dem Ober und geht wieder weiter auf Streife. Während seines Rundganges läßt es ihm aber keine Ruhe, wie Mariola S. ausgerechnet im

Hausflur ihre Tasche verlieren kann. Er findet dafür keine Erklärung und glaubt, daß Mariola dies schon aufklären wird. „Da verlange ich aber einen dicken Kuß als Finderlohn", denkt er und freut sich schon ein wenig darauf. Als ihn sein Weg nach einigen Stunden wieder zum Café führt, stellt er aber enttäuscht fest, daß Mariola S. noch immer nicht aufgetaucht ist.
„Ich glaub, die hat einen neuen Freund", verkündet der Ober dem Polizisten hinter vorgehaltener Hand.
„Diese Weiber!" mit diesen Worten verabschiedet sich der Polizist und geht zurück zu seinem Revier.
„Soweit haben wir's schon gebracht, daß wir jetzt den Fräuleins die Handtaschen nachtragen müssen", flachst er mit seinem Kollegen, der mit ihm Nachtdienst hat.
„Morgen Mittag, wenn ich in der Nähe bin, gebe ich sie ihrer Mutter", mit diesem Satz ist für ihn die Angelegenheit vorerst beendet, aber nicht ohne noch lachend festzustellen:
„Den Kuß kann ich mir dann ja bei der Mutter abholen."
Der Hausmeister des Hauses, in dem Mariola wohnt, ist am nächsten Morgen besonders früh unterwegs, um nach dem Rechten zu sehen. Er erschrickt, als er im Hausflur einen Seitengang betritt und eine Frau am Boden liegen sieht. Ihr Gesicht kann er wegen des vielen Blutes nicht erkennen. Aber die Kleidung, die weit verstreut umher liegt, kennt er sehr gut. Die weiße Kaninchenjacke und das geblümte Kleid hat er sofort erkannt. Diese Jacke gehört Mariola, einer Mieterin des Hauses. Der Körper liegt völlig nackt auf dem kalten Fliesenboden, die Unterwäsche der Frau liegt zerrissen und blutverschmiert in einer Ecke. Wie gelähmt starrt der Hausmeister auf den Körper dieser Frau, die er so gut kennt. Es dauert einige Zeit, bis er sich wieder im Griff hat und laut schreit: „Hilfe, so kommt doch, die Mariola ist ermordet worden!"
Er ist verzweifelt. „Hört mich denn keiner!" – doch es dauert lange, bis sich die erste Tür öffnet und ein Mann über das Treppengeländer nach unten ruft: „Was schreist du denn in aller Herrgottsfrühe so, bist du denn übergeschnappt?"
„Komm runter, schnell, die Mariola liegt hier unten. Schnell!"

Erst jetzt bemerkt der Mieter, daß etwas Außergewöhnliches vorgefallen sein muß, denn so nervös kennt er den Hausmeister nicht. Mit dem Satz, daß „Mariola dort unten liegen" würde, kann er zwar zunächst nichts anfangen, doch er stapft in Schlafanzug und Hausschuhen schließlich die Treppen zum Erdgeschoß hinunter. Mariola. Er kennt sie, schon als kleines Kind. Sie ist lebenslustig, nett, liebenswürdig. Es verschlägt ihm die Sprache, als er sie vor sich liegen sieht. Vorsichtig nimmt er die Kaninchenjacke vom Boden und deckt Mariola damit notdürftig zu. Die beiden Männer sehen sich wortlos an und begreifen zunächst gar nicht, was sie sehen.
„Hoffentlich hat dich Mariolas Mutter nicht gehört!" sagt der Mieter dann stockend. Da sich außer ihm niemand im Haus meldet, scheint es, als hätte wirklich nur er die Schreie des Hausmeisters gehört. Sie rufen die Polizei. Mariola wird von einem Leichenwagen weggebracht. Die Mutter mußte nicht mitansehen, wie man ihr totes Kind aus dem Haus brachte.
Der Pathologe der Gerichtsmedizin stellt nach seiner Untersuchung fest: Mariloa hat schwerste Kopfverletzungen, hervorgerufen durch ständiges Schlagen des Kopfes auf den Fliesenboden sowie Prellungen und Brüche am ganzen Körper. Die Zunge ist aufgeschürft, der Unterkiefer sowie zahlreiche Rippen gebrochen. Die Schamhaare sind mit Streichhölzern, die in der Scheide und im After angezündet wurden, verbrannt. Sie wurde dann mit blanken Händen erwürgt.
Leszek Pekalski gibt den Mord an dieser Frau zu, er hat sie auf einem Foto sofort wiedererkannt. Er kann sich sehr genau an diese Frau erinnern, weil ihm diese mollige Blondine „so gut gefiel". Dieses Geständnis legt Leszek ab, nachdem man ihn wieder einmal des Mordes an einem Baby überführen will. Später sagt er zu seinem Zellengenossen Roman Z.: „Dann waren sie wieder zufrieden, ich konnte sie wieder einmal von dem Babymord ablenken."

OPFER Nr. 8
Anika C., ermordet am 29.08.1989 in Łódż

Anika C. ist ein lebenslustiges Mädchen mit blondgefärbten Haaren und sehr hübsch. Viele junge Burschen der zweitgrößten Stadt Polens, sie wohnt in Łódż, drehen sich nach ihr um. Als sie 16 ist, läßt sie sich von einigen Bekannten überreden, einen Taxifahrer zu überfallen. In den Schilderungen der Freunde scheint die Sache kein Problem zu sein, und die Polizei, so schätzen sie, wird sie nicht überführen können – wenn alles klappt. Es klappt nicht und Anika C. wird nach der Tat ihrer Schuld überführt. Sie steht im Jahr 1989 vor dem Jugendrichter und muß anschließend für ein paar Monate in einem Erziehungsheim verbringen.
Schon nach kurzer Zeit wird sie entlassen, da sie ein Zuhause hat und sich die Eltern für sie starkgemacht haben. Anika verspricht, sich zu bessern und erhält einen Bewährungshelfer, der sie unterstützen soll. Obwohl sich der Bewährungshelfer sehr um sie bemüht, sucht sie wieder den Kontakt zu ihren alten Freunden. Am 29. August 1989 geht Anika mit ihnen zu einem Flohmarkt, wo sie einen Stand aufmacht und mit Bier handelt. Das Geschäft geht gut. Auf dem Rückweg wird Wodka gekauft, denn der Erfolg soll gebührend gefeiert werden. Das Mädchen lädt die Freunde zu sich nach Hause ein, da sie weiß, daß die Eltern bei Bekannten sind. Ausgelassen feiern sie, bald ist die Flasche Wodka leer. Alle sind inzwischen angeheitert, und man beschließt, mit dem Bus zu einem Händler zu fahren, um noch mehr Wodka zu kaufen. Zunächst wollen sie in Anikas Elternhaus zurückkehren, aber nachdem sie den Alkohol haben, feiern sie einfach im Hinterhof des Händlers weiter. Anika ist irgendwann sehr betrunken und will nach Hause. Einer ihrer Freunde verspricht ihr, sie zu begleiten.
Unterwegs erfährt er, daß er ihr nicht gefalle. Eigentlich, so hatte er es sich zumindest ausgemalt, wollte er sie haben. Doch nun ist er enttäuscht, will nichts mehr von ihr wissen. Er verabschiedet sich vor dem „Hotel Polonia“ von Anika. Als er sich

nach kurzer Zeit nochmals nach ihr umdreht, sieht er von weitem, daß sich das Mädchen mit einem Mann unterhält. Erst nach vier Jahren stellt sich heraus, daß es sich dabei um Leszek Pekalski handelte.
Dieser beobachtet das Pärchen, wie es schwankend durch die Straßen läuft. Daß sie Streit miteinander haben, kann er allein an den Gesten sehen. Das hübsche Mädchen an der Seite des jungen Mannes gefällt ihm. Er hat eine Vorahnung und so steht für ihn fest, den beiden in sicherem Abstand zu folgen. Leszek wird dabei immer erregter und das Warten dauert ihm offensichtlich zu lange. Er hat schon sein Messer aus der Tasche gezogen und will beide überfallen, doch da verändert sich die Situation.
Als er merkt, daß sich die beiden voneinander verabschieden, geht er an ihnen vorbei und wartet an der nächsten Straßenecke darauf, was weiter geschieht. Völlig konfus und voller Vorfreude springt er von einem Bein auf das andere. Ein Totentanz für Anika C., die ihm direkt in den Weg läuft. Durch ihren hohen Alkoholpegel erkennt sie die Gefahr nicht, die von diesem Mann ausgeht. Sie lacht, als Pekalski sie anspricht: „Willst du meine Frau werden?"
Es ist ihr letztes Lachen. Leszek Pekalski nimmt ein Messer aus der Tasche und treibt sein Opfer vor sich her. Immer wieder täuscht er das Mädchen, als wolle er zustechen, doch er fuchtelt nur herum, treibt sie dahin, wo er sie haben will. Dieses Spiel macht ihm sehr viel Spaß. Sie fällt, vielleicht wegen des Alkohols, doch er läßt sie immer wieder aufstehen. Ihre Angst gefällt ihm. Wie eine Katze mit ihrem Opfer spielt, so spielt Leszek mit ihr. Sie schreit: „Hilfe, Hilfe so helft mir doch!"
Aber die Hausbewohner erkennen nicht die Lage, in der sie sich befindet, und schreien auf den Gehsteig: „Ruhe! Sonst holen wir die Polizei."
Und schon werden die Fenster wieder geschlossen. Leszek hat nun mit seinem Opfer lange genug Katz und Maus gespielt – mit eisernem Griff packt er sie, hält ihr mit der anderen Hand

den Mund zu und zerrt sie in einen Hinterhof. Weit ausholend sticht er auf das Mädchen ein, bis es auf den Boden sackt. Er nimmt sein dreckiges Taschentuch aus der Hose und stopft es Anika in den Mund. Sie ist noch bei vollem Bewußtsein, als Leszek, über sie gebeugt, beginnt, sie abzuschlachten. Dabei befindet er sich in höchster Erregung, in einem Blutrausch, der nicht enden will. Das Mädchen ist längst tot, doch er sticht noch immer auf sie ein. Als er sich ein wenig beruhigt, beginnt er sie zu vergewaltigen.
Am nächsten Morgen findet man Anika in ihrem Blut liegend und niemand kann sich mehr erinnern, in der Nacht etwas gehört zu haben. „Besoffene grölen hier nachts oft 'rum, das ist nichts Ungewöhnliches in dieser Gegend", so der einzige Kommentar eines Mieters des Nachbarhauses.
Diesen Mord gesteht Leszek als einen der ersten. Voller Stolz berichtet er, wie hübsch die junge Frau war und welch schöne Brüste sie hatte. Aus all den bei ihm zu Hause gefundenen Wäschestücken zeigt er der Polizei die Wäsche von Anika. Die Mutter bestätigt, daß dies die Wäsche ihrer Tochter sei. Man kennzeichnet sie jedoch nicht, und Jahre später, im Zeugenstand, kann die Mutter ihre Aussage nicht mehr beeiden.

OPFER Nr. 9
Marta M., ermordet am 18.02.1990 in Białystok

In Białystok geht eine stolze Mutter, ihren Säugling im Kinderwagen vor sich herschiebend, einkaufen. In der Nähe des Ladens befindet sich der Kindergarten, den ihre größere Tochter besucht. Sie stellt den Kinderwagen mit ihrem sechs Monate alten Säugling wie üblich vor dem Laden ab, kramt ihren Einkaufszettel hervor und betritt das Geschäft. Sie erkennt eine Nachbarin und unterhält sich. Ihre kleine Marta schläft, als die Frau den Wagen abstellt, und so hat sie Zeit, mit der Frau ein wenig länger zu plaudern. Man spricht über die enorm gestiegenen Lebensmittelpreise und fragt sich, wie das in Zukunft weitergehen soll, wenn die Löhne der Ehemänner gleich bleiben.

Einige Zeit vergeht, bis die beiden Frauen den Verkaufsraum verlassen. Da bemerkt die Frau, daß sich der Kinderwagen nicht mehr an der Stelle befindet, an der sie ihn abgestellt hatte. Entsetzt blickt sie nach links und rechts, aber sie kann den Wagen mit ihrem Kind nicht sehen. Panik kommt in ihr auf, doch die Nachbarin beruhigt sie: „Vielleicht hat sich jemand einen Spaß erlaubt und den Kinderwagen um die Ecke geschoben und wartet dort auf Sie."

„Ein schlechter Scherz!" gibt sie zur Antwort und rennt so schnell sie nur kann zur nächsten Seitenstraße. Doch weit und breit ist nichts von ihrem Kinderwagen zu sehen. Die Nachbarin, die ihr hinterherläuft, erkennt die Situation. Die Frauen wissen nicht mehr weiter, die Mutter schreit: „Wo ist mein Kind, wo ist mein Kind?"

Andere Frauen, die sich in der Nähe befinden, werden auf die beiden aufmerksam und kommen zu der Stelle, an der die Frauen wie angewurzelt stehengeblieben sind. Immer wieder ruft die Mutter den Namen ihres Säuglings und bekommt natürlich keine Antwort.

„Marta!" Ihre Stimme zittert, sie ist einem Zusammenbruch nahe. Wer hat ihr kleines Kind weggebracht? Und wohin? Die

umstehenden Frauen wollen sie beruhigen, was ihnen jedoch nicht gelingt. So beschließen sie, die Gegend abzusuchen. Die Mutter des Kindes hat sich bei der Nachbarin eingehakt. Immer wieder versucht diese, die Mutter zu trösten, doch alle Worte nutzen nichts. Inzwischen völlig apathisch, trottet sie neben der Bekannten her.
Nach fast einer Stunde treffen sich die Frauen wieder an der Stelle, von der sie zur Suche aufbrachen. Jede schüttelt den Kopf – sie haben nichts gefunden. So sehr sich die Frauen auch bemüht haben, in der näheren Umgebung war der Kinderwagen nicht. Sie führen die Mutter in ein Geschäft, wo sie sich hinsetzen kann. Man sieht ein, daß es keinen Sinn haben würde, allein weiterzusuchen und beschließt, die Polizei zu verständigen, die bereits nach wenigen Minuten eintrifft.
In Windeseile hat sich herumgesprochen, was dieser Frau widerfahren ist. Spontan erklären alle umstehenden Männer und Frauen, sich an der Suche zu beteiligen. Die eingetroffenen Polizeibeamten verständigen ihre Zentrale und leiten sofort eine große Suchaktion ein. Die örtliche Rundfunkanstalt unterbricht ihre laufende Sendung und fordert die Bevölkerung auf, sich an der Suche nach dem Säugling zu beteiligen.
Nach einigen Minuten bereits hat man das Gefühl, die ganze Stadt sei auf den Füßen, um an der größten Suchaktion ihrer Geschichte teilzunehmen. Nun melden sich auch Zeugen bei der Polizei, die einen Mann in heruntergekommener und zerlumpter Kleidung mit einem Säugling im Arm gesehen haben wollen. Ein Phantombild wird nach den Beschreibungen der Zeugen erstellt und sofort in allen Stadtteilen verteilt. Nachdem sich das Verschwinden des Säuglings herumgesprochen hat, gleichen die Straßen einem aufgerissenen Ameisenbau. Viele, für die Mutter unendliche Stunden später, gegen 17.30 Uhr, wird der Kinderwagen bei einem großem Wohnhaus gefunden. Er ist leer. Entsetzt suchen die Leute noch einmal die ganze Siedlung ab, aber wiederum vergebens. Doch die Bewohner der Stadt geben nicht auf, auch die Polizei unternimmt alles, was in ihrer Macht steht, dieses kleine Lebewesen zu fin-

den. Man weiß, der Säugling braucht Nahrung, wie soll er sonst überleben?
Die Mutter hofft noch, daß eine verrückte Frau, die selbst kein Kind bekommen kann, ihr Baby entführt hat, doch die Zeugenaussagen sprechen klar dagegen. Und auch den beschriebenen Mann findet man nicht. So sehr man auch sucht, das Baby bleibt verschwunden, der Verdächtige ebenfalls. Zwei Tage später, für die Eltern des Säuglings die längsten Tage ihres Lebens, macht ein junger Mann zufällig eine erschütternde Entdeckung. Durch das Fenster eines verlassenen, verfallenen Hauses sieht er einen am Boden liegenden leblosen Säugling. Er verständigt sofort die Polizei.
Als die Beamten den halbnackten Säugling sehen, wissen sie sofort, daß jede ärztliche Hilfe zu spät kommen würde. Man verständigt dennoch einen Arzt, der aber nur den Tod feststellen kann. Um absolut sicher sein zu können, daß es sich bei dem aufgefundenen Kind um das gesuchte handelt, bringt man in der Zwischenzeit den Vater an den Fundort. Der Streifenwagen fährt vor, die Wagentür öffnet sich. Ein gebrochener Mann, dem die Tränen über das Gesicht laufen, verläßt das Auto und wird zu der Ruine gebracht, in der das tote Kind liegt. Ein Nicken verrät allen Umstehenden, daß dieser Vater gerade sein getötetes Kind gefunden hat. Sofort bemüht sich ein Arzt um ihn. Die Leiche des Kindes bringt man weg von diesem grausigen Ort.
Nach Spuren kann man nicht mehr suchen, zu viele Leute haben die Ruine inzwischen betreten. Die Polizei hat es versäumt, den Fundort sofort abzusperren.
Bei der Obduktion der Leiche stellt sich heraus, daß der Säugling brutal vergewaltigt worden ist. Als Todesursache wird jedoch Unterkühlung festgestellt und da der Verdauungskanal des Kindes absolut leer ist, kann auch Verhungern nicht ausgeschlossen werden. Die örtliche Presse will in diesem Fall mehr erfahren. Nur der Besonnenheit der Polizei und der Staatsanwaltschaft ist es zu verdanken, daß keine weiteren Details veröffentlicht wurden. Ein Jahr und zehn Monate später

wird Leszek Pekalski verhaftet und im Laufe der Untersuchungen gegen ihn stößt man auf den Mord an Marta. Nachdem die Zeugen damals ausgesagt haben, daß sie einen Mann mit zerlumpter Kleidung gesehen hatten, der das kleine Kind wahrscheinlich entführt hat, ordnet man Leszek Pekalski auch diesen Fall zu. Da er zunächst leugnet, wird eine Gegenüberstellung mit einer der Zeuginnen herbeigeführt, die damals den Verdächtigen mit dem Kind genau gesehen haben will.
„Ja, das ist der Mann in der grünen Jacke mit Kapuze. Er trug das Kind auf dem Arm", so die spontane Feststellung der Zeugin, als sie Leszek Pekalski sieht. Keinen Augenblick hat sie gezögert, ihn aus insgesamt vier vorgeführten Männern wiederzuerkennen. Ihre Erinnerung geht soweit, daß sie angibt: „Aber der Mann hat sehr zugenommen, er war damals viel schlanker."
Leszek hat in der Zwischenzeit im Gefängnis durch den Verzehr der vielen Schokolade 20 Kilogramm zugenommen. Auch eine grüne Jacke, wie von der Zeugin beschrieben, wird bei der Durchsuchung seines Zimmers gefunden. Diese Zeugin, eine Ärztin, trägt eine Brille mit starken Gläsern. Pekalskis Anwälte erreichen schließlich, daß man ihre Aussage vor Gericht nicht zur Kenntnis nimmt – es könne nicht als sicher angesehen werden, daß sie ihre Brille damals auch wirklich trug. Später wird sie noch einmal vorgeladen um erneut auszusagen, aber sie kommt nicht, meldet sich krank – und damit ist die Angelegenheit für das Gericht erledigt. Diese Zeugin aber gab nicht den einzigen Hinweis auf Leszek Pekalski als Täter in diesem Fall.
Bei einer der vielen Gegenüberstellungen und Rekonstruktionen, die im Zusammenhang mit dem Tod der kleinen Marta gemacht wurden, wird er wütend und schreit die vernehmende Beamtin an: „Ich habe dem Baby im blauen Kissen nichts getan."
Man hatte ihm aber einen Kinderwagen mit einer Puppe auf einem weißen Kissen gezeigt. Niemand sprach bei der Rekonstruktion der Tat von einem blauem Kissen. Das Kissen,

in dem der getötete Säugling am fraglichen Tag lag, war tatsächlich blau. Niemand wußte davon, außer der Mutter des Kindes – und dem Täter.

OPFER Nr. 10
Marianna L., ermordet 05.07.1990 in Białogard

Zweieinhalb Jahre nach dem Mord an Janina W. kommt Leszek wieder nach Białogard, wieder mit nur einem Ziel: zu töten. Doch wie damals findet er zunächst kein geeignetes Opfer, obwohl er durch alle Straßen der Stadt eilt. Verärgert beschließt er wieder, von Tür zu Tür zu gehen, doch niemand scheint da zu sein. Als schließlich ein älterer Herr öffnet, ist Leszek so perplex, daß er nur „Ich wünsche Ihnen einen guten Tag" hervorbringt und schnell wieder verschwindet. Unterwegs zum nächsten Haus, kurz vor dem Bahnhof, sieht er auf der gegenüberliegenden Straßenseite eine alte Frau, die gerade die Fenster putzt. Ohne lange zu überlegen, wechselt er die Straßenseite und öffnet das Gartentor des Anwesens. Verdutzt sieht die Frau den ihr unbekannten Mann an, der direkt auf sie zukommt.

„Wollen Sie zu mir?" fragt sie.

„Ja, ich, ich … möchte gerne mit Ihnen reden!" bringt er stotternd hervor. „Hätten Sie vielleicht etwas zu essen für mich, ich habe schon seit zwei Tagen nichts mehr bekommen? Ich bin auf der Durchreise und man hat mir meine Geldbörse gestohlen", lügt er und fügt hinzu: „Ich brauche gar nichts Besonderes, wenn Sie nur eine Scheibe Brot für mich hätten" – und mit diesem Satz öffnet er sich Tür und Tor. Gern ist sie bereit, etwas zu essen anzubieten, sonst wollen Bettler doch immer nur Geld, und davon hat sie ja selbst nicht genug. Ihre schmale Rente reicht gerade für das Notwendigste. Dieser bescheidene „Hilfesuchende" aber gefällt ihr. Es wäre eine Todsünde für diese gläubige Frau, würde sie ihm die Tür weisen. „Kommen Sie herein, eine Scheibe Brot habe ich allemal" und mit einem Augenzwinkern fügt sie hinzu: „Gegen ein Stück Wurst haben Sie bestimmt auch nichts einzuwenden. Gestern war Schlachttag, da ist bestimmt noch etwas für Sie da." Marianna L. freut sich sichtlich, etwas Gutes tun zu können. Leszek Pekalski heuchelt, daß er sich riesig über die großzü-

gige Einladung freut. Insgeheim betrachtet er die Frau, als sie mit dem Rücken zu ihm steht. Abschätzig mustert er sein Opfer, das nur eines im Sinn hat, seinen Hunger zu stillen. Er greift an seine Hose und weiß, welchen Hunger.
„Ziehen Sie doch bitte Ihre Schuhe aus, ich habe gerade geputzt“, sagt die Frau beim Betreten des Hauses. Noch immer steht ein Eimer mit Wasser in der Diele.
„Selbstverständlich“, und schon ist Leszek im Haus. Die Frau bemerkt nicht, daß ihr Gast seine Schuhe nicht am Eingang zurückgelassen hat. Sie geht in die Küche, die sich am anderen Ende des Flures befindet.
Leszek Pekalski blickt ihr nach, zeichnet mit seinen Händen die Größe ihres Hinterns, dann folgt er ihr.
„Das wird Ihnen aber bestimmt schmecken, wenn Sie schon zwei Tage nichts mehr gegessen haben“, sagt sie und stellt ihm einen Teller mit Brot und Wurst auf den Tisch.
„Das schmeckt wirklich sehr gut, vielen Dank“, lobt Leszek die alte Frau, die es genießt, daß er ihre Gastfreundschaft so schätzt. Ein Glas Bier, das sie ihm darüberhinaus anbietet, lehnt er ab und der Frau gefällt, daß ein so junger Mann keinen Alkohol trinkt. Während Leszek ißt, sieht die Frau, daß er noch immer seine Schuhe anhat.
Als sie die durchgelaufenen Sohlen, die schiefen Absätze und Löcher sieht, beschließt sie, ein paar alte Schuhe ihres verstorbenen Mannes zu holen. Also geht sie in den Keller und sieht nach, welche Schuhe wohl noch von ihrem Mann vorhanden sind. Sie entscheidet sich für ein paar feste Halbschuhe, die noch gut erhalten sind. Als sie die Kellertreppe nach oben geht, denkt sie an ihren Mann und daß er bestimmt nichts dagegen haben würde, wenn sie diesem Menschen ein paar von seinen Schuhen schenkt. Die Kellertreppe ist sehr steil und schwer atmend, aber dennoch mit einem Lächeln auf den Lippen, kommt sie mit den Schuhen in die Küche zurück. Ihr Gast sitzt nicht mehr vor seinem Teller. Er ist zwischenzeitlich aufgestanden und steht mitten im Raum. Als die alte Frau ihn erblickt, durchfährt sie Entsetzen. Das ist nicht mehr dieser

freundliche Mann, den sie für ihre Verhältnisse so fürstlich verköstigt hat. Sie sieht jetzt einen, der ihr Furcht einflößt. Vor Schreck läßt sie die Schuhe fallen und versucht zu fliehen. Doch schon nach wenigen Metern hat Leszek sie eingeholt und an den Haaren von hinten zu Boden geschleudert. Zitternd vor Angst bringt die Frau keinen Ton heraus, sie versucht nur instinktiv, mit den Armen ihren Kopf zu schützen.

Sieben Tage später, am 12. Juli 1990, will eine Freundin Marianna L. besuchen. Auf ihr Klopfen wird ihr nicht aufgemacht. Sie geht ums Haus herum, sieht durch die Fenster, die für ihre Größe etwas zu hoch liegen und muß feststellen, zumindest aus ihrer Perspektive, daß Marianna offensichtlich nicht zu Hause ist.

Noch einmal geht sie an die Haustür und klopft energischer als vorher, doch wieder kommt keine Reaktion. Da bemerkt sie einen eigenartigen, stechenden Geruch, der aus dem Haus dringt und den sie nicht einordnen kann.

Sie spürt, daß etwas nicht in Ordnung ist. Sie geht nochmals um das Haus, holt eine Leiter, um besser durch die Fenster sehen zu können. Da sieht sie ihre Freundin. Sie liegt am Boden – hat sie einen Herzanfall erlitten? Schon seit Wochen hat Marianna L. über Schmerzen im Brustbereich geklagt, wie ihrer Freundin beim Anblick des leblos daliegenden Körpers einfällt. Hastig steigt sie die Leiter herunter, läuft zur Straße und schreit um Hilfe. Ein junger Mann kommt gerade des Weges und sieht die aufgeregte Frau mit ihren Händen auf ein Fenster des Hauses zeigen. Sie bringt keinen vernünftigen Satz hervor, nur „Hilfe, so helfen Sie doch“.

Der Mann sieht die an die Wand angelehnte Leiter und steigt auf ihr bis zur Fensterhöhe empor. Er erkennt eine alte Frau, die mit blauem Pullover und braunen Schuhen bekleidet am Boden liegt, das schwarzes Kleid bis zur Hüfte hochgeschoben, die Beine gespreizt. Die Frau ist voller Blut. Er rennt zur Straße und hält das nächste Auto an. „Bitte rufen Sie die Polizei, in dem Haus ist etwas Furchtbares geschehen.“

Die Obduktion der Leiche ergibt: Schwerste Kopfverletzungen durch Schläge mit einem stumpfen Gegenstand, zahlreiche tiefe Schnittwunden am ganzen Körper, Halsmale durch Erwürgen, Vergewaltigung mit einem stumpfen Gegenstand. Leszek Pekalskis Dank an die Frau, die ihm zu essen gab und ihm Schuhe ihres verstorbenen Mannes schenken wollte.

OPFER Nr. 11
Jolanta T., ermordet am 22.01.1991 in Lublin

Jolanta T. ist eine junge, lebenslustige Studentin der Pädagogik im fünften Studienjahr. An diesem Januartag ist sie bei ihrer Freundin im Studentenwohnheim eingeladen. Wochenlang haben sie immer wieder versucht, sich zu treffen, doch es gelang den beiden jungen Frauen nie, einen passenden Zeitpunkt zu finden. Doch heute ist es so weit. Jolanta hat einen neuen Freund, und was gibt es wichtigeres, als ihrer Freundin davon zu erzählen. Natürlich vergeht die Zeit wie im Fluge. Längst ist es dunkel an diesem kalten Januarabend, als Jolanta endgültig beschließt, nach Hause zu gehen. Sie kann nicht bei ihrer Freundin übernachten, denn am nächsten Morgen muß sie früh aufstehen. Nachdem sie sich für die nächsten Tage verabredet haben, bringt Jolantas Freundin sie noch bis zur Haustür, läuft dann schnell wieder nach oben in ihre Wohnung und ist froh, bei dieser eisigen Kälte nicht mehr das Haus verlassen zu müssen. Sie geht auf den Balkon und winkt Jolanta nach, deren Nachhauseweg durch den angrenzenden Park führt. Bereits nach wenigen Metern ist Jolanta von der Dunkelheit verschlungen und die Freundin geht wieder zurück in ihre warme Wohnung. Jolanta, die Frischverliebte, geht geradewegs durch den Park. Sie bemerkt in all den Gedanken an ihre neue Liebe nicht, wie dunkel es geworden ist in diesem Park, den keine Laternen erleuchten. Doch sie kennt ja den Weg und ist viel zu sehr mit ihrer Liebe beschäftigt. Das fahle Mondlicht und der Schnee bieten genügend Licht, um ihren Weg zu erhellen. Jolanta kommt nie zu Hause an. Ihre Freundin, die sie vom Balkon aus noch gesehen hat, ist die letzte Person, die Jolanta lebend zu Gesicht bekam – außer dem Täter. Als sich Jolanta am nächsten Tag nicht bei ihren Eltern meldet, was sie sonst immer tut, warten diese noch einen Tag bevor sie zur Polizei gehen. Doch die Beamten haben nur ein müdes Lächeln für die besorgten Eltern übrig.

„Ihre Tochter hat bestimmt einen jungen Mann kennengelernt

und ist mit ihm weggefahren", lautet der Kommentar der Polizei. Was sollen Eltern darauf sagen – und es stimmt ja wirklich, daß Jolanta einen jungen Mann kennengelernt hat. Nur den Namen des Freundes hatte sie ihrer Mutter bisher verschwiegen.
„Wenn unsere Tochter mit ihrem Freund weggefahren wäre, hätte sie uns sicher Bescheid gegeben. Das tut sie immer."
Doch die Polizei nimmt keine Notiz von den Angaben der ängstlichen Mutter – wie oft haben sie dies schon gehört, wie oft wurden Eltern eines Besseren belehrt? So wird es wohl auch in diesem Fall sein.
„Können Sie meine Tochter denn nicht mit Hunden suchen?" fragt der Vater Jolantas.
„Was glauben Sie, wieviel Hunde wir bräuchten, um alle vermißten Mädchen zu suchen! Wissen Sie überhaupt, wie viele junge Frauen und Mädchen jeden Tag als vermißt gemeldet werden und schon nach wenigen Tagen wieder zu Hause auftauchen?" bekommt er zur Antwort.
Doch die Eltern sind sich einig: es muß etwas Außergewöhnliches geschehen sein, daß sich ihre Tochter nicht bei ihnen meldet. Sie wollen nichts unversucht lassen und beschließen letztendlich, einen bekannten Hellseher mit ihrem Problem zu konfrontieren. Dieser sagt ihnen sofort: „Ihre Tochter lebt nicht mehr und man muß sie da suchen, wo viele Militärkappen sind."
Hokuspokus oder Wahrheit? – Die Eltern wissen nicht, was sie denken sollen. Ihre Tochter lebt also nicht mehr, wer will das schon glauben? Am nächsten Morgen sitzen sie am Frühstückstisch und haben die Landkarte ausgebreitet. Alles, was nur im geringsten mit Militär zu tun hat, wird angestrichen. Soldatenkneipen, Militärkasernen, alles wollen die beiden auf eigene Faust mit einigen Freunden aufsuchen, um ihre Tochter zu finden.
Doch wo sie auch suchen, Jolanta entdecken sie nirgends. Zwischenzeitlich wird auch die lokale Presse auf den Fall aufmerksam und berichtet darüber. Es meldet sich ein Mann, sei-

nen Namen gibt die Staatsanwaltschaft als Jan K. bekannt, der nach dem Verschwinden Jolantas einen Mann gesehen haben will. Er gibt der Polizei zu Protokoll, daß er zum fraglichen Zeitpunkt einen merkwürdigen Mann in der Nähe des Studentenwohnheimes gesehen habe, der in Richtung Park ging. Das Merkwürdige an dem Mann sei sein eigenartiger Gang gewesen – er beschreibt eine Art „Entengang“.
Wenige Tage später findet man Jolanta dreihundert Meter von der Wohnung der Freundin entfernt, nahe an einem Militärgelände. Am Mantel des Opfers findet man Sperma und Haare, welche jedoch zu diesem Zeitpunkt nicht untersucht werden. Zwei Jahre später, als Leszek Pekalski auch diesen Mord in allen Einzelheiten gesteht, kann man diese vorhandenen Beweise nicht mehr auswerten, denn der Mantel des Opfers ist verschwunden.
Die Leichenobduktion ergibt: Schwerste Kopfverletzungen durch Schläge auf den Schädel, stark verletzte Handflächen, Hautabschürfungen im Nacken und ein Stück fehlende Unterlippe. Der Mediziner, der die Obduktion vornimmt, ist sicher, daß das Opfer sich selbst die Unterlippe vor Schmerzen ausgebissen haben muß.

OPFER Nr. 12
Danuta N., ermordet am 09.02.1991 in Lębork

Wochenlang hat sich die siebenunddreißigjährige Ehefrau und Mutter einer Tochter gemeinsam mit ihrem Mann auf den Samstag, 9. Februar 1991, gefreut. Die Oma versprach ihr zuvor, die Tochter für diese Nacht bei sich aufzunehmen, damit das Paar den einzigen Faschingsball des Ortes so richtig genießen könnte. Einmal die ganze Nacht durchtanzen, darauf freute sich Danuta N. schon lange.
„Tänzer werden sich schon noch finden für eine Frau meines Alters", stellte sie selbstsicher fest. Mit ihrem Mann, das wußte sie, war in dieser Hinsicht nichts anzufangen, denn er trank lieber einige Bier und reichlich Wodka dazu – dann war es für ihn auch ein schöner Abend.
„Soll sie doch tanzen, da wird sich schon jemand opfern", hat auch er noch wenige Tage vorher gesagt. Als beide dann an diesem Abend aus dem Hause gehen, sind sie richtig aufgedreht und freuen sich auf den bevorstehenden Ball.
Sie sind noch nicht einmal im Saal, in dem die Veranstaltung stattfindet, da melden sich an der Garderobe schon einige Tänzer für die kommende Nacht an. Der Ehemann muß lachen und greift sich an den Kopf: „Lauter Verrückte!"
Seine Frau lacht, freut sich insgeheim auf ihre Tanzpartner und auch, daß ihr Mann keine Eifersucht zeigt. Die Kapelle hat noch nicht den ersten Tanz freigegeben, da stehen schon einige Tänzer für sie bereit. Sie ist glücklich. Ihr Mann sitzt lieber, wie auch an diesem Abend, mit Freunden zusammen und frönt dem Alkohol. Vielleicht ist eine Bemerkung seines bereits betrunkenen Freundes der Auslöser dafür, daß er auf Danutas Tanzpartner aufmerksam wird.
„Die Danuta tanzt ja nur noch mit dem in der blauen Jacke! Die können's aber gut miteinander …"
Ein langsamer Walzer und das aneinander geschmiegte Tanzpaar weckten Argwohn beim Ehemann. Nie zuvor hat er sich darum gekümmert, mit wem seine Frau tanzt; stets war er froh,

seine Ruhe zu haben. Das Gerede seines Freundes aber macht ihn an diesem Abend mißtrauisch.
Der Alkohol steigt ihm etwas zu Kopf. Er läßt keinen Blick mehr von den beiden, die seiner Meinung nach viel zu eng miteinander tanzen. Als Danutas Tanzpartner sie auf ihren Platz zurückbringt, ist es um den Frieden zwischen den Eheleuten geschehen. Nach heftigen Vorwürfen, wie eng sie mit fremden Männern tanzen würde, hat Danuta nur die Antwort: „Du brauchst ja nur mit mir zu tanzen, aber dir ist ja dein Wodka wichtiger, was beschwerst du dich dann, wenn ich mit anderen Männern tanze, die genauso gerne mit mir tanzen, wie ich mit ihnen?“
Damit ist ein kleiner Familienkrieg eingeläutet. Danuta versteht die Reaktion ihres Mannes nicht; ein Wort gibt das andere, schließlich zahlt er und verläßt mit seiner Frau das Lokal, ohne seinen Freunden auf Wiedersehen zu sagen. Viel zu sehr sieht er sich in seiner männlichen Ehre gekränkt, zumal ihn erst seine Freunde auf diesen Fehltritt seiner Frau aufmerksam machen mußten!
Während sie zu Fuß nach Hause gehen, hat er genügend Zeit, ihr Vorhaltungen zu machen. Immer mehr steigert er sich hinein, wie leichtfertig sich seine Frau fremden Männer an den Hals wirft – und jeder Vorwurf wird lauter. Danuta ist froh, als sie an ihrem Haus in der Nähe des Bahnhofes angekommen sind. Ihr Mann ist mit seiner Strafpredigt noch lange nicht zu Ende und als er die Haustür aufsperrt, wundert er sich nicht schlecht, als Danuta sagt: „Du alter Spinner, du kannst alleine zu Bett gehen. Ich gehe noch ein wenig spazieren, vielleicht hast du ausgesponnen, bis ich wieder nach Hause komme.“
Ohne eine Antwort ihres Mannes abzuwarten, dreht sie sich um und geht in Richtung Bahnhof. Wütend geht der Mann allein ins Haus und ist sich sicher, daß seine Frau bei dieser Kälte bald kommen wird. An den für sie anfänglich wunderschönen Abend denkend, stapft sie durch den Schnee und muß über die Eifersucht ihres Mannes lachen. Insgeheim freut sie sich aber auch, daß ihr Mann nach so langer Ehe noch eifersüchtig

werden kann. Nur sie weiß, daß all die Männer, die mit ihr getanzt haben, eben einfach nur Tanzpartner waren und sie als Männer gar nicht interessierten. Natürlich war es schön, wenn einer der Männer besonders gut tanzen konnte, aber Gedanken an einen anderen Mann hatte sie deshalb noch lange nicht. Also, was sollte der ganze Streit und noch dazu vor all den Freunden? Es sind nur noch wenige Meter bis zum Bahnhof, dann will sie umdrehen, denn sie ist sich sicher, bis sie wieder zuhause ist, wird ihr Mann bestimmt eingeschlafen sein. Am morgigen Tag kann sie ihm sicher alles viel besser erklären. Und wenn schon nicht besser, dann wenigstens leiser.
Am Eingang des Bahnhofsgebäudes steht ein junger Mann und wartet auf den Zug nach Gdynia, der aber erst am nächsten Morgen hier abfährt. Er will in dieser Stadt ein Heiratsinstitut aufsuchen, um eine Frau zu finden. Während er in Gedanken versunken ist, sieht er Danuta N. auf das Gebäude zukommen. Sie gefällt ihm, er betrachtet sie ausgiebig. Danuta kehrt nie mehr nach Hause zurück. Am nächsten Morgen wird sie zwischen den Geleisen tot aufgefunden. Sie war Leszek Pekalski begegnet.
Als er auch den Mord an dieser Frau gesteht, verhängt die Staatsanwaltschaft eine Nachrichtensperre, denn der Täter sollte ruhig glauben, daß Danuta N. noch lebt. Bei einer Rekonstruktion der Tat mit dem Staatsanwalt und der Polizei erzählt er voller Stolz: „Ich habe ihr nichts getan, sie ist nicht tot." Und weiter: „Sie war noch am Leben, als ich sie nackt in der Kälte in der Nähe der Bahngleise liegenließ."
Die Bahnarbeiter finden sie leider zu spät. Danuta N. stirbt noch im Krankenhaus. Die Ärzte stellen als Todesursache Tod durch Erfrieren fest, obwohl ihr Körper eine Vielzahl von Flecken aufweist, die durch Schläge entstanden sind. Leszek selbst gibt zu: „Ich habe sie nur mit einem Holzstück geschlagen, ein paarmal auf den Kopf."
Als man ihm sagt, daß die Frau inzwischen tot sei, gibt er zu Protokoll: „Ich habe ihr nichts getan, ich weiß nicht, warum sie tot ist."

OPFER Nr. 13
Sylwia R., ermordet am 26.06.1991 in Kołczyglowy

Wieder einmal hat Leszek Pekalski Krach mit seinem Onkel Bogdan und wieder einmal wirft ihn dieser aus dem Haus. So beschließt er, in den nächsten Tagen im Wald zu übernachten. Bald hat er den Waldrand erreicht und sucht nach einer geeigneten Schlafstätte für die Nacht.
„Tagsüber sammelte ich Blaubeeren und nachts lag ich neben einer Futterstelle im Gebüsch und sah den äsenden Rehen zu“, gibt er später zu Protokoll. So verbringt er einige Zeit im Wald nahe dem Dörfchen Kołczyglowy.
Eines Morgens hat er Hunger und verläßt den Wald. Für sein letztes Geld kauft er sich in einem kleinen Laden im Dorf ein Brot und eine Flasche Limonade. Die rotblonde Verkäuferin an der Wursttheke gefällt ihm sofort und so bleibt er im Laden und verspeist dort sein gekauftes Brot. Er beginnt, über sein Leben und seine unglückliche Jugend zu erzählen und merkt, wie das Mädchen ihn bedauert. Herzzerreißend berichtet er, was ihm alles in seinem Leben widerfahren ist, wie Hunger und Durst ihn täglich plagen, weil er doch so wenig Geld hat. Als Sylwia diesen offensichtlich armen Mann betrachtet, der in Lumpen vor ihr steht, wächst ihr Mitleid. Sie schenkt ihm 300 Gramm Leberwurst, die er sofort mit dem gekauften Brot ißt.
„Ich schlafe am Waldrand, gleich da drüben“, sagt er und deutet in die Richtung, wo er sich seinen Schlafplatz eingerichtet hat.
„Genau neben dem Heureiter. Es wäre ganz lieb von Ihnen, wenn Sie mir heute Abend noch ein Brot, das übriggeblieben ist, schenken würden.“ Spontan verspricht sie ihm, vorbeizukommen.
„Ich gehe sowieso in dieser Richtung am Waldrand vorbei. Das liegt genau auf meinem Nachhauseweg.“
Sylwia hat Feierabend und geht wie vereinbart, jedoch in Begleitung ihrer Freundin Janina, zum Waldrand. Sie hat eine

Semmel mit viel Wurst belegt, um sie dem obdachlosen Wanderer zu geben. Dieser freut sich sehr über das mitgebrachte Abendessen, spricht aber nur wenig mit den Mädchen. Sylwia sieht den aufgerichteten Heuhaufen, Leszeks Schlafstätte und er tut ihr noch mehr leid. Bevor die beiden Mädchen ihren Nachhauseweg antreten, verspricht Sylwia, daß sie am nächsten Abend wieder vorbeikommen wird, um ihm etwas zum Essen zu bringen.
„Das ist aber ganz lieb von Ihnen, vielen, vielen Dank. Bis Morgen."
Mit diesen Worten verabschiedet Leszek die beiden Mädchen. Die beiden sind längst gegangen, da findet er direkt bei der Futterstelle einen abgebrochenen eisernen Gehstockgriff. Er hebt ihn auf und steckt ihn in die Tasche. Am nächsten Tag wartet er ungeduldig im Straßengraben bei einer Bushaltestelle auf das junge Mädchen. Viel zu langsam vergeht ihm der Tag und er träumt nur von diesem Wiedersehen. Ein Onkel Sylwias kommt des Weges, als die beiden Frauen auf dem Heimweg sind. Er will Sylwia mit dem Traktor zu ihren Eltern fahren, doch sie lehnt ab, denn sie will ihr Versprechen einhalten. Hoffentlich wird sie nicht wieder mit ihrer Freundin kommen, denkt Leszek. Später berichtet er, daß er den ganzen Tag aufgeregt war, immer wieder sein Glied anfaßte.
Und er hat Glück, Sylwia kommt allein und er freut sich noch mehr, als er sie mit einer großen Einkaufstüte kommen sieht. Er sucht einen Platz, wo sie ganz ungestört sein können. Sie setzen sich.
Sylwia packt eine riesige Brotschnitte mit viel Wurst aus. Er ißt und erzählt. Sie hört ihm zu. Sie lächelt, weil es ihm so schmeckt, doch Leszek versteht das Lächeln anders, er glaubt, daß er ihr gefallle. Nach dem Essen sagt er, daß sie sehr schön sei und daß sie ihm sehr gefallen würde. Er wird nervös und fuchtelt bei jedem Wort mit den Händen. Auf einmal aber spricht er kein Wort mehr und Sylwia schaut sehr verdutzt, als Leszek sie schließlich fragt: „Willst du mich heiraten? Ja?"
Leszek kann die Antwort kaum abwarten, er starrt förmlich auf

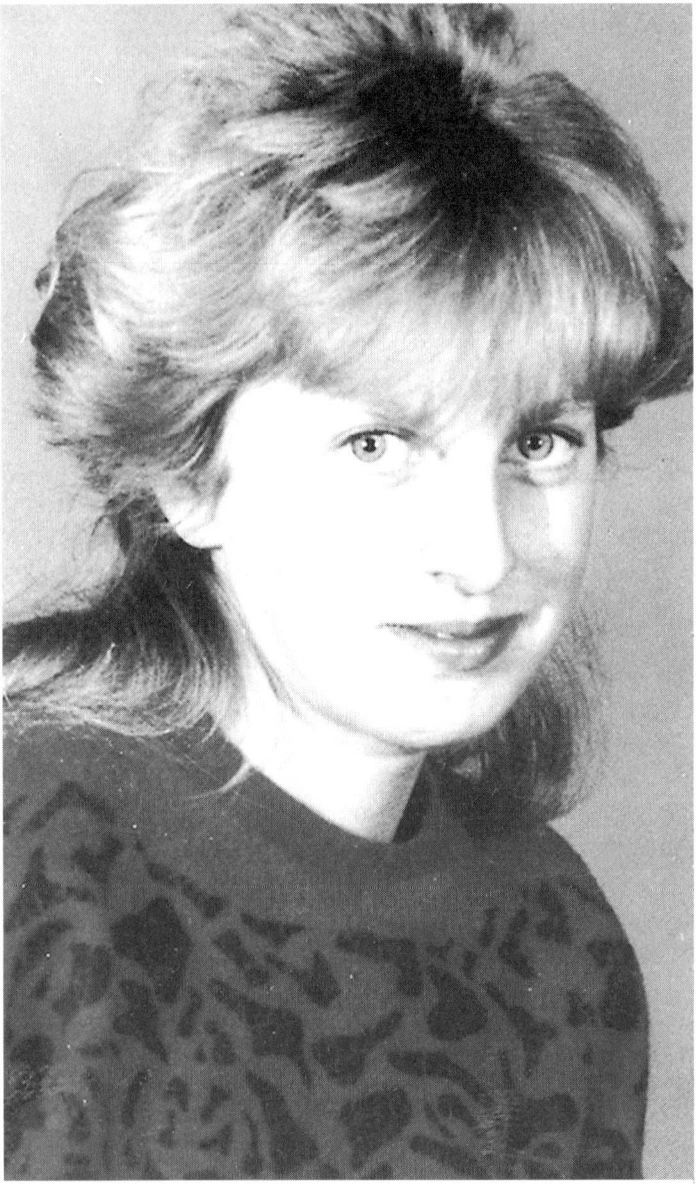

Sylwia R.

ihren Mund. Welche Antwort wird sie ihm geben? Sein Herz schlägt bis zum Hals. Doch Sylwia sagt gar nichts. Sie muß nur lachen, ja, sie biegt sich vor Lachen. „Ich. Dich heiraten?" und sie schlägt mit ihren Händen auf ihre Schenkel und lacht und lacht.
Es ist das letzte Lachen in ihrem jungen Leben. Leszek steht auf und blickt Sylwia mit eiskalten Augen an. Unbändige Wut kommt in ihm auf, er hat den eisernen Gehstockgriff aus der Tasche geholt und blickt auf das Mädchen, das noch immer vor ihm sitzt und ihn jetzt verängstigt ansieht. Ohne ein weiteres Wort zu verlieren, schlägt er unvermittelt mit dem Eisenteil auf das wehrlose Mädchen ein, fast ausschließlich auf ihren Kopf. Er findet kein Ende, die Schläge werden immer heftiger, je mehr Blut spritzt. Sylwia liegt jammernd am Boden, merkt nicht mehr, wie er das Eisenteil wegwirft, sie an ihrem Halstuch packt, es aufknotet und ihr so fest er nur kann um den Hals schlingt. Mit hochrotem Kopf zieht er die Schlinge immer enger.
Das Leid hat sich in ihr Gesicht geschrieben, als sie für immer diese Welt verläßt. Leszek atmet schwer durch und läßt von seinem Opfer ab. Er setzt sich neben die Leiche und betrachtet das tote Mädchen von oben bis unten. Nach einer Zeit packt er das Mädchen an den Beinen und zieht es weiter in den Wald, zwischen die Bäume. Dabei ist ihr Kleid nach oben gerutscht und er sieht den halbnackten Unterleib. Er reißt ihr die Kleider vom Leib, doch er vergewaltigt sie nicht. Er kniet sich über sie und beginnt über ihrem Körper zu onanieren. Als er fertig ist, nimmt er die Kleidungsstücke und die Tüte mit den restlichen Broten und geht zu seinem Nachtplatz. Den Körper des Mädchens hat er mit Ästen zugedeckt.
Er holt die Brote aus der Tragetasche und ißt. Währenddessen greift eine Hand nach der Unterwäsche des Mädchens. Dies erregt ihn so, daß er aufsteht und wieder zur Leiche geht. So geht es die ganze Nacht. Auch den ganzen nächsten Tag sucht er immer wieder die Leiche auf, bis zum Abend.
Die Sonne geht langsam unter, als Leszek Stimmen hört. Zwei

Menschen kommen direkt auf ihn zu. Es sind Sylwias Mutter und ihr Vater, sie suchen schon den ganzen Tag nach ihrem einzigen Kind. Leszek versteckt sich und beobachtet ungefähr 30 Meter von dem Ort entfernt, wo das Mädchen liegt, was weiter passiert. Wieder hat er seinen Eisengriff in der geballten Hand. Der Vater Sylwias kommt direkt auf Leszek zu, doch er kann ihn nicht sehen, zu gut hat Leszek sich versteckt. Er geht an ihm vorbei, geradewegs zu der Stelle, wo sein über alles geliebtes Mädchen liegt. Er sieht sie liegen, nackt, in ihrem eigenen Blut, die Stirn eingeschlagen. Er ist geschockt, sagt aber kein Wort, zieht seine Jacke aus und deckt sein Kind zu. Er beugt sich zu ihr hinunter, nimmt sie in seine Arme und drückt sie. Er küßt ihren blutigen Mund und schmiegt seinen Kopf an ihren. Trauer, grenzenlose Trauer überkommt ihn. Er legt sein Kind zurück ins Gras, deckt sie zu und ruft seine Frau. Die erkennt an der Stimme ihres Mannes, daß er Sylwia gefunden hat und etwas Furchtbares passiert sein muß. Sie rennt schnell zu ihrem Mann, dem Tränen über die Wangen laufen. Stumm sieht er nur sein Mädchen an. Sylwias Mutter schreit beim Anblick ihrer blutverschmierten Tochter hysterisch: „Mein Kind, mein Kind, wer hat das getan?"
Sie glaubt offensichtlich, daß Sylwia noch lebt, daß sie nur bewußtlos und Rettung möglich ist – möglich sein muß. Sie rennt davon und holt einen Krankenwagen und die Polizei. Als sie mit zwei Polizisten zurückkommt, kniet ihr Mann neben seiner Tochter, hält ihren Kopf noch immer in seinen Armen und weint. Ihn stören die Leute nicht, die an die Stelle eilen, er will nur sein Kind in den Armen halten. Er merkt nicht einmal das Blut an seinen Händen.
Leszek Pekalski steht zu diesem Zeitpunkt 30 Meter entfernt und beobachtet das Geschehen ungerührt. Er ist enttäuscht, daß man ihm die Leiche weggenommen hat. Nach einigen Tagen bezahlt er mit den Ohrringen und einem Fingerring des Opfers seine Schulden in einem anderen Geschäft. Später, als er auch ihr Geld verbraucht hat, verkauft er ihre Uhr.
Im Herbst 1992 zeigt er sich schon wieder in dem Geschäft,

in dem Sylwia gearbeitet hat. Er spricht mit ihrer Freundin über den Mord und sagt ihr, daß die Polizei unnötig Zeit und Geld verliere, weil sie den Mörder sowieso nicht finden wird.
Sylwias Tod stoppt den roboterhaften Killer auf seinen Reisen durch Polen. Durch ihren Tod und eine unglaubliche Verkettung von Zufällen kommt man diesem Ungeheuer auf die Spur: Leszek Pekalski, die Bestie von Osieki. Eine Woche nach der Tat kommt der Vater zurück an die Stelle, an der sein Mädchen starb, und stellt ein Gedenkkreuz mit folgender Inschrift auf: WARUM! WARUM HAST DU GETÖTET? ICH WAR DOCH ERST 17.
Leszeks Kommentar, als er später auf den Mord angesprochen wird: „Ich wollte sie nur streicheln."
Man fragte ihn: „Hat dir Sylwia leid getan?"
„Ein bißchen, so halb."

OPFER Nr. 14
Wacława G., ermordet am 04.12.1991 in Chwiramo

Die Wiesen und Felder sind schneeverweht an diesem Mittwoch, Anfang Dezember. Es ist ein kalter Winter, eisig wie seit Jahren nicht mehr. Leszek Pekalski stapft durch den hohen Schnee auf das kleine Dorf Papowo zu. Schon einmal, vor über einen Jahr, war er hier im Nachbardorf. Ein dreizehnjähriges Mädchen, Małgosia K., hatte er damals getötet und es zieht ihn nun wie magnetisch an diesen Ort zurück. Dieses kleine, unschuldige Mädchen hat er nicht aus seinen Gedanken gestrichen. Deshalb ist er heute hier. Schnell findet er die Stelle wieder, doch wegen des hohen Schnees kann er keine Spuren von damals ausmachen. In dem kleinen Ort, in dem Małgosia lebte, begegnet er ihren Schwestern. Ihnen fällt der Mann sofort auf, aber dies nur wegen seines Ganges und seiner Kleidung. Sie grüßen ihn sogar, ohne zu wissen, was dieser Mensch ihrer Schwester Małgosia angetan hat.
Pekalski findet keine geeignete Schlafstelle und geht bis zum nächsten Ort, Chwiramo, immer die Hauptstraße entlang. Bald hat er in einem verlassenen Stall eine sichere Übernachtungsmöglichkeit ausgemacht.
Erschreckt wacht er am nächsten Morgen auf, als ihn ein Hund laut ankläfft. Er versucht ihn zu verscheuchen, damit man nicht auf ihn aufmerksam wird. Er wirft einen Stein nach dem Hund, und winselnd rennt dieser davon. Leszek ist sehr wütend wegen der frühen Störung. Mißmutig steht er auf, greift sich immer wieder an die Hose. Völlig erregt beschließt er, in das Dorf zu gehen. Er geht zur Straße, die Hand immer noch an seiner Hose. An der Kreuzung sieht er eine junge Frau.
Wacława G. will gerade zur Bushaltestelle gehen, als Leszek Pekalski neben ihr auftaucht. Er spricht sie an, merkt aber, wie abweisend sie zu ihm ist. Sie schaut immer wieder auf die Hand, die an seiner Hose fummelt. Seine Bewegungen werden immer heftiger. Angeekelt läßt sie ihn spüren, was sie über ihn denkt.

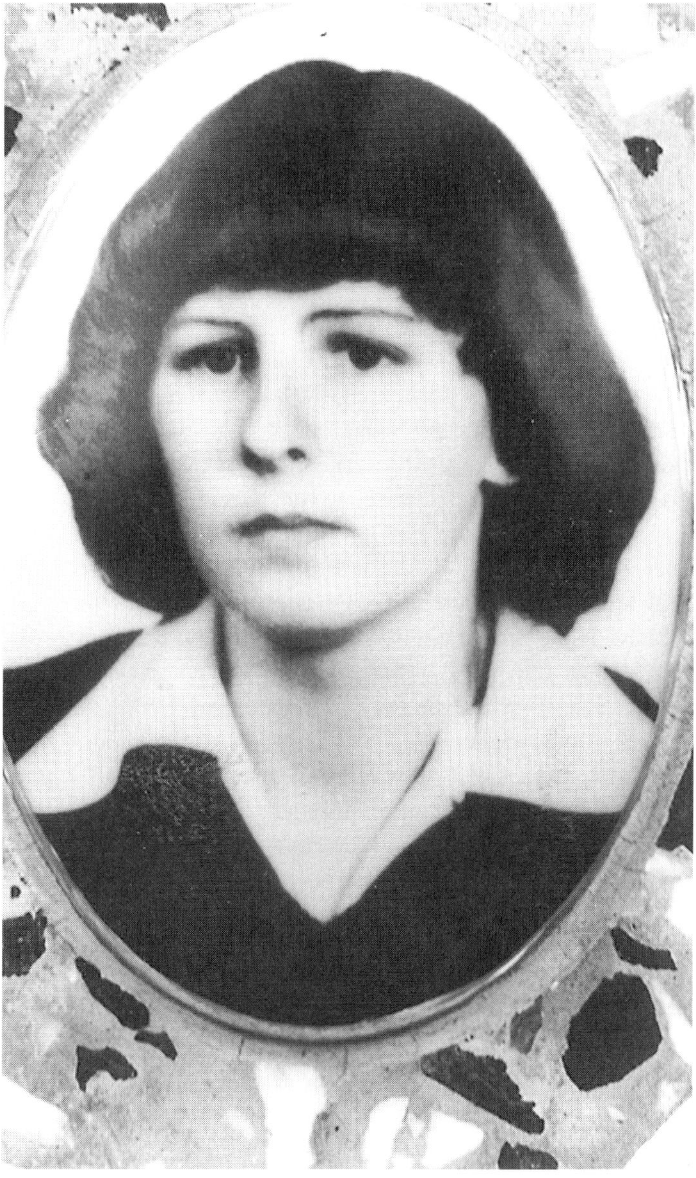

Wacława G.

„Lassen Sie mich in Ruhe! Sonst rufe ich die Polizei“, versucht sie ihn zu verängstigen, doch er hat sich längst vergewissert, daß niemand in der Nähe ist.
„Ich will aber mit dir ...!“ gibt er ihr unmißverständlich zu verstehen.
Nun blickt auch sie nach allen Seiten, ob sich jemand in ihrer Nähe befindet, der ihr helfen würde, wenn ihr dieser Unhold zu nahe treten sollte. Doch sie muß erkennen, daß keine Menschenseele weit und breit zu sehen ist. Sie sind allein.
„Lassen Sie mich in Ruhe, sonst ...“, doch weiter kommt sie nicht mit ihrer Drohung. Ohne Vorwarnung zieht Pekalski ein Messer. Sie schrickt zurück, er stößt es in ihre Richtung. So treibt er die Frau in das nahegelegene Feld. Sie ist allein und hat fürchterliche Angst. Sie erkennt seine Aggressivität und glaubt, daß es das Beste wäre, zu tun, was er verlangt. Leszek will spielen – er treibt sein Opfer mit dem Messer in der Hand über zwei Kilometer weit durch das Feld, bis er ganz sicher sein kann, daß niemand Zeuge dessen wird, was jetzt geschieht. Nahe einem alten Silo glaubt er, den Schauplatz für sein nächstes Szenario gefunden zu haben. Wacława, als würde sie wissen, was auf sie zukommt, kauert am Boden und fleht Leszek immer wieder an: „Du kannst alles von mir haben, meine Ringe, mein Geld, alles, nur laß mich am Leben.“ Immer wieder fleht sie: „Bitte, bitte, laß mich am Leben.“
Ganz ruhig geht Pekalski auf die vor Angst bibbernde Frau zu. Sie sieht nur sein Messer, das immer näher kommt. Unfähig sich zu wehren, wartet sie darauf, was dieser Mann nun mit ihr tun wird. Sie ist nicht mehr fähig zu schreien, die Stimme versagt.
In diesem Augenblick verfällt Leszek in einen Rausch, eine Gier nach Blut, wie er sie noch nie gespürt hat, überwältigt ihn. Er fängt an, wie wild auf die Frau einzustechen, immer wieder, wahllos, vom Kopf bis zum Unterleib, attackiert er sie. Sie ist längst tot, doch Leszek sticht immer weiter, bis er keine Kraft mehr hat. Er schaut unentwegt den geschundenen, leblosen Körper an. Niemand weiß, was an diesem Tag in ihm

vorgegangen ist, noch nie hat er sich so verhalten. Das Opfer ist blutüberströmt. Da steht er auf und sucht in dem tiefen Schnee einen Stein. Keiner ist ihm groß genug, er sucht lange, bis er einen geeigneten findet und geht wieder zurück zu seinem Opfer. Mit unsagbarer Gewalt zertrümmert er ihr den Kopf. Danach betrachtet er immerzu den nackten Leichnam. Keinen Augenblick läßt er ihn aus den Augen, der zerschmetterte Kopf des Opfers widert ihn plötzlich an, also zieht er eine Plastiktüte aus der Tasche seiner Jacke und stülpt sie darüber.

Erst dann ist für ihn der Zeitpunkt gekommen, auch diesen Leichnam zu schänden. Er versucht noch, dem Opfer die Ringe von der Hand zu ziehen, doch es gelingt ihm nicht, da die Finger zu verschwollen sind. So nimmt er nur ihre Barschaft in Höhe von 250 000 Złoty, etwa zwölf Mark, an sich und will schon gehen, da entdeckt er nur einige Meter weiter ein in den Boden eingelassenes Silo. Er zerrt den Leichnam an den Beinen zu diesem riesigen Behälter, öffnet ihn und wirft die Leiche hinein. Dort wird sie vier Tage später gefunden.

OPFER Nr. 15
Klara G., ermordet am 28.07.1992 in Żnin

Leszek Pekalski kommt an diesem heißen Sommertag mit dem Zug nach Żnin, setzt sich auf eine Bank und genießt die Sonnenstrahlen. Er beobachtet die Menschen, die den Bahnhof betreten und die, die ihn verlassen. Viele junge Mädchen gehen an ihm vorbei. Es gefällt ihm, sie zu betrachten. Es wundert ihn, daß die Menschen ihn verächtlich ansehen: er sieht an sich herab und kann nichts Außergewöhnliches erkennen. Nur, daß er seine Hose offen hat. Er verschließt sie sofort.
Immer mehr Menschen verlassen den kleinen Bahnhof, denn sie kommen von der Arbeit nach Hause. Aus der sich am Ende des Bahnhofes befindlichen Gaststätte sieht er einen Mann in Arbeitskleidung mit einem Eimer in der Hand zur nächsten Mülltonne gehen. Er sieht, wie dieser Essenreste in die Tonne wirft. Als der Mann wieder im Lokal verschwunden ist, geht Pekalski hin und öffnet die Tonne. Er hat sich nicht getäuscht, obenauf liegen Essenreste aus der Gaststätte. Mit einer Hand schaufelt er sie in seinen Mund, gerade so, wie er sie herausgreift. Er schließt den Deckel der Tonne und geht zufrieden am Bahndamm entlang, bis er zu einem Bahnübergang kommt. Da sieht er eine Frau auf ihrem Fahrrad direkt auf sich zukommen. Klara G., so ihr Name, ist auf dem Weg zum Friedhof. Sie muß vor dem Übergang bremsen und von ihrem Rad absteigen, weil die schwarzen Holzschwielen zwischen den Gleisen ein Befahren des Überganges mit dem Rad nicht zulassen. So schiebt sie ihr rotes Fahrrad für ein kurzes Stück.
Leszek ist gut gelaunt: Klara gefällt ihm, und so rennt er ihr nach. Völlig außer Atem fragt er sie unverblümt: „Ich suche eine Frau, gefalle ich dir?“
„Ich habe tatsächlich schon schönere Männer gesehen!“ sagt sie kurz, nachdem sie ihn von oben bis unten gemustert hat.
Doch so leicht läßt sich Leszek Pekalski nicht abschütteln. Er hakt nach. „Ich suche aber wirklich eine Frau, eine Frau so richtig zum Heiraten.“

„Zum Heiraten", spottet sie, „da gehören doch wohl zwei dazu, oder?"
Das weiß auch Leszek. Seine Freundlichkeit weicht augenblicklich einer unbändigen Wut. Er läßt die Frau noch ihr Fahrrad besteigen und gerade als sie losfahren will, hält er sie am Gepäckträger fest. Er zerrt sie nach links, dann wieder nach rechts, bis sie den Halt verliert und stürzt. Kein Mensch ist in diesem Moment in der Nähe, der ihr helfen könnte. Sie schlägt sich die Knie auf und will gerade vor Schmerzen aufschreien, da zieht er sie an sich. Völlig verwirrt, weiß sie nicht, wie ihr geschieht. Zu verworren, zu schnell läuft alles ab, als daß sie es begreifen könnte. Sekunden später faßt sie sich an den Bauch und fühlt voll Entsetzen ihr warmes Blut an den Händen. Sie scheint keinen Schmerz zu spüren, auch nicht als das Messer immer wieder in ihren Körper eindringt, aber sie merkt wohl, daß es mit ihrem Leben zu Ende geht.
Sie kann nicht ahnen, daß sie einem perversen Leichenschänder begegnet ist; konfrontiert sein würde mit einem Menschen, der hemmungslos tötet. Gierig will Pekalski über den Leichnam dieser Frau herfallen. Doch er hat Angst, daß ihn Passanten sehen könnten, und deshalb läßt er von ihr ab. Er nimmt die Kosmetikartikel aus der Tasche, die sich noch auf dem Gepäckträger ihres Rades befindet, eine versilberte Halskette mit einem Medaillon, ein paar goldene Ohrringe, eine Uhr und zwei Eheringe, dann sucht er nach einem Versteck für die Leiche.
Ein Straßengraben erscheint ihm als geeigneter Platz, er legt sie dort ab und deckt sie mit Gras und Schilfrohr zu. Er beeilt sich, und in seiner Eile übersieht er, daß ein Knie des Opfers nicht bedeckt ist.
Der Neffe der Frau kommt ein paar Tage später an dieser Stelle vorbei und entdeckt das herausragende Knie. Als er die Polizei verständigt und in seinem Beisein das Opfer aus dem Graben befreit wird, erkennt er seine Tante. Er bekommt einen Schock und wird ins Krankenhaus gebracht. Noch heute leidet der junge Mann an den Folgen.

OPFER Nr. 16
Władysław S., ermordet am 14.09.1992 in Machliny

Der zweiundvierzigjährige Handelsvertreter Władysław S. ist ein geschickter Verkäufer. Besonders bei den Frauen kommt er sehr gut an. Daß er Modeschmuck zu verkaufen hat, macht ihm die Sache dabei leichter. Hier ein Paar Ohrringe, da ein kleiner Ring, welches Frauenherz schlüge da nicht höher? Am 13. September 1992, es ist ein Sonntag, ist er mit seinem Auto unterwegs zur Kreisstadt. Er freut sich schon auf diesen Ort, denn hier kann er seinen Schmuck erfahrungsgemäß besonders gut verkaufen. Es ist spät am Abend, deshalb beschließt er, die Nacht im Auto zu verbringen und die Stadt am nächsten Tag aufzusuchen. Er packt seine Abendbrote aus und macht es sich auf einem Waldparkplatz, den er für den geeigneten Schlafplatz hält, bequem. Natürlich ist es in dem kleinen Auto nicht so komfortabel wie in einem Hotel, aber dafür billiger. Gegen sieben Uhr morgens wacht er auf, die Füße sind steif und er steigt aus dem Auto, um sich die Beine zu vertreten. Er zieht den Zündschlüssel nicht ab.Nachdem er seine Notdurft verrichtet hat, will er seine steifen Knochen mit etwas Gymnastik lockern. Als er sich umdreht, erschrickt er: Keine zwei Meter von ihm entfernt steht ein Mann, der ihn offensichtlich beobachtet hat. Es ist Leszek Pekalski. Der Vertreter wird wütend und herrscht Pekalski an: „Wohl noch nie einen Mann beim Pinkeln gesehen, was?“
„Schon. Ich habe dein Glied gesehen. Willst du mit mir Sex machen?“ fragt der ihn ohne Umschweife.
Władysław verschlägt es die Stimme, er weiß nicht, was er diesem Penner sagen soll. „Du schwuler Kerl, schau, daß du verschwindest!“ sind seine ersten Worte, als er sich wieder gefangen hat.
Doch Leszek sieht gar nicht ein, warum er gehen sollte. Er will Sex und nichts kann ihn mehr halten. Da er nicht verschwindet, wird Władysław ungehaltener und geht auf Pekalski zu, schubst ihn und schlägt ihm mit der Faust ins Gesicht.

„Na, haust du jetzt endlich ab?“ fragt er ihn. Aber Pekalski bleibt ihm die Antwort schuldig. Betont behäbig bückt er sich, ergreift einen schweren Stock – und stürzt sich dann blitzschnell auf den Mann. Mit voller Wucht schlägt er ihm immer wieder auf den Kopf. Bereits nach dem ersten Schlag taumelt Władysław, seine Ohren sind taub, die Welt in seinem Kopf brummt, er verliert das Gleichgewicht und stürzt. Benommen läßt er die Schläge über sich ergehen, unfähig zur Gegenwehr. Benommen öffnet er die Augen und sieht, wie Pekalski sein Messer aus der Tasche nimmt und ihn damit in die Magengegend sticht. In Panik versucht der 42jährige, zu flüchten, er wehrt sich, steht auf, humpelt davon, erst langsam, dann immer schneller. Er läuft um sein Leben und in diesem Moment weiß er das. Pekalski, das Messer in der Hand, rennt ihm hinterher. Er hat keine Mühen, dem Verletzten zu folgen. Und immer, wenn sich dieser umdreht und sehen will, ob ihm der Mann mit dem Messer noch hinterhereilt, sticht er erneut zu. Władysław stolpert und fällt zu Boden. Leszek wirft sich auf seinen Gegner. Weit ausholend sticht er immer wieder auf ihn ein. Władysław S. versucht, ihm das Messer zu entreißen, doch er verletzt sich dabei nur noch mehr. Seine Hände sind zerschnitten, bluten stark; er weiß nicht, wie er sich schützen kann. Jede Sekunde, so scheint es, hat einen Messerstich für ihn parat. Die Hände verkrampft, kann er nur noch auf sein Ende warten.

Władysław S. ist durch 55 Messerstiche verletzt, die meisten in Brust und Kopf. Überwunden liegt er nun vor Pekalski und röchelt nur noch. Seine Gegenwehr ist gebrochen. Einem siegreichen Torero gleich steht nun Pekalski über ihm, wartet kurz und versetzt ihm einen letzten Stich direkt ins Herz. Er beugt sich zu dem Mann nieder, entkleidet ihn und vergeht sich an ihm. Danach zieht er ihn in den Straßengraben, deckt ihn notdürftig mit Laub zu und verschwindet seelenruhig. Wie später die Gerichtsmediziner feststellen, waren über die Hälfte der 56 Messerstiche für sich genommen für das Opfer tödlich.

Iwona R.

OPFER Nr. 17
Iwona R., ermordet am 13.11.1992 in Słok

Iwona R., eine blonde, äußerst attraktive 20jährige Frau geht an einem grauen Novembertag 1992 an einem nahegelegenen Flußufer bei Bełchatów spazieren. Ihr Weg ist mit Ahornbäumen eingesäumt, die die Herbststimmung mit ihren purpurrot verfärbten Blättern unterstreichen. Die junge Frau erfreut sich an der Schönheit der Natur, ganz besonders in dieser Jahreszeit. Gedankenverloren schlendert sie am Flußufer entlang und spielt mit den Blättern. Vielleicht denkt sie an ihren Freund, den sie bald heiraten will. Er kann leider an diesem Tag nicht bei ihr sein. Wie soll sie ihm nur beibringen, daß ihr größter Wunsch ein Kind ist. Endlos scheint sich der kleine Fluß durch die Landschaft zu schlängeln. Iwona hat Zeit, sie ist auf dem Weg zu ihren Eltern. Der Spaziergang tut ihr gut, vor allem, wenn sie daran denkt, wieviel sie wieder bei ihrer Mutter wird essen müssen. Sie hat sie schon zu lange nicht mehr besucht. Plötzlich vernimmt sie ein Rascheln im heruntergefallenen Laub. Sie blickt sich nach allen Seiten um, kann aber nichts erkennen. Sie denkt an ein Tier, das ein Versteck vor ihr gesucht hat.

Unbemerkt schleicht der 26jährige Leszek Pekalski der jungen Frau hinterher, stets Sichtschutz suchend. Er will sie nicht aus den Augen verlieren, näher an sie heran und sie berühren. Sie gefällt ihm. Die hereinbrechende Dunkelheit hilft ihm, sich versteckt zu halten, den richtigen Augenblick abwarten zu können. Da knackt es unter ihm und schlagartig verharrt er in seinen Bewegungen. Die junge Frau scheint das Geräusch ebenfalls gehört zu haben. Er muß besser aufpassen, wo er hintritt, denkt er.

Die Stimmung wird anders; die Dämmerung und die entstehenden Schattenspiele lassen Iwona unruhig werden. Sie geht schneller, will jetzt möglichst bald ankommen. Sie scheint zu bemerken, daß ihr etwas folgt, sieht aber nichts und niemanden, als sie sich umdreht. Nervös wird sie immer schneller.

Doch das merkwürdige Rascheln verfolgt sie weiter, scheinbar ebenfalls in schnellerem Tempo. Immer wieder dreht sie sich um, ahnt, daß das, was sich ihr da nähert, Gefahr bedeutet. Aber niemand außer ihr scheint da zu sein. Da springt Leszek Pekalski auf sie zu, direkt aus einem Gebüsch, neben dem sie steht. Er packt die Frau mit beiden Händen, reißt sie herum, greift dann nach den schönen, blonden Haaren, die ihm besonders gut gefallen. Mit einem Ruck reißt er Iwona zu Boden. Sie schreit, liegt vor ihm, schutz- und wehrlos. Und noch bevor sie die Situation begreift, hat Pekalski ein Messer gezückt. Sie bittet um Gnade, leise, wimmernd, verwirrt und erschrocken. Pekalski spricht kein Wort: er steht über ihr, grinst, betatscht seine Hose und droht ihr mit dem Messer. Langsam beugt er sich zu ihr hinunter. Er steckt das Messer weg und greift nach ihrer Tasche, reißt sie an sich und legt ihr den Umhängeriemen um den Hals. Iwona ist starr vor Angst, blickt in seine Augen.

Sekundenschnell tötet er sie. Dann schändet er die Leiche. Als er fertig ist, bemerkt er die goldenen Ringe an ihren Fingern und ihre Uhr und streift sie ab.

Am nächsten Morgen will er diesen Platz verlassen. Er zieht den leblosen Körper Iwonas an den Beinen zum Flußufer. Am hohen Uferrand legt er sie in Position und befördert sie mit einem kräftigen Tritt die Böschung hinunter. Er ergötzt sich daran, wie der Körper, sich überschlagend, auf die Wasseroberfläche trifft und versinkt.

Leszek Pekalski geht hinterher, wäscht sich das Blut von den Händen und aus dem Gesicht und verläßt den Ort. Auf seinem Weg wirft er Steine über die Wasseroberfläche.

Ein Monster wird durchleuchtet

Prozeßauftakt

Nach drei Jahren Ermittlungen beginnt der Prozeß gegen den größten Massenmörder in der polnischen Kriminalgeschichte, Leszek Pekalski. Ganz Polen konzentriert sich auf ihn. In allen Massenmedien wird berichtet, entsprechend groß ist das öffentliche Aufsehen (und die internen Schwierigkeiten der Staatsanwaltschaft), als eine Zeitung ein aktuelles Foto des Angeklagten veröffentlicht. Man sieht, daß der Fotograf dieses im Gefängnis von Słupsk gemacht haben muß. Die Staatsanwaltschaft versucht, die undichte Stelle, durch die dieses Material nach außen gelang, zu finden. Aber der einzige, der wissen muß, wer für diesen Skandal gesorgt hat, Leszek Pekalski, schweigt beharrlich. Obwohl die Justizbeamten inzwischen sein herausragendes Gedächtnis und sein Erinnerungsvermögen kennen, will er sich nicht mehr erinnern. Sein Kommentar zu diesem Vorfall: „Ich wollte das Honorar, mehr sage ich nicht dazu."
Fünf Tage nach der Veröffentlichung dieses Fotos beginnt der Prozeß gegen Pekalski. In die nicht öffentliche Sitzung werden nur ausgesuchte Reporter gelassen, und sogar diese müssen bei besonders bedeutsamen Aussagen Leszeks den Sitzungssaal verlassen. Es wird darauf geachtet, daß die Angehörigen der Opfer und die ermittelnden Beamten nicht anwesend sind. Diese Verhandlung soll zum größten Prozeß werden, seit es die Demokratie in Polen gibt. Ein hoher Polizeibeamter gibt eines Tages zu verstehen, daß der Prozeß Modellcharakter erhalten soll; es solle deutlich gezeigt werden, daß die Gerichte Polens funktionieren, man will die Befreiung des Landes von der Gewaltherrschaft des Kommunismus demonstrieren.
Es ist der 2. April 1996 gegen 8 Uhr morgens. Das gesamte Gerichtsgebäude ist von polnischen Medienleuten umringt. Al-

les wartet gespannt auf die Ankunft Leszek Pekalskis. Die Protokollführerin muß sich mit 67 Aktenordnern durch das riesige Gedränge von Fotografen und Reportern in den Sitzungssaal kämpfen. Alle wollen wenigstens ein Foto von ihm, da bekannt wird, daß er während der Haft 30 Kilogramm zugenommen hat. Um 9.30 Uhr fährt der graublaue Gefangenentransporter mit dem streng bewachten Angeklagten vor. Dieser wird über einen separaten Seiteneingang in den Innenhof des Gebäudes gebracht, der für die wartenden Fotografen nicht erreichbar ist. Sie können Leszek, mit Handschellen an das Fenster des Wagens gekettet, nicht sehen, da man ein Spalier von Polizeibeamten vom Wagen bis zum Eingang des Gebäudes gebildet hat. Leszek steigt mit über dem Kopf gezogener Jacke aus dem Wagen, so daß es unmöglich ist, sein Gesicht zu sehen. Sein Weg zum Gerichtssaal ist abgesperrt, keinem Reporter gelingt es, in seine Nähe zu kommen.
Weil die erste Anwältin die Pflichtverteidigung Leszeks ablehnte, sind zwei männliche Strafverteidiger vom Gericht bestellt. Sie haben bereits ihre Plätze eingenommen, als Leszek den Saal betritt. Noch immer hat er seine Jacke nicht vom Kopf genommen. Der Angeklagte, von kleiner Statur, vornüber geneigt, in sich zusammengesunken, mit einem unruhigen Glitzern in den Augen und sehr, sehr blaß, bittet den Richter: „Bitte, lassen Sie kein Bild von mir in der Presse und im Fernsehen veröffentlichen. Danke."
„Nehmen Sie die Jacke vom Kopf", ist die knappe Antwort des Richters.
Leszek verbirgt sein Gesicht mit den Händen.
Der Staatsanwalt verliest in fünf Stunden eine 250 Seiten lange Anklageschrift. Demnach soll Leszek Pekalski 17 Menschen getötet haben. Nur um sich ein wenig im Saal umschauen zu können, legt Leszek sein Gesicht leicht frei. Durch seine gespreizten Finger glitzern unheimliche Augen, er mustert seine Umgebung genau.
Nach zweistündiger Verlesung der Anklage, die die ersten acht Morde betreffen, verschwindet plötzlich seine Schüchtern-

heit – er nimmt die Hände vom Gesicht, fängt an, in den Zuhörerraum zu lächeln und für die Fotografen zu posieren. In der ersten Pause, sagt er zu einem seiner Wächter, daß er für ein entsprechendes Honorar bereit wäre, ein Interview zu geben.
Nach Verlesung der Anklageschrift erhält Leszek Pekalski die Möglichkeit, sich zu den Vorwürfen der Staatsanwaltschaft zu äußern. Seine Augen wandern kurz von einer Seite zur anderen, dann schaut er wieder auf seine Hände. Nachdem er sich nochmals der Beamten versichert hat, erklärt er: „Ich habe die ganzen Menschen nicht getötet, über die der Herr Staatsanwalt sprach. Ich habe nur vierzehn Menschen getötet."
Er gibt an, daß ihn die Polizei dazu gebracht habe, alle diese Morde zu gestehen. Dabei hält er den Kopf gesenkt und spricht ganz leise, als wolle er nur zu sich selbst sprechen. Er zählt sorgfältig auf, womit man ihn zum Geständnis gebracht hat: Schokolade, Zigaretten, Süßigkeiten, Kaffee, Zucker – da er gerne gesüßten Kaffee trinkt –, Kassettenrecorder, Kassetten, Alkohol und immer wieder Schokolade. Immer wieder besteht er darauf, nur vierzehn Menschen getötet zu haben. Er zögert und stottert zwar, beantwortet aber alle Fragen des Gerichts höflich.
Ihm ist die Situation offensichtlich klar: hier wird über ihn gerichtet, hier wird über Leben und Tod bestimmt.
In den nächsten Tagen des Prozesses folgen die Beweisaufnahme und die Vorführung des Filmmaterials der Tatortbesichtigungen. Einer dieser Videofilme erregt Leszek Pekalski besonders. Es ist die Rekonstruktion des Mordes an Iwona R. Die Staatsanwaltschaft hat im Rahmen einer Tatortbesichtigung am 18. August 1993 den Angeklagten aufgefordert, den Mord an Iwona R. mit einer Gummipuppe nachzustellen. Die Rekonstruktion fand genau an der Stelle in Słok bei Bełchatów statt, an der Iwona R. ihr Leben lassen mußte. Man sieht, wie Leszek, in Handschellen, die Puppe vom Staatsanwalt ausgehändigt bekommt. Er freut sich.
Der Staatsanwalt: „Wir haben hier diese Puppe. Zeigen Sie mir, was Sie mit Iwona getan haben."

Daraufhin überreicht er ihm die Originalhandtasche des Opfers und fragt weiter: „Was hatte sie an?"
Leszek: „Die Kleidung war von dunkler Farbe … ich kann mich nicht mehr erinnern. Weil ich sehr erregt war."
„War es dunkel?"
Leszek: „Ja, es war … dunkel."
„Als Sie sie ermordeten, war es da hell oder dunkel?"
Leszek: „Es war finster. Ja, der Tag brach an und ein wenig wurde es heller. Ja, winzig … winzig (er stottert). Ja, bißchen Tagesanbruch."
„Und der Verdächtige führte diese Frau zu dieser Stelle, und was war weiter?"
Leszek: „Und dann schlug ich sie. Ich … war sehr erregt und ich warf sie um. Ja, ich warf sie um. Ja, und sie lag auf dem Rücken. In dieser Position, in der sie liegt, ja, ich befriedigte mich. Ich zog sie ganz nackt aus. Ich habe keine Zweifel, was die Nacktheit angeht." (Dabei legt er die Gummipuppe behutsam auf die Erde und streift mit seiner Hand über ihre Haare. Einen Grashalm zupft er vorsichtig, fast liebevoll aus der Perücke. Keine Sekunde läßt er die Puppe aus den Augen.)
„Wie hatte sie ihre Beine, gerade oder angewinkelt?"
Leszek: „Sie hatte sie flach."
„Hatte sie Hosen an oder einen Rock?"
Leszek: „Ja, an das kann ich mich in Wirklichkeit nicht mehr erinnern. Ich war erregt. So sehr. (Stottert und atmet schwer) Ich befriedigte mich, so lag ich, so auf ihr." (Dabei setzt er sich auf die Beine der Puppe und greift ihr dazwischen.)
„Gut. War sie noch bei Bewußtsein oder nicht mehr in dem Moment?"
Leszek: „Ich … ich würgte sie!"
„Auf welche Art ?"
Leszek: „Mit dem Gürtel."
„Hat der Verdächtige von ihren Sachen genommen?"
Leszek: „Ja."
„Und wie würgte er sie?"
Leszek: „So würgte ich." (Dabei nimmt er die Tasche des Op-

fers und zeigt an der Puppe, wie er sie mit dem Taschenriemen am Hals strangulierte.)
„Es kann also so gewesen sein: Sie haben sie mit dem Riemen der Handtasche gewürgt."
Leszek: „Ja, könnte sein."
„Könnte es so sein, muß aber auch nicht?"
Leszek: „Ja, es könnte so gewesen sein … und nicht … und da befriedigte ich mich."
„Berührte er …"
Leszek unterbricht: „Wie bitte?"
„Haben Sie sie berührt?"
Leszek: „Ja, ich begrapschte sie … ich … war erregt … ich war sehr stark erregt. Schrecklich. Und so lag ich in dieser Position, die Hose hatte … ich … ausgezogen. Selbstverständlich meine … und mein Organ stand bei mir steif. Na und … (atmet schwer) ich begrapschte … sie noch … begrapschte … die Finger schob ich vorne und hinten rein." (Leszek beginnt zu stottern, zu sehr erregt ihn diese Puppe. Man merkt ihm an, welchen Spaß es ihm macht, diese Puppe zu berühren. Manchmal grunzt er dabei wie ein Schwein.)
„Schob der Verdächtige die Finger rein?"
Leszek: „Und das Organ steckte ich auch rein."
„Schob er auch irgendwelche Stöcke hinein?"
Leszek: „An Stöcke erinnere ich mich nicht, nur Finger. Ich drehte sie um und so war es." (Daß das Opfer jedoch in einem anderen Zustand vorgefunden wurde, ergibt der gerichtsmedizinische Befund.)
„Dauerte es lange?"
Leszek: „Ich hatte ein paarmal Geschlechtsverkehr mit ihr in dieser Nacht."
„Vielleicht können Sie in diesem Moment beschreiben, wie lange Sie sich mit der Geschädigten aufhielten?"
Leszek: „Bis fast in der Frühe, es war noch dunkel, wie ich wegging." (Der Staatsanwalt nimmt nun Leszek die Puppe weg und wirft sie in das Gras. Das gefällt Leszek gar nicht, und er will wieder zu ihr. Aber der Staatsanwalt hält ihn zurück.)

„Und es waren ein paar Stunden. Ja?"
Leszek: „Ja."
„Und fuhren in dieser Zeit irgendwelche Autos?" (Eine Landstraße ist in der Nähe des Tatortes.)
Leszek: „Nein. Ich sah keine Autos."
„Aber vielleicht hörten Sie doch irgendwas ... irgendwelche Autos?"
Leszek: „Ja, dort, so weit, hörte ich zweimal ein Auto vorbeifahren."
„Sie schenkten diesen Dingen keine Beachtung?"
Leszek: „Nein, nein ich beachtete sie nicht."
„Was war weiter?" (Dabei legt der Staatsanwalt die Puppe vor die Füße Leszeks.)
Leszek: „Nach allem?"
„Ja." (Leszek bückt sich nach der Puppe und zieht sie zum Fluß, der sich nur etwa drei Meter vom Tatort befindet.)
Leszek: „In der Früh. So war es, so schmiß ich sie ins Wasser. Oh ... und ... noch einen Moment."
„Der Verdächtige soll wieder zurückkommen. Auf welche Art und Weise zog er sie dorthin?"
Leszek: „Ich zog sie zum Wasser. Hier sah ich irgendein Wasser."
„Noch näher, noch näher bitte. Wie schmiß der Verdächtige sie ins Wasser, auf dem Rücken oder auf dem Bauch?"
Leszek: „Ich erinnere mich nicht, ich war auf Sex fixiert."
„Und in welchem Moment merkte der Verdächtige, daß hier ein Fluß fließt? In welchem Moment näherte er sich dem Fluß, schon nach dem Geschlechtsverkehr oder merkte er es schon vorher?"
Leszek: „Nach diesem Geschlechtsverkehr."
„Und wozu ging er dahin? Suchte er eine Stelle, wo er die Geschädigte verbergen wollte? Warum kam er hierher und ging nicht gleich zur Straße?"
Leszek: „Ich weiß, daß ich sie in den Fluß warf. Wie ich sie reinwarf, merkte ich, daß hier Wasser ist. Es war dunkel."
„Es war dunkel ... man konnte nichts sehen? Ja?"

Leszek: „Ja!“
„Aber es plumpste.“
Leszek: „Ja, es plumpste.“
„Was war weiter?“
Leszek: „Ich schmiß sie ins Wasser und ihre Sachen warf ich auch hinein.“
„Hat der Verdächtige der Geschädigten etwas weggenommen?“
Leszek: „Ich erinnere mich, vom Schmuck etwas genommen zu haben.“
„Was war es?“
Leszek: „Eine Uhr, kann ich mich erinnern.“
„Wie sah die Uhr aus?“
Leszek: „Eine Metalluhr, war es, eine mit einem Metallband?“
„Welche Form hatte die Uhr?“
Leszek: „Oh … ich zeige, wie ich sie reinwarf.“
„Das können wir schon lassen. Wie der Verdächtige schon sagte, hatte sie die Beine angewinkelt?“
Leszek: „Ja, sie hatte die Beine angewinkelt.“
„Kommen wir noch einmal auf den Schmuck. Die Uhr, ja, mit Metallarmband, welche Farbe?“
Leszek: „Dunkle Farbe.“
„Und die Form der Uhr?“
Leszek: „Sie war quadratisch.“
„Und das Zifferblatt?“
Leszek: „Auch dunkel.“
„Mit Ziffern oder mit Zeigern?“
Leszek: „Mit Zeigern.“
„Und können Sie sich an die Farbe der Zeiger erinnern?“
Leszek: „Nein. Nein, nein, an die Zeiger nicht.“
„Hatte sie eine Datumsangabe oder etwas Charakteristisches?“
Leszek: „Nein, an das erinnere ich mich nicht.“
„Kennen Sie den Namen der Uhr?“
Leszek: „Nein … auch den Namen weiß ich nicht.“
„Und was passierte mit dieser Uhr?“
Leszek: zögert mit seiner Antwort.

„Wollen Sie darauf nicht antworten?"
Leszek: „Ich möchte … ehrlich sagen."
„Aber?"
Leszek: „Aber ich habe Angst, daß diese Person es erfährt, woher die Uhr ist. Wird sie es nicht erfahren?"
„Sie brauchen diese Frage nicht zu beantworten."
Damit bricht der Staatsanwalt die Rekonstruktion ab. Er glaubt, alles von diesem Tathergang erfahren zu haben, was später für das Gericht von Bedeutung sein könnte. Was er nicht erfragt hat, ist der Name der Person, die die Uhr erhalten hat. Hier läge, sieht man von den mündlichen Geständnissen des Leszek Pekalski ab, ein wichtiger Beweis seiner Schuld. Die Staatsanwaltschaft sollte dies im Verlauf der Verhandlung noch bereuen. Doch nicht nur in diesem Mordfall.
Immer wieder versucht Leszek dem Gericht glaubhaft zu machen, daß er nur vierzehn Morde begangen hat und nicht, wie die Staatsanwaltschaft sagt, 17 Morde. Konsequent bestreitet er drei bestimmte Morde: Den Mord an dem sechs Monate alten Säugling Marta M. (Opfer 9), den Mord am Polizeibeamten Andrzej M. (Opfer 3) und den Mord an dem Greis Kazimierz N. (Opfer 2).
Die Staatsanwaltschaft erklärt im Verlauf der Verhandlung, warum Leszek ausgerechnet diese drei Morde immer wieder bestreitet.
„Als er diese drei Morde gestand, war er noch nicht so lange im Gefängnis, um zu wissen, wie die Mitgefangenen auf Morde an Säuglingen und wehrlosen alten Männern reagieren. Bei dem Widerruf seines Geständnisses mit dem Polizeibeamten nimmt die Staatsanwaltschaft an, daß er nicht wollte, daß man ihm den Mord an einem Beamten nachweist, weil auch Gefängniswärter Beamte sind. Er hat sichtlich Angst, daß er ein negatives Verhalten der Gefängnisbeamten zu befürchten hätte, wenn er diesen Mord nicht widerruft."
In den darauffolgenden Prozeßtagen legt er stets freundlich seine Erklärungen ab, beschreibt detailliert seine Verbrechen und ist bemüht, seine ihm gestellte Aufgabe bestens zu erfüllen.

Mit der Zeit nimmt das Medieninteresse etwas ab, was Leszek sehr enttäuscht. Er beginnt Gespräche in den Prozeßpausen zu führen, obwohl er zuvor beschlossen hat, nur gegen Bezahlung über sich zu berichten. Er fragt auch den Staatsanwalt, ob die Reporter ihn nicht für jede Veröffentlichung aus seinem Leben und seiner Taten bezahlen müßten. Leszek nennt dies die „Absicherung seiner Schriftstellerrechte". Geld darf Leszek nach Anordnung des Gerichtes nicht verlangen, doch wer an Informationen gelangen will, muß trotzdem tief in die Tasche greifen. Seine Gier wächst von Tag zu Tag und die Einkaufszettel werden immer länger. Auch die Reporterin, der er genehmigt hat, ein Bild von ihm zu schießen, muß vor jedem Interview große Einkäufe tätigen. Bei seinen Interviews zögert und stottert er, spricht aber wieder sehr schnell, als ob er eine auswendiggelernte Lektion regelrecht ausspeien wollte. Auffallend sind seine schönen, nicht von der Arbeit beanspruchten Hände, schmalen Finger. Die Reporterin fragt Leszek in einer Verhandlungspause: „Haben Sie niemanden verletzt?"
„Nein, niemanden, nur die Vergewaltigung, wo mich die Frau erkannt hatte. Alles andere wurde mir eingeredet."
Lächelnd sagt er weiter: „Ich kann über meine Kindheit sprechen, über das, wie mir meine Mutter stets Leid zugefügt hat. – Sie nehmen es mir aber nicht wieder weg?" Dabei schaut er gierig auf die mitgebrachte Einkaufstasche.
„Natürlich werde ich es wieder wegnehmen und werde auch gar nicht zuhören, wenn Sie nur über Ihre Kindheit sprechen. Das haben sie mir doch schon hundert Mal erzählt."
„Alles?"
„Ja, alles!"
Leszek denkt kurz nach und sagt dann: „Dann gebe ich alles zu. Ich habe diese Menschen getötet. Nur dieses Baby nicht, den Polizisten nicht und den älteren Mann auch nicht."
Die Reporterin ist verblüfft. Aber: Zur allgemeinen Überraschung des Gerichtes zieht Leszek Pekalski am 19. Verhandlungstag alle seine bisher abgegebenen Geständnisse zurück. Bei den Beobachtern der Verhandlung erweckt dies die ver-

schiedensten Reaktionen. Man fragt sich: Wie war es wirklich? Wurde er zu den Geständnissen gezwungen? Oder kam es zu dieser Wandlung, weil es ja auch sein konnte, daß die Zeugen ihn nach so vielen Jahren nicht wiedererkennen konnten?
Das Gericht verhört 130 Zeugen und viele von ihnen zweifeln, ihn als Täter wirklich identifizieren zu können. Aber es gibt auch genügend Zeugen, die Leszek zweifelsfrei wiedererkennen. Sie haben sich sehr genau sein Gesicht gemerkt, vor allem seine Augen, „diesen eiskalten Blick eines bösen Tieres", wie es ein Zeuge formulierte. Gespannt sind Prozeßbeobachter auch auf die Ausführungen der Psychologen, die Leszek eineinhalb Jahre lang untersucht haben.
Folgende Erkenntnisse über den Angeklagten werden vor Gericht gebracht: „Leszek Pekalski ist der typische Sexualverbrecher. Die Erzählungen über seine Taten bereiten ihm Freude. Sein psychischer Zustand hat sich seit seinem ersten Vergehen nicht geändert. Er tötete, weil er es brauchte. Sexualtrieb und Sadismus treffen bei ihm in einer extremen Form aufeinander. Während der Untersuchungen und der Gespräche war er sehr nett, ja, sogar schon zutraulich, er zeigte deutlich, daß er als Person akzeptiert werden will. Dies ist kein Fall von Schizophrenie.
Pekalski wußte sehr genau was er tat, aber er war nicht imstande, sich zu beherrschen. Eine Heilung ist nicht möglich, man kann aber mit Medikamenten seinen Sexualtrieb löschen. Es ist nicht sicher, ob er seine Taten dann nicht wiederholen wird, auch wenn sein Sexualtrieb nicht mehr im Vordergrund steht. Sexualmassenmörder sind vor allem Menschen mit tiefen Persönlichkeitsstörungen, manchmal auch in Verbindung mit einer Schädigung des Zentralnervensystems. Von der Persönlichkeitsseite her handelt es sich um einen Menschen mit ernsten Problemen, zu anderen Personen Kontakte zu knüpfen. Er ist schüchtern seit der Kindheit durch die Aggressionen innerhalb seiner Familie, in der er aufwuchs. Solche Personen erleben viele Demütigungen, sie fühlen sich nicht als vollwertig, sie spüren ihre eigene Unattraktivität, auch bei

Kontakten mit Frauen. Leszek Pekalski ist dafür ein leuchtendes Beispiel."
Die Einschätzung seiner Persönlichkeit durch die Psychiater macht Leszek stutzig. Er ist sich so sicher gewesen, daß man ihn für unzurechnungsfähig halten würde – und nun dies : „Pekalski wußte sehr genau, was er tat."
Auch die Zeugenaussagen sprechen gegen ihn. In den folgenden Absätzen ein kleiner Auszug:

Eine Vermieterin von Leszek, Stefania W.:
„Aus Mitleid nahm ich Leszek bei mir zur Untermiete auf. Er war sehr schmutzig und wirkte ungepflegt, seine Zehen schauten aus den Schuhen heraus und seine Fingernägel waren auch immer schmutzig. Er bekam eine Rente, und das meiste davon gab er für Schokolade und Süßigkeiten aus. Er war kein Trinker, besaß aber auch kein Selbstverantwortungsgefühl. Ich habe seine Wäsche gewaschen, habe aber nie Blutspuren daran vorgefunden. In seinem Zimmer hatte er keine Tatwerkzeuge aufbewahrt, er behängte nur alle Wände mit Postern von nackten Frauen … Ich glaube er hat die Frauen vergewaltigt, weil er doch sehr große sexuelle Bedürfnisse hatte. Leszek hatte offensichtlich seine Not damit, mit dem Sexuellen und so … er befriedigte sich häufig selbst, auch berührte er sehr häufig sein Geschlechtsteil. Es zog ihn nicht zu Männern, er wollte immer nur heiraten. Als die Polizei ihn wegen einer Vergewaltigung in Verdacht hatte, fragte er mich, ob ich wisse, wie es im Gefängnis sei. Schaden will ich Leszek nicht, aber retten werde ich den Verbrecher bestimmt auch nicht. Als Mensch tut er mir leid, den Strick werde ich ihm nicht anlegen. Wenn er aber junge Menschen umgebracht hat, soll er lieber sitzen. Ich bin ihm dankbar, daß er mich nicht getötet hat."

Leszeks Zwillingsschwester Joanna:
„Leszek hatte einen ruhigen Charakter, er lächelte immer. Ich habe nicht gewußt, warum er immer so fröhlich gestimmt war. Unsere Mutter und unsere Oma mochten uns nicht und wir wur-

den viel geschlagen. Unser Vater, der mit seiner Familie im selben Haus wohnte, wollte von uns nichts wissen. Als wir größer wurden, war Leszek ständig auf der Suche nach Mädchen, aber er fand keine, die ihn mochte. Nicht viel hätte er an sich ändern müssen, um ein Mädchen erobern zu können, er hätte sich nur mehr pflegen müssen, aber er tat einfach gar nichts für sich. Er bekam eine Rente, er arbeitete auch, aber sein Geld reichte ihm nie. Seine Gier nach Schokolade und Süßigkeiten waren schuld daran, daß er nie Geld hatte, zuviel gab er dafür aus. Auch reiste er viel durch ganz Polen und erzählte mir jedesmal nach seiner Rückkehr seine Reiseerlebnisse. Es fällt mir schwer zu glauben, daß er seine Ausflüge nur dazu benutzte, um Vergnügen an seinen Opfern zu finden. Ich habe keine Angst vor dem Urteil, es interessiert mich nur eines, ob er es war oder nicht. Glauben kann ich es nicht, aber … ich habe meine Zweifel. Nur, für seine Taten muß man bezahlen, wenn es so war, dann auch mein Bruder.
Er war kein Kind mehr, als er diese schrecklichen Taten vollbrachte, wenn er es tat, dann …" An dieser Stelle unterbricht Joanna ihre Aussage.
Alle Prozeßbeobachter haben dafür Verständnis. Auch die Staatsanwaltschaft verzichtet auf eine weitere Befragung.

Bogdan Pekalski gibt vor Gericht folgendes zu Protokoll:
„Ich glaube, daß Leszek die Taten begangen hat. Bei der Verhaftung hat man verschiedene Damenkleider in seinem Zimmer sichergestellt. Büstenhalter, Unterhöschen, Strümpfe, sogar etwas Schminke, von mir hat er diese Dinge nicht. Von wem denn?
Leszek lasse ich nie mehr in meinem Haus wohnen, auch dann nicht, wenn er einmal entlassen werden sollte. Er soll weggehen, sich eine andere Bleibe suchen, bei mir wird er nie mehr wohnen können. Zu einer Verhandlung von Leszek, außer zur heutigen Zeugenaussage, bin ich nie gefahren. Auch habe ich ihn nie im Gefängnis besucht, wozu auch? Ich will ihn nie mehr wiedersehen.

Auf der Gemeindeverwaltung in Borżytuchomy erzählte er einmal, daß wir Streit gehabt hätten. Danach fuhr er nach Kolczyglowy, wo er die 17jährige Verkäuferin Sylwia umgebracht hatte. Daß er in dieser Stadt war, weiß ich sehr genau, da von dieser Stadt jemand von der Fürsorge kam, um mich zu fragen, worum es bei unserem Streit gegangen sei. Wie immer – so auch dieses Mal – ging es um das Geld, das er als Rente bekam. Alles Geld verbrauchte er für seine verrückten Wünsche nach einer Frau, er schrieb ständig an Heiratsvermittlungsstellen und die lachten ihn nur aus, doch sein Geld gefiel ihnen. Alles Geld gab er für Briefmarken und Briefpapier aus, denn es gab keine Annonce in der Zeitung, auf die er nicht antwortete. So blieb nie Geld für Lebensmittel übrig und ich mußte ihn immer durchfüttern. Leszek war immer sehr hinter den Frauen her, er wollte nur eines: eine Ehefrau."

Ein Opfer Pekalskis, Anna P., die überlebte:
„Leszek Pekalski hat mich im Juni 1991 in Jarosław verfolgt, furchtbar mit einem Stock geschlagen und mich dann vergewaltigt. In den folgenden fünf Jahren habe ich versucht, es zu vergessen, aber die Erinnerung kommt immer wieder zurück. Heute geht es nicht mehr um mich, sondern es geht darum, daß er es eines Tages wiedertut. Man sieht es in meinem Alter, wenn man selbst große Kinder hat, etwas anders. Erst jetzt ist mir bewußt, daß viele junge Mädchen ums Leben kamen, die fast noch Kinder waren. Ich finde, daß es besser mir als einem jungen Mädchen passiert ist …"
Anna P. kann nicht mehr weitersprechen, sie bekommt einen Weinkrampf und wird vom Gericht entlassen.

Ein Opfer Pekalskis, Bernadetta B., die ebenfalls überlebte:
„Für mich ist klar, Leszek muß es gewesen sein. Er war sehr stark, man könnte ihn fürchten. Sofort wußte ich, wer es war, der mich auf meinem Nachhauseweg verfolgte. Obwohl er sein Gesicht und seine Haare verdeckt hatte, wußte ich, es war Leszek Pekalski. Als er mich auf den Boden warf, bekam ich solch

einen Schrecken, daß ich nicht schreien konnte und auch seine zahllosen Schläge nicht spürte.
Erst am nächsten Morgen, als ich im Spiegel meinen Körper betrachtete und die unzähligen Blutergüsse sah, merkte ich, was er mir angetan hatte. Hätte ich gewußt, daß er so viele junge Mädchen umgebracht hat, hätte ich viel größere Angst gehabt. Mich vielleicht verteidigt, sogar auch zugeschlagen. Egal mit was, vielleicht mit einem Stein, damit er niemals mehr und niemanden mehr töten kann.
Ich bin schon eine alte Frau, aber die jungen Mädchen ..." Sie beginnt zu weinen.
Der Richter fragt Bernadetta: „Haben Sie schon gehört, daß er jetzt alles bestreitet?"
„Ja, ich habe es gehört, und es wundert mich auch nicht, bei mir hat er es genauso getan. Bei mir hat er auch erst alles zugegeben und es dann gleich widerrufen, und jetzt macht er es hier genauso."

Stefania R., Mutter des Opfers Sylwia R.:
„Als ich von der Polizei erfuhr, daß dieser Leszek Pekalski meine Tochter ermordet hat, hatte ich nur einen Wunsch: dieses Schwein kaltzumachen. Als ich eines Tages von der Polizei erfuhr, daß eine Tatortbesichtigung stattgefunden hatte, bei der auch Leszek anwesend war, hatte ich nur einen Wunsch, hätte ich es nur früher erfahren. Ich hätte bestimmt ein Messer oder einen Stock mitgenommen und ihn getötet.
Als ich dann später zum Gericht mußte, um zu erzählen, wie wir den Körper unserer Tochter im Wald aufgefunden hatten, wollte ich ein Beil mitnehmen, um ihn zu verletzen, so wie er meine Tochter verletzt hat. Vor lauter Aufregung habe ich es jedoch vergessen. Nach meiner Aussage, Leszek befand sich im selben Raum, ging ich zu seinem Platz und schrie ihm ins Gesicht, daß ich ihn hasse, ewig hassen werde, weil er meiner kleinen Sylwia soviel Leid zugefügt hatte.
Doch Leszek zeigte keine Gefühlsregung, er lächelte nur. Wieviel kann er für all die Morde schon kriegen? Nur Gefängnis

für solch einen Menschen? Wie viele Jahre? Zehn, zwanzig? Das bringt keinem dieser Opfer das Leben zurück, er kommt doch irgendwann wieder heraus aus dem Gefängnis und wird wieder morden. Wie furchtbar."

Auch Maria A. wird in den Zeugenstand gerufen.
Leszek Pekalski hatte sie am 5. Februar 1989, damals war sie neunzehn Jahre alt, gegen 20 Uhr in dem Lubliner Stadtteil Czechów angefallen – direkt vor der katholischen Kirche, die die Frau gerade besucht hatte. Leszek riß sie zu Boden und schlug ihren Kopf mehrmals gegen die Steintreppe. An den Beinen zog er das bewußtlose Opfer hinter die Kirche, verging sich mehrfach an ihr und ließ sie dann einfach liegen. Als die Frau aus ihrer Ohnmacht erwachte, merkte sie, daß ihr Leszek in beide Brustwarzen gebissen hatte.
Sie hat überlebt, da Leszek glaubte, daß sie tot wäre. Heute ist Maria eine verheiratete Mutter. Bei der Gerichtsverhandlung trifft sie zum erstenmal wieder auf ihren Peiniger.
„Ich verzeihe ihm im Namen Jesu."
Das ist ihr Schlußwort, nachdem sie ihre Aussage gemacht hat.

Interviews, Aussagen, Beobachtungen

„Ihnen kann ich es ja sagen, die lügen alle.“ Mit diesen Worten beginnt Leszek während einer Verhandlungspause ein langes Interview, das im folgenden Abschnitt wörtlich übersetzt wiedergegeben wird.
Frage: „Wissen Sie, welches Urteil Sie erwartet, Leszek?“
Leszek: „Ich habe gehört, es ist sogar die Todesstrafe möglich. Man sagt aber, daß sie nicht mehr vollzogen wird.“
Frage: „Haben Sie Angst vor der Todesstrafe?“
Leszek: „Ich fürchte mich sehr davor, aber ich weiß nicht, ob ich sie bekomme. Sie wurde doch ausgesetzt. Aber ich habe große Angst, daß sie mich hängen oder erschießen.“
Frage: „Sollte das Gericht Sie doch zur Todesstrafe verurteilen, werden Sie doch sicherlich weitere Straftaten zugeben, damit man Sie vielleicht doch noch für strafunfähig erklärt und die Todesstrafe nicht vollzogen wird?“
Leszek: „Nein, ich werde nichts mehr zugeben, was ich nicht getan habe. Ich habe schon zuviel zugegeben, schon 70 oder 80 Straftaten.“ (Zum ersten Mal erfährt man, daß er außer seinen 57 im Geständnis niedergeschriebenen Morden noch eine Anzahl weiterer bei der Staatsanwaltschaft gestanden hatte.)
Frage: „Ist es ein großer Unterschied, ob 14 oder 80 Morde?“
Leszek: „Ein riesiger, einige Dutzend Leute Unterschied.“
Frage: „Warum haben Sie dann die von Ihnen nicht begangenen Taten gestanden?“
Leszek: „Weil mir die Polizisten sagten, wenn ich alles zugebe, werde ich eine niedrigere Strafe bekommen, weniger als 25 Jahre.“
Frage: „Kann man Ihnen alles so leicht einreden?“
Leszek: „Ja, ehrlich gesagt, ich bin sehr leichtgläubig und sehr ängstlich. Ich habe so einen Charakter … so einen Geburtsfehler.“
Frage: „Wovor haben Sie Angst?“
Leszek: „Während der Ermittlungen hatte ich große Angst vor Schlägen, daß die Polizei mir weh tun wird.“

Frage: „Wurden Sie geschlagen?“
Leszek „Nein, aber ich hatte große Angst, daß sie mich schlagen werden, wenn ich nicht alles so sage, wie sie es hören wollen. In der Schule haben mich die älteren Schüler auch immer wieder geschlagen. Meine Eltern, also Mutter und Oma, haben mich auch immer verprügelt. Mein Vater nicht, denn dem war sowieso alles egal, was mit mir geschah. Vor Gewittern habe ich große Angst, auch Geister fürchte ich sehr. Aber sie haben noch nie bei mir gespukt.“
Frage: „Und die Geister der Opfer, haben Sie diese noch nicht besucht?“
Leszek: „Ich träume nie von ihnen. Vor ihnen habe ich keine Angst.“
Frage: „Haben Sie Angst vor den Familienmitgliedern der Opfer?“
Leszek: „Nein, nicht so viel, ich werde im Sitzungssaal sehr gut bewacht.“
Frage: „Fürchten Sie Gott?“
Leszek: „Ja, ich bin gläubig, aber nicht so streng. Das soll heißen, ich glaube an Gott und an Jesus.“
Frage: „Haben Sie denn jemals Gott oder Jesus um Hilfe gebeten?“
Leszek: „Ja, ich habe gebetet, aber es half nichts.“
Frage: „Aber Sie wissen doch selbst, daß Töten nicht zum Glauben gehört?“
Leszek: „Stimmt, ist schon richtig, aber mein Trieb war stärker.“
Frage: „Warum haben Sie getötet?“
Leszek: „Ich wollte mich sexuell befriedigen, konnte aber keine Frau fürs Leben finden.“
Frage: „Sie haben aber all den Menschen das Leben genommen?“
Leszek schweigt.
Frage: „Was haben Sie sich dabei gedacht, als Sie das allererste Mal getötet haben?“
Leszek: „Beim ersten Mal, als der Schock vorbei war, so zwei

Stunden nach dem Vorfall, dachte ich darüber nach, was ich da getan hatte, und es tat mir leid.“
Frage: „Es hat Ihnen leid getan, Sie haben aber weiter getötet?“
Leszek: „Es war mir keine Lehre nach dem ersten Vorfall.“
Frage: „Wann haben Sie erfahren, daß alle Opfer tot sind?“
Leszek: „Erst die Polizei hat mir hundertprozentig bestätigt, daß alle tot sind. Beim Verlassen der Opfer war ich mir nicht sicher.“
Frage: „Welches der Opfer haben Sie sich am besten gemerkt?“
Leszek: „Sylwia aus Kołczyglowy, sie war eine schöne Blondine, ich habe ihr an der Straße beim Wald, wo es zu dem Vorfall kam, einen Heiratsantrag gemacht. Auch habe ich ihr den Geschlechtsverkehr vorgeschlagen, aber sie lehnte einfach ab. Über die Details werde ich nicht sprechen.“
Frage: „Sie haben den Körper von Sylwia versteckt und kamen dann wieder zurück?“
Leszek: „Ich wollte Sie später noch einmal haben, so für mich alleine noch mal, beschloß aber dann, mich zu entfernen, da ich Angst hatte, man könnte mich beobachten.“
Frage: „Wie viele Männer haben Sie getötet?“
Leszek: „Nur einen, aber bei den Ermittlungen durch die Polizei habe ich mehrere gestanden.“
Frage: „Gefallen Ihnen Männer?“
Leszek: „Damals in der Freiheit schon.“
Auch in seinem schriftlichen Geständnis geht er darauf ein.
Weiter fragt man Leszek: „Was hat Ihnen denn an den Männern gefallen?“
Leszek: „Vor allem das Gesicht, die Haare und die Haarfarbe. Aber ich möchte darüber nicht reden.“
Frage: „Warum haben Sie Ihre Opfer bestohlen?“
Leszek: „Ich habe nicht viel mitgenommen, das meiste blieb am Tatort zurück.“
Frage: „Sind Sie stark?“
Leszek: „Nicht so besonders, aber ich kann einen Sack Zement tragen, so mit 50 bis 60 Kilo. Ich bin schon ausreichend stark.“

Ein weiterer Auszug aus dem schriftlichen Geständnis:

Koło Suwałk spotkałem młodego faceta. Jak spotkałem faceta to mi stanął członek i podeszłem do niego i uderzyłem go w głowę kilka razy narzędziem, "Jak wcześniej mówiłem mam też popęd do mężczyzn i chłopaków." Najczęściej czuję popęd do kobiet w średnim wieku i dziewczyn. Kiedyś byłem też w Prze-myślu i okolice tego miasta.

In der Nähe von Suwałki traf ich einen jungen Burschen. Als ich den Burschen traf, stand mein Glied, und ich ging zu ihm und schlug ihm mehrmals mit dem Werkzeug auf den Kopf. Wie ich früher bereits sagte, habe ich auch einen Trieb zu Männen und zu Jungen. Aber meistens fühle ich einen Trieb zu Frauen mittleren Alters und zu Mädchen.

Frage: „Ausreichend für was?"
Leszek: „Ausreichend für, hm, für … ausreichend, um jemandem sehr weh zu tun und so."
Frage: „Und hier im Gefängnis, haben Sie da jemandem wehgetan?"
Leszek: „Nein, hier habe ich gute Freunde. Mir geht es hier gut, und ich werde gut bewacht."
Frage: „Fürchten Sie sich nicht, in ein anderes Gefängnis verlegt zu werden?"
Leszek: „Ein bißchen schon, aber ich habe gehört, daß ich auch dort gut bewacht werde."
Frage: „Angeblich werden Sie nach dem Urteilsspruch Ihr Bedauern zum Ausdruck bringen und zeigen. Wie machen Sie das?"
Leszek: „Wahrscheinlich werde ich weinen, denn ich bin so weich, so verweint. Auf keinen Fall werde ich schimpfen, denn das Gericht war sehr milde zu mir."
Frage: „Haben Sie nicht geweint, als die Angehörigen von den Ermordeten sprachen?"
Leszek: „Nein, ich hatte gerade nicht die Eingebung dazu."
Frage: „Sie haben gelächelt."
Leszek: „Ich war gerade in der Stimmung zu lächeln. Ich war sehr zufrieden."
Frage: „Womit?"
Leszek: „Daß die Sache gut läuft."
Frage: „Tun Ihnen die Menschen, die starben, eigentlich leid?"
Leszek: „Es tun mir nur die leid, denen ich etwas angetan habe, die, die ich nicht getötet habe, tun mir nicht leid."
Frage: „Wie denken Sie darüber: Sollten Sie nicht für Ihre Taten büßen?"
Leszek: „Doch, aber nur im Gefängnis."
Frage: „Die Psychiater sagen, daß Sie nach einer Freilassung wieder töten würden. Stimmt das?"
Leszek: „Ich weiß es selbst nicht, wie ich mich in Zukunft verhalten werde. Vielleicht töte ich wieder, vielleicht nicht, ich weiß es wirklich nicht. Am meisten habe ich Angst, mir selbst

etwas anzutun. Wenn mich jemand stark aufregt, da könnte es sein, daß ich mich aufhänge oder so. Ich neige nämlich sehr stark zu Selbstmord, müssen Sie wissen."

Frage: „Glauben Sie, daß Sie jetzt oder später andere Menschen töten oder verletzen werden?"

Leszek: „Ich weiß es nicht, wirklich nicht."

Frage: „Von was könnte das abhängen?"

Leszek: „Von meinem Sexualtrieb, es kommt ganz darauf an, was gerade in mir vorgeht."

Frage: „Und wie steht es jetzt um Ihren Sexualtrieb?"

Leszek: „Er wird jetzt durch Medikamente beherrscht. Ich nehme die ganze Zeit Pillen zur Beruhigung. Die Medikamente helfen mir und ich nehme sie auch täglich ein. Nur an den Verhandlungstagen nicht, denn da muß ich klar im Kopf bleiben."

Frage: „Und wie ist es bei so vielen schönen Protokollführerinnen und Reporterinnen hier im Gerichtssaal, macht sich da Ihr Sexualtrieb nicht bemerkbar?"

Leszek: „Einige der Reporterinnen gefallen mir schon, aber ich würde doch nie eine Reporterin angreifen!"

Frage: „Wissen Sie, welchen Rufnamen Sie in der Bevölkerung haben?"

Leszek: „Ja, ich habe es gelesen, sie nennen mich ‚Vampir' und das ist mir sehr peinlich, solch ein schrecklicher Spitzname. Auch ‚Verbrechergroßhändler' werde ich genannt, aber ich bekomme sowieso keine Entschädigung dafür."

Im Juni 1996 brechen die Gerichtsferien an und der Prozeß gegen Leszek Pekalski wird unterbrochen. Er soll im Oktober fortgesetzt werden. Fest steht zu diesem Zeitpunkt: Das Gericht wird weitere Zeugen laden. Eine wichtige Rolle soll auch den nochmals vorgeladenen Psychiatern zukommen, die die Frage klären sollen, ob Leszek nun zurechnungsfähig ist oder nicht und warum er ständig seine Aussagen ändert und widerruft. Einige Psychiater behaupten, daß die Neigung zum Phantasieren eine der Ursachen für die Benachteiligung in seinem Leben ist. Andere wiederum sind der Meinung, daß er intelli-

gent ist und bei allem was er sagt oder tut, äußerst raffiniert vorgeht.
Leszek Pekalski macht sich Sorgen um sein Leben, doch ist ihm andererseits klar, daß Polen keine Todesstrafe verhängt. Er befindet sich zur Zeit der Verhandlung in Zelle 53 des Gefängnisses in Słupsk in Nordpolen. Seine Zellengenossen werden sehr sorgfältig ausgewählt, es müssen ruhige Mitgefangene sein und ihre Verbrechen dürfen nichts mit Sexualdelikten zu tun haben. Dank Pekalski haben sie mehr Zigaretten, Kaffee und Süßigkeiten als andere. Er teilt mit ihnen, was er bekommt. Den Rest versteckt er wie ein kleines Kind unter seinem Kopfkissen. In seiner Zelle hat er ein Radio, einen Kassettenrecorder und viele Kassetten. Er schreibt so gut wie nichts mehr seit seinem Geständnis. Manchmal löst er ein Kreuzworträtsel, ansonsten unterhält er sich mit seinen Zellengenossen. Bemerkenswert ist, daß er seit Prozeßbeginn viel gepflegter wirkt und auf sein Äußeres achtet.
Nach einigen Wochen verändert sich sein Verhalten in der Zelle grundlegend, vor allem, nachdem die Gefängnisleitung beschlossen hat, keine Mitgefangenen mehr zu ihm auf die Zelle zu verlegen. Man will, daß er die Zeit bis zum neuerlichen Prozeßbeginn allein verbringt.
Am Ende des letzten Prozeßtages vor der Unterbrechung bringt man Leszek Pekalski mit dem blauen Gefängniswagen, wie immer an das Seitenfenster gekettet, zurück in das Gefängnis. Dort angekommen, sieht er den Gefängnisdirektor, den er überfreundlich grüßt. Der Beamte, der ihn zu seiner Zelle führt, fragt ihn aus Spaß: „Na, Leszek, wird man dich nun hängen oder nicht?“
Leszek antwortet: „Ich habe niemandem etwas getan, warum soll man mich hängen?“
„Aber du hast doch vor dem Richter fast achtzig Morde gestanden?“
„Ja, weil er es hören wollte. Aber ich habe längst alle Geständnisse widerrufen und das Gericht glaubt mir. Ich meine schon, daß man mir glaubt, daß ich nichts getan habe.“

„Na, wir werden ja sehen.“
Mit dieser Antwort schließt der Beamte die schwere Eisentür von Zelle 53 auf,. Leszek hört nicht mehr die Schlüssel, die sich hinter ihm laut im Schloß drehen, vielmehr ist er darauf bedacht, daß er seine Zelle vorfindet, wie er sie verlassen hat. Jeden Tag das gleiche Ritual: nach Einschluß in seine Zelle überprüft Leszek akribisch genau, ob sich noch alles an seinem Platz befindet. Er weiß, daß die Beamten seine Zelle jeden Tag filzen, wenn er bei Gericht ist, und verärgert muß er feststellen, daß man ihm einzelne Gegenstände nach der Überprüfung auf den Boden gelegt hat.
Nun wird er für lange Zeit die Zelle nicht mehr verlassen. Die Beamten beobachten täglich durch den Spion an der Tür, was Leszek den ganzen Tag treibt. Außer der halben Stunde Hofgang, die man aus Sicherheitsgründen jeden Tag zu einer anderen Zeit abhält, sitzt der Gefangene in seiner Zelle 53. Seitdem Roman nicht mehr bei ihm ist, hat er auch keinen Fernseher mehr, mit dem er sich die Zeit vertreiben könnte. Gemeinschaftsfernsehen in einem großem Raum, wie es die anderen Gefangenen täglich ein paar Stunden tun können, ist ihm verweigert. Aus Sicherheitsgründen, sagen ihm die Beamten, doch Leszek traut sich ohnehin nicht ohne Begleitung aus seiner Zelle. Und langweilig wird es ihm nicht: Zeitweise ist er mit seinem Körper beschäftigt, viele Stunden verbringt er mit Lesen und Kreuzworträtsel lösen. Staubwischen, Betten machen, Toilette reinigen – das alles nimmt bei Leszek ebenfalls eine lange Zeit in Anspruch. Er will, daß alles blitzblank ist in der Zelle. In seiner Zelle.
Eine Sichtblende und ein zusätzliches dünnmaschiges Gitter machen es für ihn unmöglich, sich die Zeit am Fenster zu vertreiben – alle anderen Gefangenen unterhalten sich auf diese Weise, von Fenster zu Fenster. Und mit Leszek will ohnehin keiner reden. Wenn sie ihn verhöhnen und Drohgesänge auf ihn anstimmen, verschließt er sein Fenster und vergräbt seinen Kopf im Kissen. Er will es nicht hören, was ihm nach dem Willen der Mithäftlinge bevorsteht. Der Wärter, der die mei-

ste Zeit auf dem Gang bei Leszeks Zelle Dienst hat, macht folgende Beobachtungen:
„Er sitzt oft über Stunden hinweg auf seinem Bett und starrt zur Decke. Er denkt dann wohl darüber nach, wie er sich herausreden könnte, wenn er wieder einmal etwas gestanden hat. Im Gegensatz zu seinen Verhältnissen vor der Inhaftierung geht es ihm hier sehr gut. Er hat Kleidung, er hat zu essen, und er hat ein Bett. Er braucht nicht mehr in der Kälte im Freien übernachten, hier ist es warm und er hat Licht."
Zeitweise interessieren sich vor allem skandinavische Journalisten für den Fall Leszek Pekalski – und er freut sich über deren Besuch, denn damit erhält er wieder Nachschub an Schokolade und anderen Dingen. Da er aber nicht über seine Taten spricht, sondern nur über seine mittlerweile professionell einstudierten Jugenderlebnisse, verlieren die Reporter schnell das Interesse an ihm. Die Besuche werden immer weniger. So verwendet er noch mehr Zeit damit, sich auf den Fortgang des Prozesses vorzubereiten. Die Beamten, die sein eifriges Treiben bemerken, lachen über ihn, denn Leszek Pekalski, er, der nicht einmal einen richtigen Schulabschluß hat, will sich vorbereiten auf komplizierte juristische Dinge. Dabei haben alle Prozeßbeteiligten erlebt, wie die von der Staatsanwaltschaft zitierten Zeugen immer häufiger ihre eigenen Aussagen wieder abschwächten. „Vielleicht", „weiß ich nicht mehr genau", „da war es zu dunkel" und „es ist alles schon zu lange her". Mit diesen Zeugen wird der Staatsanwalt nicht unbedingt erreichen, daß Leszek Pekalski überführt werden kann.
Die Wochen und Monate vergehen, und Leszek freut sich auf die Fortsetzung des Prozesses. Seine Hoffnung, noch einmal psychiatrisch untersucht zu werden, hat sich allerdings nicht erfüllt.
Kurz vor den Gerichtsferien gibt er ein letztes Interview; außer Schokolade will er diesmal zusätzlich Briefmarken und Erotikhefte.
Frage: „Leszek, wozu brauchen Sie die Briefmarken?"
Leszek: „Ich werde Briefe schreiben."

Frage: „Schon wieder Beschwerden über die Beamten der Polizei und die Wärter?"
Leszek: „Vielleicht schreibe ich meiner Schwester Joanna, oder meinem Onkel Bogdan."
Frage: „Ihr Onkel Bogdan will ja nichts mehr mit Ihnen zu tun haben, wie er in der Verhandlung sagte?"
Leszek: „Ich weiß, aber ich verstehe nicht warum. Auch weiß ich nicht, warum meine Schwester nichts mehr von mir wissen will."
Frage: „War Ihre Schwester bei Ihnen im Gefängnis, hat sie Sie einmal besucht in der langen Zeit?"
Leszek: „Nein, nicht ein einziges Mal."
Frage: „Sie haben Ihre Schwester im Gerichtssaal gesehen?"
Leszek: „Ja, aber sie sagte nicht viel und ging wieder. Ich wollte sie sprechen, aber sie sah mich nicht einmal an."
Frage: „Was meinen Sie: warum?"
Leszek: „Ich weiß es nicht, vielleicht weil ich so vieler Morde angeklagt bin."
Frage: „Kann man daraus schließen, daß sie der Anklageschrift glaubt?"
Leszek: „Wahrscheinlich."
Frage: „Die Ihnen am nächsten stehende Frau, Ihre Zwillingsschwester glaubt, obwohl sie Sie am besten kennt, daß Sie ein Mörder sind. Was sagen Sie dazu?"
Leszek: „Vielleicht glaubt sie das, aber ich habe niemanden getötet. Wenn ich wieder frei bin, werde ich zu ihr gehen, vielleicht wird sie ja dann mit mir sprechen wollen."
Frage: „Und zu der Frau, bei der Sie in Untermiete gewohnt haben?"
Leszek: „Zur Oma werde ich auch hingehen und sie besuchen. Sie sagte in meiner Sache aus und was sie sagte, da war ich sehr zufrieden darüber. Oma hat wirklich die Wahrheit gesagt, daß meine Kleidung niemals mit Blut verschmiert war. Aber gelogen hat sie, als sie sagte, daß ich stinkfaul sei."
Frage: „Sind Sie nicht faul?"
Leszek: „Nein, denn ich habe in der Grube gearbeitet."

Frage: „Sie haben aber der Oma niemals geholfen, wie sie sagt?"
Leszek: „Doch, einmal habe ich ihr geholfen, die Kohlen in den Keller zu tragen. Und im Garten habe ich auch mitgeholfen."
Frage: „Sie sagt aber, daß Sie ihr nie geholfen haben."
Leszek: „Deswegen lügt sie ja auch."
Frage: „Hat Sie die Oma je im Gefängnis besucht?"
Leszek: „Nein."
Frage: „Und der Onkel?"
Leszek: „Nicht ein einziges Mal."
Frage: „Wissen Sie nicht, warum?"
Leszek: „Nein. Genauso wenig weiß ich über meinen Stiefbruder."

Man erzählt ihm, daß sein Stiefbruder selbst Probleme mit der Justiz habe. Dieser Stiefbruder, ein Sohn des leiblichen Vaters von Leszek, sei einer gemeinschaftlich begangenen Vergewaltigung beschuldigt und befinde sich ebenfalls im Gefängnis. Am Ende des Gespräches wird Pekalski immer unruhiger. Er schaut aus dem Fenster und fragt ständig, wie spät es sei. Von einer Minute zur anderen will er zurück in seine Zelle, weil es bald Mittagessen gebe und er schon sehr hungrig sei. Als er geht, drückt er die Einkaufstüte mit den mitgebrachten Geschenken an sich, lächelt die Wächter an und zeigt ihnen die mitgebrachten Sexhefte. Am Ende des Gespräches sagt der Wärter der Anstalt: „Jetzt wird er ständig onanieren. Da werden ihn auch seine Pillen nicht mehr bremsen können."

Der Prozeß geht weiter

Nach den Gerichtsferien bleiben der Staatsanwaltschaft noch zwei Monate, in denen sie die Schuld des Angeklagten nachzuweisen hat – sollte ihr dies bis zum 16. Dezember 1996 nicht gelingen, kommt Leszek Pekalski frei. Denn er hat dann vier Jahre Untersuchungshaft verbüßt und das Gesetz in Polen schreibt vor, daß ein Häftling ohne Verurteilung nicht länger in Haft genommen werden kann. Nun gilt es vor allem für den Staatsanwalt, dem Gericht definitive Beweise und glaubhafte Zeugen zu präsentieren – denn was bisher vor Gericht vorgebracht werden konnte, würde nicht unbedingt zu einer Verurteilung Leszeks ausreichen.

Viel zu vage waren die Aussagen, was dadurch erklärbar ist, daß die fraglichen Daten für viele Zeugen schon zu lange Zeit zurückliegen. Auch hat sich der Angeklagte seit Haftbeginn enorm verändert. Er ist nicht mehr der hagere junge Mann, der er einmal war, als er durch das Land zog: er wirkt aufgedunsen und behäbig, aber gepflegt, da er im Gefängnis viel Zeit für sein Äußerliches verwendet.

Immer wieder muß der Richter die Zeugen während der Befragungen auf die Tragweite eventueller Falschaussagen hinweisen. Er betont immer wieder, daß es unter Umständen um das Leben eines Menschen ginge. Wer von den Zeugen hat ihn aus der Nähe gesehen? Die einzigen Menschen, die Leszek als Täter identifizieren könnten, sind vielleicht die Toten.

Die Staatsanwaltschaft stützt seine Hoffnungen deshalb auf die Aussagen der Zeugin Janina C., die Freundin des Opfers Sylwia R. Diese Zeugin ging mit Sylwia einen Tag vor ihrem Tod mit Leszek an den Waldrand, an dem Sylwia ermordet wurde. Und da war noch der Bekannte von Anika C., der das Mädchen allein nach Hause schickte, weil sie von ihm nichts wissen wollte. Der Staatsanwalt weiß, daß dieser, nach der Verabschiedung, einen Mann gesehen hat, der mit Anika auf der Straße gegangen ist. Eine Stunde, nachdem sie sich getrennt hatten, wurde Anika, so die Gerichtsmediziner, getötet.

Werden die schriftlichen und mündlichen Geständnisse dem Gericht zur Verurteilung ausreichen, wo doch Leszek sie nun vehement widerruft und deren Richtigkeit bestreitet?
Viele Prozeßbeobachter fragen sich, warum man den Opfern keine Spermaproben entnommen hat – entsprechende Analysemöglichkeiten gab es zu diesem Zeitpunkt auch in Polen. Wie ist es zudem möglich, daß Beweise, wie die Haare, die auf der Mütze bei einem Opfer gefunden wurden und die nur vom Täter stammen konnten, verschwunden sind? Warum hat die Staatsanwaltschaft nicht die Arbeiten der Polizei überprüft, nie auf die schlampige Untersuchung hingewiesen? Warum hat die Gerichtsmedizin nicht detailliert Aufträge (z. B. die Sicherung der Spermien, Untersuchungen der Fingernägel der Opfer nach eventuellen Hautfetzen des Täters, Textilproben) erhalten und die Ergebnisse gesichert? Ein Opfer wurde im hohen Schnee gefunden, der Täter hatte die Frau über fünfzig Meter durch den Schnee geschleift. Es wurden nicht einmal Abdrücke von den Schuhsohlen gemacht. Leszek Pekalski trug jahrelang dieselben Schuhe, die er von der Caritas erhielt.
So wird Zeuge um Zeuge vernommen, doch niemand trifft Aussagen, die dem Gericht zur Wahrheitsfindung nützlich sein könnten.
Doch dies alles soll sich an dem Tag ändern, als man die Freundin Sylwias, Janina C., in den Zeugenstand ruft. Dem Staatsanwalt sind die hohen Erwartungen anzusehen, mit denen er den Gerichtssaal betritt. Aufgeregt blättert er in seinen Akten und blickt siegessicher zu den Verteidigern Leszeks. „Bitte rufen Sie die Zeugin Janina C. in den Saal“, bittet der Vorsitzende die Protokollführerin. Nach der Überprüfung der Personalien der Zeugin wird sie nochmals ermahnt, daß sie vor Gericht nur die Wahrheit und nichts als die Wahrheit zu sagen habe.
„Sie waren eine Kollegin und Freundin von Sylwia R., ist das richtig?“ beginnt der Vorsitzende die Befragung.
„Ja.“
„Sie arbeiteten im selben Geschäft wie Sylwia R.?“

„Ja."
„Dann müssen Sie sich ja noch daran erinnern, daß an diesem fraglichen Tag, am 25. Juni 1991, nachmittags ein Mann in Ihren Laden kam und bettelte, ja, Ihre Freundin dann sogar noch zusagte, diesem Mann nach Feierabend belegte Brote zum nahegelegenen Waldrand zu bringen. Stimmt das?"
„Ja, das stimmt, Sylwia tat dieser Mann leid und sie bat mich nach Feierabend, sie zu begleiten. Sie war wie besessen, diesem Mann zu helfen. Der Mann sah ja auch ziemlich ärmlich aus mit seiner abgeschabten Kleidung und seinen zerrissenen Schuhen."
„Haben Sie auch mit diesem Mann gesprochen oder sprach er nur mit Sylwia?"
„Er sprach nur mit ihr, ich hatte zwischenzeitlich Kunden zu bedienen. Ab und zu sah ich zu den beiden hinüber, aber ich konnte nicht verstehen, worüber sich die beiden unterhielten."
„Den Mann, nennen wir ihn einmal Bettler, haben Sie an diesem Nachmittag also nicht so genau beobachtet?"
„Nein, er stand die meiste Zeit mit dem Rücken zu mir."
„Ja, aber dann, nach Feierabend, sind Sie ja mit Sylwia zu diesem Mann mitgegangen, und da müssen Sie ihn doch genau gesehen haben, denn Sie waren einige Zeit mit ihm und Sylwia zusammen?"
Der Staatsanwalt blickt sie an, ist gespannt, was sie jetzt sagen wird.
„Nein, ich wollte zunächst Sylwia begleiten, aber dann habe ich mich doch entschlossen, allein nach Hause zu gehen."
Unruhe entsteht im Saal. Der Staatsanwalt springt vom Stuhl hoch und starrt die Zeugin wütend an, unfähig, ein Wort zu sagen. Die Richter und Schöffen stecken die Köpfe zusammen. Auf den Zuschauerbänken herrscht gespannte Nervosität. Leszek Pekalski fängt an, leise zu lachen. Erst nach einiger Zeit kehrt Ruhe im Saal ein und der Richter setzt seine Befragung fort.
„Frau Zeugin, ich darf Sie daran erinnern, daß Sie bei Ihrer Vernehmung bei der Polizei ausgesagt haben, Sie wären sehr

wohl mit Sylwia an den vereinbarten Platz gegangen und Sie hätten diesen Bettler genau gesehen und ihn als den Angeklagten wiedererkannt. Was sagen Sie dazu?"

„Die Wahrheit ist, daß ich nicht mit Sylwia zum Waldrand gegangen bin, sondern nach Hause."

„Ja, aber warum haben Sie dann der Polizei etwas ganz anderes erzählt? Ich brauche Sie nicht darauf hinzuweisen, Frau Zeugin, wie wichtig Ihre Aussage für diesen Prozeß ist!"

„Die Polizei hat mir meine Aussage einfach in den Mund gelegt und ich war viel zu aufgeregt, um alles zu verstehen."

„Frau Zeugin, wir machen jetzt eine zwanzigminütige Verhandlungspause und ich gebe Ihnen den guten Rat, sich Ihre Aussage noch einmal zu überlegen."

Mit hochrotem Kopf dreht sich Janina C. um, geht auf ihren Vater zu, der unter den Zuhörern sitzt, und verläßt Hand in Hand mit ihm den Saal. Der Staatsanwalt indes verläßt ebenfalls mit schnellen Schritten den Saal und verschwindet in den Gerichtsgängen.

Etwas abseits vom Verhandlungssaal stehen Janina und ihr Vater. Beide werden von den laut diskutierenden Prozeßbeobachtern nicht aus den Augen gelassen.

Dann geht der Prozeß weiter.

„Bitte, Ruhe, ich setze die Verhandlung fort", ordnet der Richter an und befragt die Zeugin erneut.

„Das Gericht hat noch einmal Ihre Aussage vor der Polizei gelesen und hat doch sehr große Zweifel, ob Sie heute die Wahrheit sagen. Was sagen Sie dazu?"

„Es ist die Wahrheit, was ich vorhin ausgesagt habe."

„Sie bleiben also bei Ihrer Aussage?" fragt der Richter mit ernster Miene. „Ja, das bleibe ich", so die Zeugin selbstsicher.

Der Staatsanwalt bittet das Gericht, der Zeugin einige Fragen stellen zu dürfen.

„Gut, Herr Staatsanwalt, fragen Sie."

„Frau Zeugin, mit Verwunderung … habe ich vor der Pause Ihre Aussage zur Kenntnis genommen. Ich sage Ihnen ins Gesicht, daß Sie lügen!"

„Herr Staatsanwalt, das geht aber ein wenig zu weit", unterbricht der Richter, doch er wendet sich unbeeindruckt wieder der Zeugin zu.
„Ich habe die Gerichtspause dazu benutzt, mit den beiden Beamten, die Sie verhört haben, zu sprechen. Sie haben mir beide versichert, daß sie jederzeit unter Eid aussagen würden, wie Ihre Aussagen zustande gekommen seien – nämlich nicht, wie Sie es vortragen. Die Beamten versicherten mir, daß diese Aussagen von Ihnen selbst ohne Einwirkung dritter gemacht wurden. Und", dabei hebt er wie beschwörend seine rechte Hand, „... ich sage Ihnen eines: Wenn Sie bei Ihrer Aussage bleiben, werde ich noch in dieser Verhandlung gegen Sie Strafanzeige wegen vorsätzlicher eidlicher Falschaussage stellen. Ich warne Sie daher davor, weiter bei Ihren Lügen zu bleiben!"
Auch der Richter scheint sich mittlerweile den Ausführungen des Staatsanwaltes anzuschließen: „Frau Zeugin, Sie haben verstanden, was Ihnen der Staatsanwalt vorgeworfen hat, und ich muß Sie darauf aufmerksam machen, daß, falls Sie uns hier nicht die Wahrheit sagen, wir die Maßnahmen des Staatsanwaltes unterstützen werden. Daher noch einmal meine Frage: Waren Sie mit Ihrer Freundin Sylwia an diesem Waldrand und haben dort dem Bettler Brote gebracht oder nicht? Überlegen Sie gut."
„Nein, ich bin an diesem Tag nach der Arbeit sofort nach Hause gegangen und war nicht mit Sylwia am Waldrand."
„Gut, dann nehme ich diese Aussage zur Kenntnis, Sie können gehen, Sie sind entlassen. Bitte, Frau Protokollführerin, nehmen Sie die Aussage im Protokoll auf. Damit ist die Sitzung für heute beendet."
Der Staatsanwalt steht auf und schüttelt den Kopf, als die Zeugin Richtung Ausgang an ihm vorbeigeht. Er kann seine Enttäuschung, seine große Wut nicht verheimlichen – die Niederlage spiegelt sich deutlich in seinem Gesicht wieder.
Noch am selben Tag arbeitet der Staatsanwalt eine Anklageschrift gegen Janina aus. Er weiß, er hat nur wenig Zeit, will er die Zeugin als Angeklagte vor Gericht bringen. Bereits am

darauffolgenden Tag meldet er sich beim zuständigen Richter an und legt seine Unterlagen vor. Sicherlich hat es noch nie zuvor ein Staatsanwalt in Polen zustande gebracht, einen Gerichtstermin innerhalb weniger Tage nach Einreichung der Anklageschrift zu erhalten.
Überraschend erhält Janina deshalb auch für den 8. November 1996 eine Ladung des Gerichts, vor das sie wegen eidlicher Falschaussage zitiert wird.
Die nächsten Tage verlaufen zunächst ergebnislos für die Staatsanwaltschaft. Kein Zeuge ist bereit, mit an Sicherheit grenzender Wahrscheinlichkeit auszusagen, Leszek Pekalski in der Nähe eines Tatortes gesehen zu haben.

Noch einmal wird der Gerichtspsychologe Dr. Jozef G. in den Zeugenstand gerufen. Seine Ausführungen:
„Leszek Pekalski geht es offensichtlich um eine totale Dominanz über sein Opfer, er will die totale Macht. Denn nur diese Macht macht es ihm möglich, sein Opfer uneingeschränkt für seine Zwecke zu gebrauchen. Vorausgesetzt, er trifft auf keinen Widerstand."
Auch Dr. Dr. Janusz H., der psychiatrische Gutachter, der Leszek Pekalski untersuchte, kommt zu Wort:
„Leszek Pekalski wurde immer wieder von Frauen abgewiesen. Die Möglichkeit, sich auf einem ganz normalen Wege zu befriedigen, war für ihn nicht gegeben. Die Entwicklung Leszeks und seine Außenseiterrolle geht vor allem auf seine reduzierte Gefühlswelt zurück. Er hatte nie gelernt, positive Emotionen zu erleben. Wie zum Beispiel die Liebe von anderen Menschen, die Fähigkeit, sich in andere Menschen einzufühlen. Sympathie und andere emotionale Gefühlszustände kannte er nicht. Dieser Mangel ist einer der schwerwiegendsten."

In der Zwischenzeit ist auch das Interesse der polnischen Presse an diesem Fall wieder gestiegen. In großen Lettern wird auf den Termin hingewiesen, an dem Janina vor Gericht zu er-

Dr. Jozef G., Gerichtspsychologe.

Dr. Dr. Janusz H., psychiatrischer Gutachter.

scheinen hat. So ist es nicht verwunderlich, daß an diesem Tag die Zuhörerplätze überfüllt sind. Es gibt auf den Gängen nur ein Thema: Wird Janina heute die Wahrheit sagen oder bei ihrer Aussage bleiben?

Durch ein Spalier Neugieriger wird sie als Angeklagte von einem Polizeibeamten zur Saaltür geführt. Ihr Vater folgt ihr mit gesenktem Kopf in geringem Abstand. Diesmal nimmt Janina nicht am Zeugenstand Platz, sondern sie setzt sich auf den Stuhl, auf dem noch Tage zuvor Leszek Pekalski saß. Auch ihn hat man zum Gerichtsgebäude gebracht und er verbringt schon einige Zeit in einer Verwahrzelle im unteren Stockwerk. Die beiden Polizeibeamten, die damals Janina vernommen haben, sitzen auf der Zeugenbank und warten auf ihren Auftritt.
„Ruhe, Ruhe“ ruft die Protokollführerin in den Saal und kündigt das Gericht an. Die Richter erscheinen und alle im Saal erheben sich. Noch einmal muß der Vorsitzende die Zuhörer zur Ruhe ermahnen, bevor der Prozeß beginnen kann. Nachdem der Staatsanwalt die Anklageschrift verlesen hat, wendet sich der Vorsitzende an die Angeklagte.
„Angeklagte, Sie haben die Ausführungen des Staatsanwaltes gehört. Sie müssen sich dazu nicht äußern, oder wollen Sie sich dazu äußern?“
Den Kopf nach unten richtend und mit leiser Stimme beginnt Janina C. mit Ihrer Aussage:
„Hohes Gericht, ich habe in meiner Aussage als Zeugin die Unwahrheit gesagt!“
Die Sensation ist perfekt, das Gericht muß mit der Räumung des Saales drohen, damit der Prozeß weitergeführt werden kann. Stockend, den Tränen nahe, fährt die Angeklagte fort:
„Ich bin an diesem Abend mit Sylwia zu dem vereinbarten Platz gegangen, ich war viel zu neugierig, was dort geschehen würde. Sylwia wollte unbedingt, daß ich mitgehe, ich glaube, sie hatte doch ein wenig Angst davor, sich mit diesem Mann alleine zu treffen.“
„Sie geben also zu, die Unwahrheit bei Ihrer Zeugenaussage

vor Gericht – und das unter Eid – gesagt zu haben, Angeklagte?"
„Ja, das gebe ich zu" stammelt Janina C. und ihr Schluchzen wird immer stärker.
„Aber warum haben Sie denn nicht damals schon die Wahrheit gesagt, Sie hätten sich doch wirklich vieles ersparen können?"
Janina blickt zu ihrem Vater und fährt nach einer Weile fort: „Ich hatte solche Angst vor meinem Vater. Er hat mich damals geschlagen, als er davon erfuhr, daß ich am Abend mit Sylwia diesen Mann getroffen habe. Meine ganze Familie machte mir Vorwürfe, daß es sich nicht gehöre, in meinem Alter, sich mit einem Mann am Waldrand zu treffen. Sie warfen mir vor, was die Leute des Dorfes von mir denken würden, wenn sie dies erfahren würden, und daß ich dann nie einen Mann bekommen würde."
Dabei beginnt Janina zu weinen. Tränen laufen über ihr Gesicht, als sie dem Gericht ausführlich schildert, wie ihre Eltern reagierten, als sie alles von diesem Abend mit Sylwia beichten mußte. Ihr Vater sei damals völlig außer sich geraten, wiederholt sie immer wieder. Sie schluchzt so sehr, daß das Gericht Mühe hat, sie überhaupt zu verstehen. Sie kann kaum mehr sprechen, als sie die Worte wiedergibt, von denen sie nie geglaubt hätte, daß sie je ein Fremder erfahren würde.
„Du … du bist eine Hure. Eine Hure! Treibst dich in deinem Alter mit fremden Männern im Wald herum. Eine Schande bist du für deine Mutter und für mich, sagte mein Vater und schlug mich unentwegt. Und dabei habe ich doch gar nichts Unanständiges getan. Ich bin doch nur mit Sylwia mitgegangen und wir wollten doch nur die Brote vorbeibringen."
Es ist still geworden in dem großen Saal. Bestürzt betrachten die Prozeßteilnehmer die junge Frau.
„Ich bin keine Hure!" verkündet sie laut und setzt sich auf ihren Stuhl. Immer wieder schüttelt sie ihren Kopf, als wolle sie der ganzen Welt zeigen, daß es nicht richtig gewesen sein kann, wie ihr Vater über sie dachte.

Das hohe Gericht ist beeindruckt, und es gibt wohl keine Person im Raum, die diese Aussage nicht berührt hat. Keiner kann den Vater verstehen, obwohl doch viele Väter so gehandelt hätten.

„Nun, Angeklagte, ich hoffe, Sie haben sich schon wieder ein wenig gefaßt, oder sollen wir eine kurze Pause machen?"

Janina nickt nur und der Vorsitzende ordnet eine Pause von zwanzig Minuten an.

Alle Beteiligten müssen den Saal räumen. Sie strömen hinaus auf den Gang und sind gespannt, wie sich Janina und ihr Vater jetzt verhalten werden. Janina steht langsam von der Anklagebank auf und geht, ohne jemanden zu beachten, geradewegs zu ihrem Vater, der auf sie wartet. Sie nimmt ihn bei der Hand. So verlassen beide den Saal. In einer Ecke des Ganges nimmt Herr C. seine Tochter in den Arm. Der so hart wirkende Mann kann plötzlich seine Gefühle nicht mehr kontrollieren und beginnt zu weinen. Ständig sieht ihn seine Tochter mit großen, verweinten Augen an und wischt ihm Tränen aus dem Gesicht. Man spürt förmlich, daß sie ihren Vater wohl noch nie zuvor weinen sah. Liebevoll und zärtlich streicht er mit der Hand durch ihr Haar und drückt sie immer stärker an sich.

Nach der Pause sind alle Zuhörer auf ihren Plätzen und warten gespannt auf den Fortgang der Verhandlung. Vater und Tochter stehen noch immer wortlos auf dem Gang. Erst die Aufforderung der Protokollführerin an die Angeklagte, wieder ihren Platz einzunehmen, trennt die beiden. Der Vorsitzende führt seine Hand zum Kinn und überlegt offensichtlich.

„Herr Staatsanwalt, haben Sie noch Fragen an die Zeugin?"

„Ja, hohes Gericht. Angeklagte, wurden Sie für die heutige Aussage von irgendjemandem unter Druck gesetzt?"

Worauf die Angeklagte nur mit dem Kopf schüttelt.

„Hohes Gericht, ich stelle Antrag, Leszek Pekalski vorführen zu lassen!" Jedem im Saal ist die Wichtigkeit der nun folgenden Geschehnisse klar. Jetzt kommt es darauf an, ob Janina Leszek Pekalski als den Mann identifizieren kann, der an diesem Abend mit ihr und Sylwia zusammen war.

Nach wenigen Minuten wird Leszek zwischen zwei Polizeibeamten in Handschellen vorgeführt. In seiner bekannten gebeugten Haltung tritt er in den Zeugenstand. Ohne aufzusehen, wartet er darauf, was auf ihn zukommt. Leszek weiß nicht, was Janina ausgesagt hat. Er versucht, mit verstohlenem Blick auf Janina, die Lage zu ergründen, doch diese hat ihr Gesicht noch immer hinter dem Taschentuch versteckt.
„Angeklagte, stehen Sie auf. Erkennen Sie in dem Zeugen vor Ihnen den Mann wieder, der sich mit Ihnen und Sylwia am 25. Juni 1991 am Waldrand getroffen hat?"
„Ich glaube schon, aber der Mann, mit dem wir zusammen waren, war viel schlanker und viel ungepflegter."
Da dreht sich Leszek zur Zeugin und lächelt sie an, ein Lächeln, das Janina den Atem stocken läßt.
Der Staatsanwalt holt die Polizeiakte mit dem Foto Leszeks hervor, als er festgenommen wurde. Er geht an Leszek vorbei und zeigt es der Angeklagten.
„Hat er so ausgesehen, war es dieser Mann, den Sie gesehen haben?"
„Ja, das ist er, ich glaube schon", antwortet sie ohne zu überlegen, und Leszek fährt erschrocken zusammen.
Er ist wütend, wird aber schnell abgeführt. Selbstverständlich ist auch ihm klargeworden, was diese Aussage für ihn bedeuten kann. Dem Gericht und auch dem Staatsanwalt ist nicht mehr daran gelegen, Janina mit einer hohen Strafe das weitere Leben zu verbauen. So erkennen die Richter auf eine milde Gefängnisstrafe zur Bewährung. Glücklich verläßt Janina C. mit ihrem Vater Hand in Hand das Gericht.
Auch der Gerichtsdiener Andrzej W. verläßt den Saal. Er geht zur Asservatenkammer. Hier hat das Gericht alle Beweise im Fall Pekalski aufbewahrt: Säcke voller Unterwäsche, die man im Bettkasten gefunden hat, ein Babystrampelhöschen, Messer, Knüppel und Stangen, mit denen Leszek getötet haben soll. Die Axt, mit der Kazimierz N. umgebracht wurde.

In Deutschland hat inzwischen das Interesse an dem Fall Leszek Pekalski ebenfalls zugenommen. Einige Fernsehanstalten schicken Kamerateams nach Polen, um die Lebensgeschichte eines Massenmörders aufzuzeigen. Eines dieser Teams wird mehr erreichen, als es bei der Abreise selbst zu hoffen wagte – liegt es an der zwanzigjährigen Dolmetscherin, einer sehr hübschen Blondine?

Nachdem die Besuchs- und Dreherlaubnis ausgestellt sind, wird vereinbart, am nächsten Morgen mit einem gemieteten Leihwagen nach Słupsk zu fahren. Punkt 14 Uhr klopft das Team an das eiserne Tor in der Sadowa Straße 1 des Gefängnisses von Słupsk. Es wurde beschlossen, daß zunächst die Dolmetscherin und ein Eingeweihter, der dem Sender vorab einige Besuchserlaubnisse verschafft hat, mit dem Gefängnisdirektor sprechen. Direktor Zbigniew O. empfängt die Besucher sehr freundlich und hat sich offensichtlich Zeit genommen. Bereitwillig erzählt er, daß er eigentlich Lehrer, aber seit 1974 in diesem Gefängnis tätig ist. Direktor und Leiter dieser Anstalt wurde er 1983, berichtet er und genießt unverstellt die Neugierde über sich und ‚seine' Anstalt.

Derzeit befinden sich siebzig Gefangene in seiner Obhut, Arbeit gebe es keine, so daß die Inhaftierten Tag und Nacht in ihrer Zelle verbringen – ausgenommen der einstündige Hofgang, der jedem Häftling zusteht. Während das Team noch überlegt, welche Fragen über Leszek Pekalski angebracht sind und welche nicht, müssen sie überrascht feststellen, wie auskunftsfreudig der Direktor ist.

„Sie können anschließend unser Haus besichtigen; Leszek ist noch bei Gericht und wir wissen nicht, wann er in die Anstalt zurückgebracht wird." Auf eine schüchterne Frage, ob man denn auch Leszeks Zelle filmen dürfe, erhält das Duo zur Antwort: „Meine Mitarbeiter werden Sie durch das ganze Haus führen und Sie können filmen, was Sie wollen. Wir haben nichts zu verbergen."

Daraufhin werden auch das Kamerateam und der Redakteur hereingeholt. Es dauert einige Zeit, bis die Kamera im Büro des Direktors aufgebaut ist. Die Bitte nach einem Interview vor laufender Kamera erfüllt er dabei gerne. Schnell kommt das Gespräch auf Leszek.

„Was für ein Gefangener ist Leszek Pekalski?"

„Leszek fügt sich in die Gepflogenheiten eines Gefängnisses sehr gut ein. Er ist nicht renitent, er ist ein Gefangener, der keine Probleme bereitet."

„Aber er hat Probleme mit den Mitgefangenen. Ist es richtig, daß man ihm nach dem Leben trachtet?"

„Sicher, aber in meinem Gefängnis wird niemand getötet, so lange ich Direktor dieses Hauses bin. Es ist nicht meine Aufgabe, über Menschen zu richten, meine Aufgabe ist es, die Menschen zu verwahren."

„Sagen Sie uns, was für ein Mensch ist Roman, der lange Zeit mit Leszek auf einer Zelle war und der ihn dazu gebracht hat, ein Lebensgeständnis zu schreiben?"

„Roman ist ein Schwätzer, er redet sehr viel und nur die Hälfte dürfen Sie glauben. Bitte fragen Sie mich aber über ihn nicht mehr weiter, denn Roman ist ein Zeuge in diesem Prozeß und wird bald aussagen."

„Roman ist doch flüchtig, schon seit langer Zeit. Wie will das Gericht da zu einer Zeugenaussage kommen?"

„Sie sind nicht über den neuesten Stand informiert. Roman sitzt seit kurzem in der Strafanstalt in Danzig ein, man hat ihn verhaftet. Doch fragen Sie nicht weiter, ich kann Ihnen dazu nicht mehr sagen."

„Was ist die höchste Strafe, die derzeit ein Gefangener in Ihrem Arrest, so sagt man doch in Polen zu einem Gefängnis, verbüßt?"

„Das sind zwei Jugendliche mit einer Strafe von acht Jahren wegen bewaffneten Raubüberfalls mit besonderer Brutalität. Doch Sie können schon nach Verbüßung eines Drittels ihrer Strafe wieder entlassen werden, das schreibt das Gesetz in Polen vor."

„Wäre das bei einer Zeitstrafe auch bei Pekalski denkbar?"

„Bei guter Führung, und hier ist er ja Vorbild, ganz sicher spätestens nach Verbüßung von zwei Drittel der Gesamtstrafe."

Zbigniew O., Gefängnisdirektor

Der Direktor holt über Telefon den Leiter der Vollzugsbeamten in sein Büro und ordnet an, daß das Fernsehteam nun das gesamte Gefängnis besichtigen könne und dabei Filmaufnahmen genehmigt seien. Ein klares Wort, doch der Beamte kann nicht glauben, was ihm aufgetragen wurde.
„Alles?“ fragt er zögernd.
„Ich glaube, ich habe mich klar ausgedrückt, oder?“
„Ja, natürlich, Herr Direktor, das ganze Haus.“
So wandert das TV-Team mit laufender Kamera durch das Gefängnis. Man zeigt ihm die Bibliothek, mit ungefähr eintausend in Packpapier eingebundenen Büchern, die allen Gefangenen zur Verfügung stehen. Man öffnet den Gemeinschaftsraum, in dem am Nachmittag Fernsehen angesagt ist und natürlich von allen Gefangenen gern angenommen wird. Besonders stolz ist man auf die ärztlichen Behandlungszimmer und die eigene Zahnarztpraxis, die den Gefangenen zweimal in der Woche zur Verfügung stehen. Der leitende Vollzugsbeamte wird gefragt, wie Leszek sich denn in den Ablauf eines Gefängnisses integriert hat.
„Im Gefängnis ist Leszek Pekalski nicht sicher, die Mitgefangenen würden ihn am liebsten töten. Das ist eine schwierige Situation für uns, wir müssen ihn ständig bewachen. Weil er ein Sexualmörder ist, steht er in der Gefängnishierarchie ganz unten. Solche Menschen werden verachtet, solche, die Frauen töten und sie anschließend vergewaltigen. Nur ein einzelner Hofgang mit anderen Gefangenen wäre zu gefährlich, ein unbewachter Moment, ein Messer, und der Fall Pekalski wäre für immer erledigt. So sehen es die Mitgefangenen.“
Offensichtlich hören die Mitgefangenen zu, denn aus den Zellen rufen sie: „Ein Vergewaltiger, ein Kindermörder, das ist kein Mensch, nicht einmal ein Tier würde so etwas tun.“
Dann kommen sie in den ersten Stock und sehen die Zelle 53, in der Leszek Pekalski seit nunmehr fast vier Jahren einsitzt. Am Ende des gelb getünchten Ganges bleiben alle stehen. Bereitwillig schließt der Beamte die Zelle auf und teilt fast beiläufig mit: „Das ist die Zelle Leszek Pekalskis!“

Bibliothek der Strafanstalt Słupsk

Der Kameramann betritt den kleinen Raum und filmt jeden Winkel – das also ist die Zelle des Killers. Des Mörders, der seine Opfer ohne Gnade verstümmelte und großes Leid über ungezählte Familien brachte. Hier drin sitzt er. Der Raum ist geheizt, und draußen, in der Freiheit, frieren viele rechtschaffene Menschen. Er aber hat alles, was er zum Leben braucht – ein Bett, Nahrung, Kleidung, große und kleine Extras von diversen Interviews. Es mag klar sein, warum er all die vielen Gelegenheiten zu einer Flucht nie genutzt hat. Wo könnte es ihm besser gehen? Auch einen Stapel Pornohefte hält die Kamera fest; sie sind wohl Leszeks wichtigster Zeitvertreib. Wofür er draußen, in Freiheit, Menschen getötet hat, dafür genügen ihm jetzt Fotos.
Auf dem kleinen Tisch zwischen den beiden Betten unter dem Gitterfenster liegt, ordentlich gefaltet, die aktuelle Tageszeitung. Daneben: zwei Kugelschreiber und eine Armbanduhr mit schwarzem Lederarmband. Unter der Zeitung befindet sich ein Bild, das Leszek mit einem Kugelschreiber gemalt hat. Es zeigt Fratzen, abscheuliche, dämonisch wirkende Fratzen. Abbildungen seiner Angst? Hat dieser Mann irgendwelche Ängste? Beim oberen Bett, das von Leszek benutzt wird, sind – säuberlich wie bei einem Militärbett – die Laken und Wolldecken gerichtet. Auch der kleine offene Wandschrank ist ordentlich eingeräumt: ein Zahnbecher mit Bürste, ein Kamm und eine Rolle Toilettenpapier. Auffallend sind dabei die vielen Seifen. Sauber sind sie in einer kleinen Nische aufeinandergestapelt. Das untere Bett, in dem Roman seine 130 Tage mit Leszek verbrachte, ist nicht mehr belegt. Leszek bewohnt die Zelle alleine. Der Wärter versperrt die Zelle 53 und führt das Team nach nebenan. Hier befindet sich die kleine Kapelle des Gefängnisses, in der sich Leszek so gerne aufhält, wie der Gefängnisdirektor erzählte. In einem dezent gelb getünchten Raum steht ein Holztisch mit roter Decke, der den Altar bildet. Das vergitterte Fenster ist mit christlichen Motiven bemalt. Ein großer, gekreuzigter Jesus beherrscht diesen Raum. Ministrant wollte Leszek einmal werden, fällt einem der Anwesenden ein,

Der leitende Vollzugsbeamte der Strafanstalt Słupsk

doch der Pfarrer warf ihn lachend hinaus. Glaubt Leszek Pekalski an einen Gott? Zu wem mag er hier beten, wer könnte ihn, der vermutlich so vielen Menschen das Leben genommen hat, wohl erhören? Die sich anbahnende Unterhaltung wird von der Mitteilung unterbrochen, daß Leszek in der Anstalt angekommen ist. Die Standuhr zeigt 16 Uhr, als ein Wärter das Büro des Direktors betritt und mitteilt, daß Leszek vorgeführt wurde und sich nun in einer Wartezelle befindet. Aufgeregt sucht das Filmteam Kameras und Taschen zusammen und folgt dem Beamten. Der Begleiter der Filmleute, der auch für die Drehgenehmigungen sorgte, wird vom Direktor zurückgehalten. Ihm zeigt er die Polizeiakte des Leszek Pekalski. Ein Foto, gemacht, als er eingeliefert wurde, zeigt einen schlanken, hageren, ungepflegten Mann mit dunkler Hose und einem blauen Pullover. Er hat nur sehr wenig Ähnlichkeit mit dem heutigen Leszek. Beachtenswert sind die stechenden Augen auf diesem Foto; den Blick hat er offensichtlich verloren durch die Gewichtszunahme von dreißig Kilogramm.
„Herr Direktor, ich hätte noch eine große Bitte", fängt der Besucher vorsichtig zu sprechen an, nachdem er bemerkt hat, wie wohlgesonnen der Direktor ist.
„Ich hätte gerne die Kleidung, die Leszek jetzt trägt. Sehen Sie eine Möglichkeit, daß ich sie bekommen könnte?"
„Wenn Leszek sie Ihnen gibt, ist dies kein Problem. Aber er braucht dann andere Kleidung, er kann ja wohl nicht nackt hier herumlaufen."
„Natürlich bin ich bereit, ihm neue Kleidung zu kaufen. Was glauben Sie denn, was er gerne möchte?"
„Einen Jogginganzug, aber den mit den drei Streifen, das ist hier die große Mode, da überläßt er Ihnen alles."
Wichtig ist ihm noch folgendes: „Den Anzug müssen Sie dann aber gleich kaufen lassen!"
Der Besucher zückt seinen Geldbeutel, der Einkauf ist organisiert.
„Ich sage den Beamten Bescheid, damit Sie keine Schwierigkeiten haben."

Hinter dieser Türe der Strafanstalt Słupsk sitzt Leszek Pekalski ein

„Was machen wir, wenn Leszek nicht mit uns reden will?“ fragt der Besucher noch und bekommt darauf auch gleich eine verblüffende Antwort:
„Wenn er sich weigert, mit Ihnen zu sprechen, lassen Sie mich rufen, dann spricht er schon. Der Betreuer von Leszek kommt gleich zu mir und wird Sie zu ihm begleiten. Angst brauchen Sie vor Leszek nicht zu haben, er ist sehr brav hier“, gibt der Direktor noch mit auf den Weg – einen Weg, den die Besucher wohl nie in ihrem Leben vergessen werden.
Nur wenige Meter vom Büro des Direktors entfernt, befindet sich auf der linken Seite des Ganges eine leere Zelle ohne Tür, dafür aber mit dicken Gitterstäben versehen. In dem düsteren Raum dahinter befindet sich eine Gestalt, die an die Gitter eilt, als das gesamte Team vorbeigeht. Sie ruft, sie schreit, doch die Dolmetscherin ist zu erschrocken, als daß sie übersetzen könnte. Verwirrt bleiben alle stehen, als der Mann direkt hinter den Gitterstäben auf sich aufmerksam macht. Sie erkennen Leszek Pekalski.
Mit beiden Händen umfaßt er die Stäbe und ruft immer wieder dieselben Worte, angsteinflößende Worte, weil sie keiner der Anwesenden versteht. Leszeks Betreuer nimmt die Dolmetscherin bei der Hand, und nachdem er ihm ein Paar Worte zugerufen hat, gehen sie weiter.
Sie kommen in einen circa siebzig Quadratmeter großen Raum, in dem das Interview stattfinden soll. Beim Eintreten sind bereits auf einem Tisch an der linken Seite fünf Plastiktüten aufgereiht, in denen sich die die von Leszek gewünschten Sachen befinden. Diese hat er frühzeitig mitgeteilt, so daß der Einkauf rechtzeitig erledigt werden konnte. Der Einkaufszettel war zwar nicht kurz, gab dem TV-Team aber die Sicherheit, daß Leszek ein Interview vor laufender Kamera geben werde.
An erster Stelle des Wunschzettels, wie immer, viele Tafeln Schokolade – und Zahnpasta, die nur von einem deutschen Hersteller sein durfte. Lebensmittel, die im Gefängnis nicht zu kaufen sind, waren weitere Bedingungen – und natürlich Pornohefte.

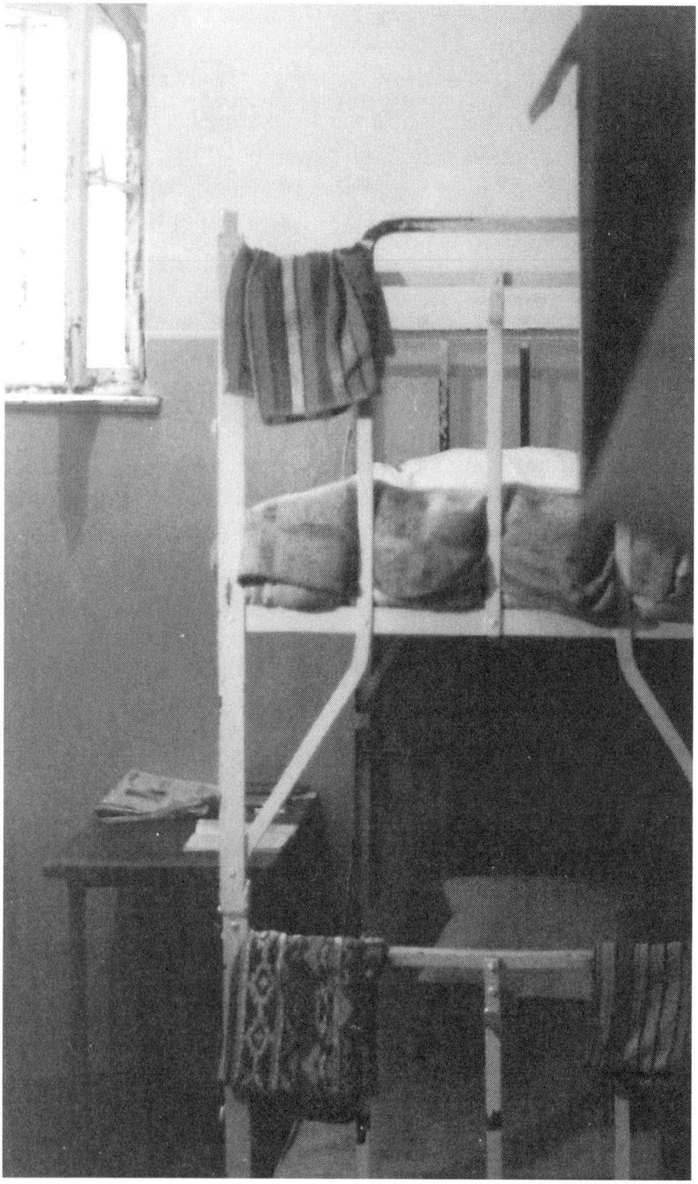

Zelle 53 der Strafanstalt Słupsk

Es widerstrebte allen Beteiligten, dieser Kreatur auch noch Geschenke zu machen, doch um ihr Ziel zu erreichen, waren diese Geschenke nur Mittel zum Zweck. Zwischenzeitlich hatten das Kamerateam und der Redakteur in einer Ecke einen Tisch mit der Schokolade und den Pornoheften aufgebaut, daneben einen Stuhl, auf dem Leszek Platz nehmen sollte. Alle Scheinwerfer waren auf diesen Stuhl justiert und die Kamera eingestellt. Wenige Meter daneben ein Tisch mit drei Stühlen für die Dolmetscherin, Leszek und dem Organisator. Es war vereinbart, daß sich dieser vor laufender Kamera mit Leszek unterhält. Viele Fragen hat er vorbereitet. Die Dolmetscherin macht sich noch einmal vertraut mit dem, was er von Leszek erfahren will, dann wird ein Diktiergerät aufgestellt.
„Haben Sie Angst vor Leszek, dann lasse ich ihn in Handschellen vorführen?" fragt der Betreuer Zbigniew S.. Die Antwort ist gelogen, als der Redakteur „Nein" sagt, doch er glaubt, daß es besser sei, ihn nicht so vorführen zu lassen. Zwischenzeitlich kommt auch der Leiter der Vollzugsbeamten und dessen Anwesenheit gibt dem Team Sicherheit.
Beide Beamten, der Betreuer und der Leiter des Vollzuges, nehmen in einer Ecke Platz, und das ist für das Trio das Zeichen, daß Leszek in Kürze vorgeführt wird. Nervös überprüft der Kameramann zigmal seine Beleuchtung, den TV-Redakteur hält es nicht auf dem Stuhl und auch der vorn sitzende, spätere Interviewer Leszeks ist so nervös, daß er ständig nach dem Diktiergerät schaut und dessen Funktionsfähigkeit überprüft. Alles wartet gespannt auf den größten lebenden Massenmörder, Leszek Pekalski.
Da öffnet sich die Tür und zwei Beamte in Uniform führen Leszek herein. Sichtlich nervös blickt er auf die eingeschalteten Scheinwerfer, doch als er die Einkaufstüten sieht, gilt sein ganzes Interesse nur noch deren Inhalt. Genauestens überprüft er, ob all seine Wünsche erfüllt worden sind, und als er feststellt, daß sogar die Pornohefte vorhanden sind, geht er sichtlich zufrieden auf den Redakteur zu und begrüßt ihn. Sofort nimmt er das Gespräch in die Hand und sagt: „Ich freue mich,

Leszek sammelt Seifen

Sie endlich nicht im Gerichtsgebäude zu treffen, den Mann, der ‚mein' Buch schreibt."
Noch nie in seinem Leben war der Angesprochene so froh, eine Dolmetscherin für ein Gespräch zu benötigen, wie in dieser Sekunde – denn er bringt zunächst kein Wort hervor, trotz aller Vorbereitungen. Ihm ist klar: Leszek ist bekannt, daß niemand mehr über seine Tatenweiß als er, zu lange hat er dessen Lebenslauf und Geschichte recherchiert. Selbstsicher setzt sich Leszek auf den für ihn vorbereiteten Stuhl und antwortet sorglos auf all die Fragen, die sein Gegenüber vorbereitet hat. Selbstsicher, schlau und verschlagen sind seine Antworten – und genauestens einstudiert.
Doch jetzt will man mehr von ihm wissen als all das, was er vor Gericht wie auswendig gelernt ausgesagt hat. Er weiß nicht, wie weit diese Leute mit seiner Lebensgeschichte bereits sind, als er fragt: „Sie schreiben doch die Wahrheit über mich, oder?"
„Ja."
„Ich glaube Ihnen. Ich werde Ihnen die Wahrheit sagen, wenn auch nicht gleich, wegen des Gerichts. Aber nach meiner Verurteilung."
Wenn man diesem Menschen das erste Mal auf engstem Raum gegenübersitzt, ist es ein eigenartiges Gefühl, ein Mann, der einen erschreckt und zugleich ein einfältiger Mensch ist, dem man nur Mitleid entgegenbringen kann. Mitleid, das man jedoch nicht haben darf, wenn man weiß, daß dieses entgleiste Gehirn virtuos gespielt hat auf einem grauenhaften Instrument, genannt: Mord.
Hier macht er den Eindruck eines Geschäftsmannes, der seine Lebensgeschichte zu verkaufen hat. Selbstsicher sitzt er mit einer olivgrünen Anstaltsjacke, einem verwaschenen blauen Rollkragenpullover und einer grünen Anstaltshose vor dem TV-Team, als hätte er einen Nadelstreifenanzug an. Einen Arm auf seine verschränkten Beine gelegt, so gelassen gibt er sich und wartet auf die nächsten Fragen.
„Leszek, ich hätte gerne, daß Sie für Ihr Buch ein eigenes Vorwort schreiben."

Die kleine Kapelle in der Strafanstalt Słupsk

„Ja, natürlich, geben Sie mir ein Blatt Papier und einen Schreiber, dann mache ich Ihnen Ihr Vorwort für mein Buch“, ist sein Kommentar. Die Anwesenden staunen: Leszek beginnt, sofort zu schreiben. Eilig, aber behutsam, notiert er einige Zeilen auf dem Papier. Mit den Worten: „Ist das gut so?“ übergibt er den beschriebenen Zettel.

„Was sagen Sie dazu, ich habe Ihnen auch noch einen Jogginganzug gekauft, da ich Ihre Kleidung, die Sie jetzt tragen, gerne haben möchte“, wird Leszek kurz darauf gefragt.

„Aber nur den mit den drei Streifen möchte ich gerne, dann können Sie das alte Zeug haben!“ Leszek glaubt nun, genug für die fünf Tüten Lebensmittel getan zu haben und fragt: „Habe ich mir nun die Sachen schon verdient?“

„Nein, nein, Leszek, wir hatten ein Interview vor der Kamera vereinbart. Ich will, daß Sie alle Fragen, die Ihnen nun gestellt werden, beantworten – und zwar will ich die Wahrheit wissen, dann haben Sie sich alles verdient.“ Jetzt sieht man Leszek deutlich an, daß er alles, was von ihm verlangt wird, schnell hinter sich bringen will.

Er steht auf und geht zu dem Platz, der für das Interview vorbereitet ist. Ängstlich läßt er sich den Sender für den Ton an seiner Hose befestigen, aber da es eine junge Kameraassistentin tut, hat er bald keine Hemmungen mehr.

Als er die Pornohefte sieht, die neben ihm liegen, folgt er bereitwillig allen Anweisungen. Immer wieder läßt er die Blätter durch seine Finger gleiten, ohne sie aufzuschlagen. Er ist bereit, man sieht ihm seine Gewißheit deutlich an, auf alles eine Antwort parat zu haben. Gespannt wartet er auf die Fragen, die die Dolmetscherin übersetzt.

„Leszek, wie geht es Ihnen?“

„Mir geht es gut hier im Gefängnis, die Wärter behandeln mich korrekt, ich werde nicht geschlagen, man ist nett zu mir. Ich bin brav; was sie sagen, das mache ich. Ich glaube, für sie bin ich kein schlechter Mensch. Die Polizei ist an allem schuld, sie behauptet all die schrecklichen Dinge, sie wollten einen großen, berühmten Mörder aus mir machen. Sie haben mich

Die Akte des Gefangenen Leszek Pekalski

ausgetrickst. Sie haben mich gezwungen, die vielen Morde zu gestehen. Ich habe nichts getan, ich bin kein großer Mörder. Ganz bestimmt nicht. Ich komme bestimmt in den Himmel. Glauben Sie mir, ich habe niemanden getötet. In allen Zeitungen steht, ich bin ein unersättlicher Teufel, aber das stimmt nicht, ich bin kein Teufel. Ich habe nichts getan, ich bin ganz brav!"

„Leszek, erzählen Sie uns über Ihre Jugend" – damit sind wir bei seinem Lieblingsthema.

„Ich habe eine sehr schwere Jugend gehabt, ich bin am 12. Februar 1966 in einem kleinen Dorf geboren. Meine Mutter war nicht verheiratet mit meinem Vater, und ich glaube, daß ich deshalb eine so schwere Kindheit gehabt habe. Auch meine Großmutter mochte mich nicht, ich glaube, sie war ein böser Mensch. Ich erinnere mich, ich wollte einmal spielen, aber meine Großmutter wollte das nicht und sie war böse auf mich. Dann hat sie meine kleine Hand genommen und auf die heiße Herdplatte gedrückt. Das war diese Hand, ja, diese", sagt er und deutet dabei auf seine rechte Hand. „Als meine Mutter ins Krankenhaus kam und ich sie besuchen wollte, hat sie mich weggeschickt, und dann ist sie gestorben und ich konnte nie mehr mit ihr sprechen, warum sie mir so vieles angetan hatte. Ich glaube, sie hat mich nicht geliebt, sie war böse auf mich, daß ich ihr Kind war. Immer hat sie mich weggeschubst und geschlagen. Sie hat mich immer in Heime gesteckt, weil sie mich nicht mochte."

Leszek Pekalski ist schlau, was wie eine unverbrauchte, noch nie gehörte, alles entschuldigende Geschichte klingen soll, ist einstudiert. Über eine Stunde lang beteuert er immer wieder seine Unschuld. Zwischendurch gähnt er gelangweilt und lächelt die Anwesenden an. Ja, er gibt sogar eine Heiratsannonce vor laufender Kamera auf:

„Ich bin doch ein junger Mann und ich komme bestimmt bald frei, weil ich niemandem etwas getan habe. Ich möchte eine Frau, die zu mir paßt, sie sollte nicht viel reden, ich mag nur solche Frauen, die nicht viel reden. Wie sie aussieht ist mir

Leszek Pekalski bei einem Interview

egal, denn ich weiß, daß ich nicht schön bin, aber ich weiß, daß ich ein braver Mensch bin."
Die beiden Beamten in der Ecke verfolgen Leszeks Aussagen genau und schütteln nur immer wieder den Kopf. Leszek bemüht sich nach Kräften, den Eindruck des braven Burschen zu vermitteln. Alle Anwesenden sind der Meinung, daß er an diesem Tag nichts mehr über seine Taten preisgibt. Also wird sein Gesprächspartner ungemütlicher und konfrontiert ihn mit Beweisen und Zeugenaussagen, mit Tatzeiten und Namen der Opfer. Leszek gibt keine Antwort, blättert in den Pornoheften, zählt die Schokoladentafeln.
Er wird nachdenklich und seine bisherige Ruhe verwandelt sich in Nervosität. Sich ständig im Gesicht kratzend, beginnt er, mit dem Oberkörper vor- und zurückzuwippen. Er stampft mit den Beinen auf den Boden und betrachtet jeden einzelnen. Das Bild des braven, unschuldigen Leszek bekommt Risse. Dann kommt eine Frage, mit der er wohl nicht gerechnet hat: „Welche Frauen lieben Sie am meisten, Leszek?"
Nach einer kurzen Pause sagt er: „Ich mag Rothaarige und Schwarze."
„Warum keine blonden Frauen?"
„Blonde Frauen gefallen mir auch, aber nicht so sehr, sie sind so gewöhnlich."
Ein klarer Seitenhieb auf die junge Dolmetscherin, die Leszek sehr wohl gefällt mit ihren blonden Haaren. Er will Desinteresse anzeigen; seine Taten, wenn es denn welche waren, sollen nichts mit dieser Situation zu tun haben. Er versucht, Abstand zu gewinnen, doch er wird unruhig. Er fängt an, im Zimmer einige Schritte auf und ab zu gehen.
Das Interview wird zum Kammerspiel: guter Leszek, böser Pekalski, was soll man glauben? Die Spannung steigert sich ins Unerträgliche, Leszek schwitzt zum ersten Mal und wirkt äußerst unsicher. Man merkt ihm an, er will ein Interview geben, aber ohne Geständnisse irgendwelcher Taten, einfach über sein Leben.
Mit dieser Situation hat er nicht gerechnet, er war sich sicher,

Auf dem Tisch vor Leszek Pekalski die mitgebrachten Pornohefte und Schokolade

die Schokolade leichter zu verdienen. Er setzt sich wieder und nachdem er seine Unschuld beteuert hat, merkt er, daß man seinen Geschichten und Ausflüchten mit größter Skepsis begegnet.
Da sucht er nach seinem Betreuer, springt wieder vom Stuhl und geht auf ihn zu. Er fragt ihn, was er tun soll.
„Die Leute wollen, daß du die Wahrheit sagst. Also sag ihnen die Wahrheit", rät ihm sein Betreuer.
Leszek ist über die Antwort offensichtlich so geschockt, daß er sich immer wieder nach ihm umdreht, bevor er wieder auf seinem Stuhl Platz nimmt. Ungläubig beobachtet er ihn und beginnt, an seinem Handrücken zu kauen. So stark, daß sogar etwas Blut fließt.
„Haben Sie getötet, Leszek? Sagen Sie uns die Wahrheit! Wir wissen, daß Sie getötet haben. Was war mit Sylwia, was haben Sie mit ihr gemacht? Sagen Sie mir die Wahrheit."
„Ich?"
Er stottert, kann seine Stimme nicht mehr kontrollieren.
„Ja, Sie, Leszek Pekalski. Was haben Sie mit Sylwia gemacht?"
Und Leszek Pekalski antwortet vor laufender Kamera.
„Ich wollte mit Sylwia kuscheln, ich wollte mit ihr flirten. Das dauerte ein paar Minuten, aber sie wollte nicht, sie hat sich gewehrt und da habe ich sie geschlagen!"
„Wohin und wie oft haben Sie sie geschlagen?"
„Das weiß ich nicht mehr genau. Vielleicht auf den Kopf oder auf die Schulter?"
„Nur einmal?"
„Das weiß ich nicht mehr, ich wollte, daß sie ruhig ist."
„Was haben Sie dann gemacht?"
„Dann hab ich mich an ihr befriedigt. Ich habe meine Hose heruntergezogen und dann hab ich es ihr gemacht." Jetzt grinst er.
„Was haben Sie dann mit Sylwia gemacht, haben Sie sie versteckt?"
„Ja, ich habe sie in den Wald gezogen und habe sie dann versteckt."

Da die Anwesenden das Gefühl haben, daß er weitererzählen will wird er gefragt:
„Małgosia, das dreizehnjähriges Mädchen aus Papowo, was haben Sie mit ihr gemacht, wie groß war sie?"
Leszek steht unaufgefordert auf und zeigt mit der linken Hand bis zu seinem Kinn und antwortet:
„So groß war sie."
„War sie reif für ihr Alter?" fragen wir ihn.
„Ja, ja", antwortet Leszek und lacht.
„Ist das die Wahrheit Leszek, haben Sie Sylwia und Małgosia umgebracht?"
Und er antwortet spontan: „Ja."
Die Anwesenden lassen nicht nach, wollen noch mehr erfahren und fragen ihn: „Haben Sie noch mehr Menschen umgebracht?"
Doch jetzt weicht Leszek aus und sagt, er sei müde und aufgeregt und er könne sich auch nicht mehr so genau erinnern.
Alle Anwesenden versuchen, ihn zu beruhigen und sagen: „Bleib ganz ruhig, Leszek!" und noch einmal wird wiederholt: „Leszek, sagen Sie uns, wieviele Menschen haben Sie getötet?"
Er blättert in den Sexheften und wirkt ruhiger. Er schaut kurz auf und hat nur eine kurze Antwort: „Vierzehn Menschen habe ich getötet!"
Noch nie zuvor hatte Leszek gestanden, getötet zu haben. Stets hat er ausgesagt: „Ich wollte, daß sie still ist."
Längst sind der Betreuer und der leitende Vollzugsbeamte aufgestanden und hinter die Kamera getreten, um das Geschehen aus nächster Nähe erleben zu können. Die Besuchszeit ist um mehr als zwei Stunden abgelaufen, doch diesen Vorgang wollen auch sie nicht unterbrechen. Dann beginnt Leszek, alle einzelnen Morde zu beschreiben, er benötigt dazu fast eine Stunde. Er wird dabei immer ruhiger, je mehr er in die Einzelheiten geht. Er läßt nichts aus, vor allem Dinge, die nur der Täter kennen kann. Mensch oder Psychopath, wer ist dieser Mensch, der ihnen nur einen Meter entfernt gegenübersitzt? Gebote, Tabus

interessieren ihn offensichtlich nicht. Er will in den Himmel kommen und mißachtet wie kein anderer das Gebot: „Du sollst nicht töten“.

Man hört, daß ihm Mitleid fremd ist – für ihn zählt nur die Befriedigung seiner Wünsche. Sex und der Wunsch zu töten.

Noch einmal wird die Befragung fortgesetzt.

„Warum haben Sie sich sogar an Leichen vergangen, wie in den meisten Fällen?“

„Freiwillig wollten sie das ja nicht mit mir machen.“

„Und wenn sie es freiwillig mit Ihnen gemacht hätten?“

„Dann würde ich sie auch nicht töten.“

„Hatten Sie je eine Freundin, die mit Ihnen geschlafen hat?“

„Nein, nie, ich habe noch nie mit einer Lebenden das Eine gemacht. Ich bin doch anders als die anderen, ich weiß, vielleicht bin ich ein wenig verrückt. Aber ich bin doch ganz arm, ich habe kein Auto, ich kann den Mädchen doch nichts bieten.“

Inzwischen ist es nach 20 Uhr und die Statuten der Gefängnisleitung schreiben vor, daß sich nach 19 Uhr kein Besucher mehr in der Anstalt aufhalten darf. Die Beamten geben zu verstehen, daß das Gespräch abgebrochen werden müsse, wofür alle Verständnis zeigen. Leszek aber hat noch etwas zu erledigen. Er geht auf ein Mitglied der für ihn merkwürdigen Besucher zu und fragt: „Bekomme ich jetzt meinen Jogginganzug?“

Er hat es also nicht vergessen, obwohl er etwas müde ist.

Freudig betrachtet er die neuen Kleidungsstücke. Ein violetter Markenjogginganzug mit drei Streifen, wie gewünscht, ein brauner Pullover und ein paar Socken. Sofort beginnt er sich zu entkleiden, es stört ihn auch nicht, daß die Kamera noch immer läuft, obwohl er nur noch in seiner langen Unterhose und seinem Unterhemd im Raum steht. Er achtet auch nicht auf die beiden jungen Frauen, die sich verschämt zur Seite drehen. Er will gerade seine neue Bekleidung anziehen, als einem der Anwesenden die zwangsweise von anderen Häftlingen beigebrachten Tätowierungen einfallen. Man bittet Leszek deshalb, auch das Unterhemd auszuziehen. Zunächst denkt er, daß man auch dieses mitnehmen wolle; doch als er bemerkt, daß seine

Leszek Pekalski zieht sich um, er hatte sich einen Trainingsanzug gewünscht

Tätowierungen betrachtet werden, schämt er sich offensichtlich und sagt: „Aber das sagen Sie niemanden, was man mir da auftätowiert hat?"
Das wird ihm versprochen, und er zieht seine neuen Sachen an. Stolz verläßt er den Raum.
Einiges wurde erreicht bei diesem Interview. Leszek Pekalski hat vierzehn Morde vor laufender Kamera gestanden, auch sein Vorwort für ein Buch (das vorliegende) und seine Kleidung hat das Team. Statt jedoch diesen Tag zu feiern, zieht es jeder einzelne von ihnen vor, nach dem Abendessen auf sein Hotelzimmer zu gehen.

Am nächsten Morgen ist das Gerichtsgebäude wieder zum Schauplatz zahlreicher Berichterstatter geworden. Schon früh sind Reporter versammelt, Fotografen, Kameraleute, Redakteure. Beim Portier des ehrwürdigen Hauses gibt es kaum Sprachschwierigkeiten – er versteht zwar kein Englisch, doch allein der Name „Leszek Pekalski" macht ihm klar, was die einzelnen Besucher wollen: Vor Prozeßbeginn in den Gerichtssaal.
Dieser befindet sich im ersten Stock des Neubautrackts, Zimmer 114. Auf dem Sitzungsprotokoll vor dem Gerichtssaal am schwarzen Brett kann man erkennen, daß hier der Prozeß stattfindet. Inzwischen vertraute Namen der Richter und die Namen der für heute geladenen Zeugen sind notiert. Dabei fällt ein Name ganz besonders auf: es ist der Freund von Anika C., dem Opfer Nr. 8 der Anklageschrift, der das Mädchen allein nach einer Zechtour nach Hause geschickt hatte. Nach starkem Alkoholgenuß wollte er Anika zunächst nach Hause bringen, doch als sie ihm unmißverständlich zu erkennen gab, daß sie auch wirklich nur nach Hause gebracht werden wollte, drehte er sich beleidigt um und ließ das Mädchen allein. Als er sich noch einmal nach ihr umdrehte, sah er Anika in Begleitung eines Mannes und schloß daraus, daß sie wohl einen Freund getroffen hatte. Wie sich durch die Gerichtsmedizin später herausstellte, wurde sie eine Stunde später ermordet.

Nachdem sich auf dem Anhang auch die Uhrzeiten befinden, für wann die Zeugen geladen sind, weiß man, daß dieser Mann auf einer der Bänke vor dem Gerichtssaal sitzen müßte. Dort sitzt nur ein blonder Mann mit einem Augenfehler und es ist bekannt, daß Anikas Bekannter einen solchen hat – also kann nur er es sein. Nach anfänglichem Zögern stellt er sich doch für ein paar Fragen der ihm unbekannten Personen zur Verfügung. Die letzte beantwortet er leicht gereizt.
„Haben Sie, als Sie sich von Ihrer Freundin getrennt haben an diesem Abend, Leszek Pekalski erkennen können?"
„Dazu möchte ich nur im Gerichtssaal berichten und nicht hier", lautet seine knappe Antwort und damit will er auch die Unterredung beenden. Die fiebrige Trophäenjagd auf alles, was mit Leszek Pekalski zu tun hat, macht selbst vor dem Blatt Papier, auf dem die Prozeßbeteiligten für den betreffenden Tag aufgelistet sind, nicht halt: Natürlich ist klar, daß man diesen Zettel erst am Ende des Verhandlungstags abnehmen kann, doch das stört nicht. In der nächsten Verhandlungspause steht ein Trophäenjäger in der Türe, aus der das Gericht und die Protokollführerin herauskommen werden.
Die Schöffen und Richter grüßen, der Vorsitzende gibt aber zu verstehen: „Keine Interviews heute. Keine, o.k.! Die Fernsehaufnahmen im Gerichtssaal habe ich genehmigt. Auf Wiedersehen", und dabei betrachtet er ein Fernsehteam beim Auspacken der Kamera. Eine Dolmetscherin, die die Fernsehleute dabei haben, unterhält sich mit der Protokollführerin. Obwohl das Team kein Polnisch versteht, können sie doch an den Gesten und am ständigen Kopfschütteln erkennen, daß aus dem Wunsch wohl nichts werden soll. „Unmöglich, das ist ein Gerichtsprotokoll, wie stellen Sie sich das vor", wird übersetzt. Im selben Augenblick kommt der Polizeibeamte, der die Reporter zum Verhandlungssaal geführt hat, zum Eingang des Gerichtssaales. Er übergibt dem wartenden Staatsanwalt einen Aktenordner.
Einem der anwesenden Reporter wird in diesem Moment klar, daß er über den Polizeibeamten an viele, wichtige Informa-

WOKANDA

Spraw wyznaczonych w Sądzie Wojewódzkim w Słupsku

Wydział II Karny

na dzień 13 listopada 19 96 r. Sala nr 1 114

Przewodniczący SSW Andrzej Cyganek, SSW Andrzej Dymalski

Protokolant

Sędziowie (ławnicy) Bronisława Stefańska, Ryszard Jastrzębski, Adam Klusek

Sesję rozpoczęto o godz. .... Sesję zakończono o godz. ....

Lp.	Sygnatura akt Sądu i oskarżyciela publicznego	Godzina rozpoznania sprawy	Imiona i nazwiska stron (oskarżonych) świadków, biegłych i tłumaczy	Przedmiot sprawy (artykuł ustawy karnej wg aktu oskarżenia)	Uwagi
1	2	3	4	5	6
1	II K 161-95	9^{00}	Leszek Pękalski adw. Andrzej Sut		
	Prok.Woj. Słupsk		adw. Ryszard Cynalewski		
	~~I Ds 1/93~~				
			art. 148 § 1 kk i inne		
			Świadkowie		
	godz. 9^{00}		godz. 11^{00}		
	1. Czesława Kubiszyn		6. Gabriela Popowicz		
	2. Janina Kaczmarczyk		7. EwaKryszewska		
	~~3. Paweł Nowak~~		~~8. Grażyna Brozis~~		
	4. Katarzyna Klimak				
	5. Janusz Czarnecki				
	Przewodniczący		Protokolant		

Ms/Kar 24
Zakł. Usługowy Introligatorsko-Poligraficzny Słupsk, ul. Koszalińska 2a

Gerichtsprotokoll vom 13. November 1996

tionen kommen könne. Wenn er sich jetzt nur richtig anstellt. Er lächelt und schickt die Dolmetscherin vor.
„Wofür braucht er denn dieses Blatt?“ will der Beamte wissen und als ihm die Dolmetscherin anvertraut, daß er ein verrückter Sammler solcher Dinge sei, flüstert er der ihr ins Ohr: „Warten Sie, bis die Verhandlung wieder begonnen hat, dann gebe ich es Ihnen.“
„Ach, seien Sie doch so nett und nehmen es ab, wir holen es uns dann in Ihrem Zimmer.“
Der Beamte nickt, lacht ein wenig und denkt dabei sicher an ein kleines Entgelt, das er hier vor Zeugen nicht hätte annehmen können. Die Kamera ist längst im Gerichtssaal aufgebaut und die Scheinwerfer sind installiert. Alles wartet auf den neuerlichen Auftritt von Leszek Pekalski, der von drei Polizeibeamten vorgeführt wird. Mit gesenktem Kopf betritt er den Saal und stellt erfreut fest, daß eine Kamera auf ihn gerichtet ist. Sofort wirft er sich in Pose und lacht in die Kamera. Er kann kaum erwarten, daß man ihn zu seinem Platz führt, um sich wieder in Szene setzen zu können. Er fühlt sich wie ein Star. Keinen Augenblick läßt er von der Kamera ab, oft genug muß ihn der Vorsitzende ermahnen, der Verhandlung zu folgen. Leszek posiert, achtet kaum auf das, was Richter und Staatsanwälte zu sagen haben. Klugerweise schaltet der Kameramann, der im Raum ist, die Beleuchtung aus und läßt Leszek glauben, daß nicht mehr gefilmt wird. Sein Interesse läßt nach.
Er beginnt, sich den Zuhörern zuzuwenden, und sucht nach neuen Gesichtern. Als er den Mann erblickt, von dem er am Vorabend seinen neuen Jogging-Anzug erhalten hat, verändern sich seine Gesichtszüge. Er starrt ihn an, sein Gesicht wird hart, böse glitzern seine Augen. Sie sind kalt, unbeweglich, seine Stirn liegt in Falten und er schnaubt leise. Sein Blick läßt nicht von ihm ab. Der Mann wundert sich: Leszek, den er bisher bei einigen Gelegenheiten getroffen hatte, der ihn sonst immer schüchtern und vorsichtig angelächelt hatte, ist zornig – warum, weiß er nicht. Erst als ein wichtiger Zeuge, der Freund von Anika C., in den Zeugenstand gerufen wird, läßt Leszek von

dem Mann im Zuschauerraum ab und nimmt den anderen ins Visier.
Der Staatsanwalt und Leszek wissen, daß es mit dem Auftritt dieses Mannes einen neuen Beweis geben könnte. Als der Zeuge jedoch zugeben muß, daß er wegen Raubes vorbestraft ist, scheint zumindest seitens des Gerichts das Interesse an ihm nachzulassen. Erst der Staatsanwalt stellt die alles entscheidende Frage: „Erkennen Sie im Angeklagten den Mann wieder, der mit Ihrer Freundin Anika auf der Straße weiterging?"
„Nein, dazu war es viel zu dunkel, und Anika war auch schon zu weit von mir entfernt, als daß ich den Mann hätte erkennen können."
Da hilft auch das Nachbohren der Staatsanwaltschaft nicht, ob dieser Mann denn wohl die Größe des Angeklagten gehabt hätte, dabei wird Leszek aufgefordert, sich zu erheben. Leszek braucht nicht aufzustehen, denn der Vorsitzende Richter unterbricht:
„Das hat doch keinen Sinn, Herr Staatsanwalt, Sie haben doch gehört, daß er ihn nicht erkannt hat."
Niedergeschlagen setzt er sich. Der Richter ordnet die Mittagspause an. „Er sagte doch vor der Polizei aus, er könnte es gewesen sein", versucht der Staatsanwalt den Beweiswert der Zeugenaussage zu erklären. Er diskutiert aufgeregt mit einem Prozeßbeobachter, den er kennt, als aus der Tür, durch die man Leszek abgeführt hat, ein Polizeibeamter auf das Grüppchen zugeht.
„Leszek Pekalski will Sie unbedingt beide sehen, er ist ganz wütend."
Er deutet auf den Mann, den Leszek zu Beginn der Verhandlung nicht aus den Augen ließ – und auf seine Begleitung, eine Dolmetscherin. Der Staatsanwalt verspricht, auf die beiden zu warten, und so folgen sie, überrascht, dem Beamten.
Ein Stockwerk tiefer betreten sie einen kleinen Raum, in dem drei weitere Polizisten sitzen und sie lachend empfangen. Sie deuten auf die andere Seite des Raumes, wo sich drei Zellen befinden. Als Leszek den Mann sieht, fängt er an zu toben:

„Ich hatte gestern Nacht großen Ärger mit den Beamten im Gefängnis, weil ich meine Kleidung nicht mehr hatte. Sie müssen heute nachmittag unbedingt in das Gefängnis gehen und die Sache regeln!“ macht er seinem Ärger Luft. Erst als die Dolmetscherin Leszek zu verstehen gibt, daß sie heute nachmittag sowieso in das Gefängnis gehen werden, beruhigt er sich wieder.
Sie setzen sich an den Tisch zu den Beamten und verstehen die ganze Aufregung noch nicht. Fest stand doch, daß der Anstaltsleiter die Genehmigung für den Kleidungstausch erteilt hatte – war damit nicht alles erledigt? Was sie nicht wissen konnten: als Leszek nach dem Interview wieder in seine Zelle gesteckt wurde, hatten die beiden Beamten, die die Geschehnisse mitverfolgt hatten, Feierabend. Sie hatten es versäumt, ihre Kollegen davon zu unterrichten, welche Genehmigungen die Anstaltsleitung erteilt hatte – und natürlich auch, daß Leszek seine Kleidung ausgetauscht hatte.
Was die Fernsehleute nicht wissen konnten, war, daß die Gefangenen, bevor das Licht ausgeschaltet wird, ihre Oberbekleidung vor die Zellentür legen müssen. Diese Vorsichtsmaßnahme soll eine Flucht aus der Anstalt erschweren. Alle lachen herzhaft, als ein Polizeibeamter sagt: „Das Tollste war natürlich: niemand wußte von Ihrem Kleidertausch. Als wir dann den anderen Jogginganzug vor der Zelle liegen sahen, waren wir von einem Fluchtversuch Leszeks überzeugt.“ Er fährt fort, stets lacht er dabei: „Was er uns auch sagte, wir glaubten ihm kein Wort. Welcher Gefangene durfte auch schon seine Anstaltskleidung gegen einen Jogginganzug austauschen? So durchsuchten wir das ganze Gefängnis nach seiner Kleidung und als wir sie nicht finden konnten, ließen wir die ganze Nacht in der Zelle 53 das Licht brennen und überprüften diese halbstündig.“
Die Dolmetscherin geht noch einmal auf Leszek zu und erklärt ihm, daß noch am Nachmittag alles im Gefängnis aufgeklärt werde. Langsam beruhigt er sich.
Am Nachmittag fährt die Dolmetscherin mit ihrem Begleiter

im Taxi zum Gefängnis. Immer noch sind alle heiter, der Fahrer wundert sich – wer scherzt schon laufend, wenn er auf dem Weg ins Gefängnis ist? Dort angekommen, steuern sie auf den Eingang zu und klingeln. Minuten vergehen, doch niemand öffnet die kleine Luke an der Tür.
Plötzlich bemerken sie die Blicke der umstehenden Frauen, die das aggressive, selbstbewußte Klingeln nicht einordnen können. Sie warten bereits seit Stunden vor dem Gefängnistor, doch nichts rührt sich für sie. Die Neuankömmlinge aber tun so, als würden ihnen Tür und Tor offenstehen. „Na, wohl keine Zeit?“ wird plötzlich aus dem kleinen Schlitz der Tür gerufen und zwei dunkle Augen blicken nach draußen. Der Ausdruck zeigt: man ist nicht sehr erfreut über die Klingelei. Trotzdem: kurz nachdem sich die Besucher ausgewiesen und nach dem Direktor verlangt haben, wird ihnen zur Verwunderung der umstehenden Frauen blitzschnell die Türe geöffnet.
„Bitte, nehmen Sie doch Platz, der Herr Direktor läßt Sie gleich rufen!“ sagt der Schließer, und schon stehen in der kleinen Pförtnerloge zwei Stühle bereit.
„Sie können sich gar nicht vorstellen, was heute los ist. Heute ist Besuchstag und das ist die Hölle für uns!“
Während der Beamte erzählt, welch überdimensionales Arbeitspensum er an solchen Tagen zu erledigen hat, müssen sie an die Frauen denken, die vor der Eingangstüre warten. In der kleinen Einbahnstraße befindet sich direkt gegenüber dem Eingang des Gefängnisses ein kleines Wartehäuschen, ähnlich dem einer Bushaltestelle. Der überdachte Raum ist überfüllt von Frauen mit kleinen Geschenkkartons in der einen und ihre Kinder an der anderen Hand.
Jeder, der die Straße entlanggeht, mustert die Frauen, die gesenkten Hauptes versuchen, die Kinder abzulenken, damit sie diese entwürdigende Prozedur nicht mitbekommen. Słupsk ist eine kleine Stadt und es kennt jeder jeden. Was muß in diesen Frauen vorgehen, die niemandem etwas getan haben, außer mit einem Mann verheiratet zu sein, der im Gefängnis sitzt?
Vielleicht entschuldigen sie die Taten ihrer Männer und den-

ken, sie haben es nur für ihre Familien getan. Nun haben diese Frauen keinen Ernährer mehr, der für die Familie sorgt, dennoch haben sie Geschenke mitgebracht. Der Beamte wendet sich seinen Besuchern zu. Offensichtlich hat er bemerkt, wie traurig sie diese Situation finden.

„Ich kann ja auch nichts dafür, daß die oft Stunden warten müssen, bis sie hereingelassen werden. Wir haben eben viel zuwenig Beamte hier", lautet seine Entschuldigung und dabei geht er wieder zur Eingangstür. Schüchtern wird ein Name durch die Eisenklappe hereingerufen und der Beamte erwidert nach außen: „Eine Stunde, dann hole ich Sie wieder ab."

Eine Frau wird eingelassen, Sie ist etwa 35 Jahre alt und hat zwei kleine Kinder dabei. Verlegen blickt sie um sich.

Ein neuer Beamter kommt in das Besucherzimmer und teilt mit, daß der Direktor nicht im Hause sei, aber sein Vertreter lasse zu sich bitten. Das Team wird hingeführt, der Vertreter stellt sich kurz vor und spricht gleich von dem Vorfall der letzten Nacht: „Kein Problem mit gestern abend wegen der Kleidung des Gefangenen Leszek Pekalski. Ich habe mit dem Direktor gesprochen und Sie können selbstverständlich die Kleidung, wie Ihnen zugesagt, behalten." Dabei muß er lachen, „Aber es war schon eine riesige Aufregung hier im Haus gestern abend, wir alle glaubten wirklich, Leszek wollte ausbrechen. Wer konnte auch ahnen, daß es einen Menschen gibt, der die Kleidung dieses Mannes haben will. Hat Ihnen der Herr Direktor sonst noch etwas versprochen?" fragt er mit sarkastischer Stimme und ist vermutlich froh, daß dem nicht so ist. „Aber ich hätte an Sie eine Bitte und wäre Ihnen dankbar, wenn Sie mir diese erfüllen könnten. Kann ich ein wenig in den Aufenthaltsraum gehen, um die Gefangenen mit den Besuchern zu sehen?"

Undeutlich stimmt er zu und kann sich dabei diesen neuen Wunsch nicht erklären. Leszeks Betreuer wird gerufen, und er begleitet den Neugierigen in den Besucherraum. Es ist genau das Zimmer, in dem Leszek gestern vor der Kamera stand.

Nur eine lange Tischreihe trennt die Besucher von den Ge-

fangenen. So können sie sich die Hände reichen, die Väter sind in der Lage, ihre Kinder auf den Schoß zu nehmen. Vor allem bei den kleinen Kindern kann man bemerken, wie unbedarft sie die Situation hinnehmen, wo doch die älteren schon mit verstohlenen Blicken im Raum umherschauen und sich nicht so ganz glücklich fühlen.
Die Väter indes begutachten die mitgebrachten Waren und streicheln ihren Frauen über die Wangen, wenn das Richtige dabei ist. Große Ansprüche können sie nicht stellen, die Frauen dürfen vieles gar nicht mitbringen. Ein gelungener Besuchstag ist für die Gefangenen, wenn genügend Rauchwaren und Kaffee dabei sind, denn dafür können sie sich von den anderen Mitgefangenen alles kaufen. Nicht immer nur selbstgedrehte Zigaretten zu rauchen, sondern „Aktive" aus der Schachtel ist etwas Besonderes für sie.
Vor allem die Großzügigkeit der Beamten verwundert doch sehr: oft genug sehen sie weg, wenn die Frauen ihren Männern Gegenstände in die Jackentaschen stopfen. Wen wundert es da, daß in diesem Gefängnis Rauschgift ein großes Problem und beliebtestes Zahlungsmittel ist? Die Frauen, die hier ihre Männer besuchen und ihnen den Eindruck vermitteln, als würde dies an einem anderen Platz stattfinden, beeindrucken den unbefangenen Besucher. Er bemerkt, wie all diese Frauen bemüht sind, ihre Männer zu trösten, und offensichtlich sind sie froh, daß der Kontakt zwischen Vater und Kindern aufrechterhalten bleibt. Man kann sehen, wie wichtig ihnen dieser kurze Besuch ist, und wer weiß schon, was diese Frauen während der anderen Tage erleben.
Die Blicke der Nachbarn, das Verhalten der Freunde und der Familie, welche Last müssen diese Frauen ertragen, nur weil sie diese Männer lieben, die die Väter ihrer Kinder sind.
Die Männer indes haben mit der Situation offensichtlich keine Probleme, es scheint fast, ihre Frauen würden sie in einem Krankenhaus besuchen und nicht in einem Gefängnis. Was mag Leszek Pekalski an solchen Tagen denken, wenn alle Gefangenen vom Besuchstag sprechen und er in all den vier Jahren

noch nie auch nur eine Person aus seiner Familie zu Gesicht bekam? Einmal sagte er ja: „Vor allem hätte ich meine Zwillingsschwester gerne einmal wiedergesehen.“ Doch Leszek Pekalski, den Gefangenen von Zelle 53 des Gefängnisses, will niemand sehen, nicht einmal seine Schwester. Er ist ein Monster, das niemand sehen will. Eine Bestie, an deren Händen Blut klebt. Und doch will er besucht werden, Geschenke empfangen, plaudern.

„Warum hast du das getan?“

Der Vater von Sylwia R. wird an diesem Tag noch Besuch empfangen: das Fernsehteam hat sich angekündigt und will mit seiner Frau und ihm über den Tod ihrer Tochter sprechen. Dem Team war bekannt, daß die Eltern ihr Kind selbst gefunden haben, an dem Ort, an dem sie getötet wurde. Es war dieser Vater, der ein Kreuz errichtet mit einer Aufschrift hat, die einem stillen Schrei gleich.

Obwohl der Beobachter schon mit vielen Verwandten von Opfern des Leszek Pekalski gesprochen hat, ist dieses Interview doch etwas Besonderes. Als sie zuvor das Kreuz besichtigten, standen allen Beteiligten die Tränen in den Augen. Was muß ein Vater, was die Mutter fühlen, wenn sie ihr Kind, blutüberströmt, kaum mehr zu erkennen, am Boden liegen sehen? Welcher Schmerz kann größer sein auf dieser Welt? Wie können Eltern, die ein Kind auf solch unfaßbare, grausame, niederträchtige Art verlieren, weiterleben? Was fühlen sie – fühlen sie noch, können sie noch fühlen? Oder gleicht ihr Inneres einer leeren Wüste – einer Wüste, die ihren Sand immer weiter in einst blühende Gebiete treibt? Wie oft schrecken sie hoch in der Nacht, im Glauben, gerade ihre Tochter schreien gehört zu haben? War da nicht ein Hilferuf? Hat sie nicht eben gejammert? Ist sie vielleicht gar nicht … tot?

Sie muß leben! Sie ist doch ein Kind! Sie hat doch noch so viel vor sich, weiß doch gar nicht, wie vielfältig das Leben sein kann … hat nur gespürt, wie sich die Bestie Leszek Pekalski an ihrem jungen Körper befriedigt. Hat die Hölle gespürt und in ihren Abgrund geblickt, obwohl sie nie einen Dämon beschworen hat.

Dieser Dämon beschwor sich selbst. Sein Altar war ganz Polen. Das Video der Gerichtsmedizin, von einer handverlesenen Personengruppe gesehen und ausgewertet (u. a. von Ärzten und der Staatsanwaltschaft), zeigt, in welchem Zustand Sylwia R. gefunden wurde. Es deutet auch an, in welcher Raserei sich Leszek Pekalski befunden haben muß, als er tötete. Der An-

Die Mutter von Sylwia R.

blick des geschundenen Mädchens hinterläßt auch bei den untersuchenden Ärzten tiefe Spuren.
Es ist schon Abend, eine kleine Landstraße führt zum Haus der Eltern von Sylwia. Im Mondlicht sieht man das Kreuz, das der Vater für seine Tochter errichtet hat. Gespenstisch gibt der Mond das Bild auf einen Ort des Grauens frei. Der Kameramann, der mit dem Team zum Haus der Eltern unterwegs ist, versucht, diese Szene, die Atmosphäre einzufangen. Ihm wird klar, daß er in wenigen Minuten im Haus der Eltern sein wird. Daß seine Arbeit sie zwingen wird, noch einmal das Grauenhafte zu duchleben, noch einmal die schrecklichste Zeit ihres Lebens zu erzählen – den Tag, an dem ihre Tochter starb.
In dem kleinen, bescheidenden Haus empfangen die Eltern die Besucher. Sie führen sie in ein mit Heiligenbildern versehenes Wohnzimmer. Beide sitzen auf der Couchgarnitur und warten geduldig auf Fragen. Der Vater, in brauner Kordhose und rotem Pullover, die Hände im Schoß übereinandergeschlagen, wirkt ruhiger als seine Frau Stefani, im Jeansrock und grünrot gemusterten Pullover, Mitte Fünfzig. Sie kann die Fragen nicht mehr erwarten und beginnt mit bewegten Worten zu erzählen, was sich damals zugetragen hatte.
„Als unser Kind nicht nach Hause kam, nachdem es Abend geworden war, machten wir uns auf die Suche. Wir suchten den Nachhauseweg von Sylwia ab, vor allem den Weg durch den Wald, den sie gehen mußte. Plötzlich haben wir eine rote Plastiktüte gefunden, ich habe sie sofort erkannt, es war die von Sylwia, die sie immer bei sich hatte. Das Gras um die Tüte war ganz zertreten und ich bekam Angst, daß etwas geschehen sein könnte. Dann habe ich meinen Mann gerufen. Als er an die Stelle kam, haben wir die Schleifspuren entdeckt, die direkt in den Wald führten. Mein Mann und ich sind den Spuren gefolgt, dann haben wir einen Schuh von Sylwia gefunden."
Sie fängt an zu weinen, aber sie will weiter berichten, immer wieder reibt sie ihre derben Hände aneinander.
„Ich habe es sofort gespürt, es war wie ein Schlag für mich, ich wußte, es war etwas Schreckliches passiert. Wir gingen

weiter, immer tiefer in den Wald, immer der Spur nach. Immer wieder rief ich ihren Namen und hoffte, betete, daß sie noch am Leben ist. Ich rief immer wieder ihren Namen, sie sollte antworten, sie sollte mir zeigen, daß sie noch lebt. Immer mehr geriet ich in Panik und konnte die Situation nicht mehr ertragen.

Ich setzte mich auf den Boden und weinte und schlug mit den Händen auf den Boden, denn immer mehr kam der Gedanke in mir auf, meiner Sylwia ist etwas Furchtbares geschehen. Mein Mann verfolgte die Spur weiter und fand schließlich unser Kind nackt in diesem Wald. Sie hat an diesem Tage ein Kopftuch getragen und mit diesem Kopftuch hat er sie erwürgt, man konnte die Würgemale sehr deutlich sehen. Auch die vielen Verletzungen am ganzen Körper. Mein Mann legte seine Jacke über Sylwia, bückte sich zu ihr nieder, nahm ihren blutüberströmten Kopf in seine Arme und weinte und weinte. Ich weiß, er hat meine Tochter in den Wald geschleift, ich weiß nicht, wie er das gemacht hat. Ich glaube, er hat sie da ermordet, wo wir sie gefunden haben."

Man merkt der Mutter an, wie schwer ihr diese Erzählung fällt und doch hat man das Gefühl, es muß aus ihr heraus, sie will berichten, was ihr und ihrem Mann angetan wurde. Sie führt ein Glas Wasser zum Mund, doch sie trinkt nicht, wie beschwörend beginnt sie erneut.

„Keiner darf mit Leszek Pekalski Mitleid haben, sie sollen ihn uns geben, dann bekommt er seine gerechte Strafe!"

Zum ersten Mal nimmt der Vater von Sylwia Stellung: „Ja, sie sollen ihn uns geben!"

Wenn man diesen Mann betrachtet, weiß man, was er erlitten hat, und daß er mit seiner Tochter gestorben ist. Wer will die Qualen erfassen, die dieser Mensch erdulden mußte, seine Tochter gedemütigt bis in den Tod gesehen zu haben. Geschunden bis in den Tod von einer Bestie, die heute in einer warmen Zelle lebt. Immer wieder wiederholt seine Frau: „Gebt ihn uns, wir geben ihm die gerechte Strafe."

Dabei zeigen ihre rauhen Hände, was sie mit ihm tun würde.

Das Fernsehteam muß an die Worte einer Psychologin denken: „Leszek Pekalski wollte grausamer sein als alle anderen."
Hier, im Hause R., hat er erreicht, was er wollte – er hat nicht nur seinem Opfer das Leben genommen. Er hat eine Familie zerstört. Die Eltern weinen jetzt und auch ihre Besucher sind sehr traurig. Hier werden sie direkt mit den Auswirkungen konfrontiert, die Pekalskis Taten hervorriefen. Hier gibt es keinen Abstand zum Grauen. Hier ist die Wrklichkeit, nicht im Gefängnis, wo Leszek sitzt und Seifen stapelt und Schokolade in sich hineinstopft und Pornos liest und, wahrscheinlich, anhand einiger Bilder an seine Taten erinnert wird, sich aufgeilt, während in ganz Polen Eltern ihre Kinder vermissen.
Immer wieder drückt Stefania R. kräftig die Hand eines Besuchers – sie will Hilfe, sie spürt, daß der Mann, der vor ihr sitzt, nachvollziehen will, wie es ihr geht. Daß er Leszek Pekalski den Tod wünscht, den grausamsten, den diese Welt zu bieten hat. „Schreiben Sie alles über dieses Schwein!" ruft sie ihm zum Abschied nach, „damit die Leute sehen, was es für Menschen gibt und welches Elend sie über viele Familien bringen können."
Vielleicht, eines Tages, wird dieser Mann, der das Unheil angerichtet hat, ein freier Mann sein. In welch tiefe Verzweiflung mag diese Mutter versinken, wenn sie darüber nachdenkt. Was mag in dem Vater vorgehen, der alles verloren hat, wofür er leben wollte. Man mag sich erinnern an Leszeks Worte: „Mir geht es gut hier im Gefängnis, die Wärter behandeln mich korrekt und ich werde nicht geschlagen." In der Zelle, die Leszek bewohnt, ist es wärmer als im Wohnzimmer der Familie R..
Am nächsten Tag gibt der Staatsanwalt noch einmal ein Interview vor laufender Kamera und er macht dabei einen sicheren und zufriedenen Eindruck.
„Ich bin müde, weil sich der Prozeß um Leszek Pekalski so hinzieht. Aber über eines bin ich glücklich, daß dieser Mensch keine Gefahr mehr für die Menschen ist und vermutlich für immer im Gefängnis bleiben wird."
Die Münchner Psychologin Dr. Annegret Wiese erstellt in die-

sen Tagen anhand vieler Daten, die ihr übermittelt werden, ein psychologisches Profil von Leszek Pekalski. Ihre Ausführungen werden vom Prozeßbeobachter als exakt zutreffend bezeichnet.
Hier ein Auszug aus ihren Erkenntnissen:
„Leszek hat sich zunächst schwächere Opfer ausgesucht, Opfer, die er leicht überwältigen konnte, und hat die Erfahrung gemacht, daß er in der Lage ist, einen anderen Menschen zu töten, ohne daß es ihm besondere Mühe bereitet. Dies hat ihm ein Gefühl der Stärke verschafft, er hatte den Eindruck: ich kann das. Und dann wurde irgendwann das Gegenüber völlig egal. Für ihn ist das Töten letztlich eine ganz normale soziale Begegnung geworden. So absurd und brutal sich das auch anhört, aber es war seine Art, in Kontakt mit anderen Menschen zu treten."
Frau Dr. Annegret Wiese wird ein Videoband vorgespielt, das Leszeks Reaktionen auf die Frage, ob ihm seine Taten leid tun würden, zeigt.
(Frage an Leszek:) „Tut es dir leid, was du den Opfern angetan hast?"
Antwort: „Ein bißchen schon, ein bißchen tut es mir leid."
Die Psychologin dazu:
„Eine Tat zu bereuen setzt voraus, daß man wirklich erfaßt hat, was man getan hat. Leszek weiß auf einer intellektuellen Ebene, daß er diese Taten begangen hat, aber es ist für ihn nicht wirklich, er weiß nicht wirklich, was er den Frauen und den anderen Opfern für unermeßliches Leid angetan hat."

Polnische Justizkreise erfahren, daß Leszek Pekalski vor laufender Kamera 14 Morde gestanden hat und daß ein deutsches Fernsehteam im Besitz der Originalbänder ist. Über das polnische Generalkonsulat läßt man eine Kontaktperson in Deutschland wissen, daß die Staatsanwaltschaft dringendst diese Aufnahmen benötigt. Natürlich wird sofort eine Kopie des Bandes angefertigt, um sie den polnischen Justizbehörden zukommen zu lassen. Doch auf dem Postweg ist dies zeitlich

nicht mehr zu schaffen, da die Beweisaufnahme in wenigen Tagen abgeschlossen ist. Sobald der Staatsanwalt sein Plädoyer gehalten hat (und dies war für den kommenden Montag vorgesehen), wäre dieser Beweis wertlos.
Der sonst so sichere Staatsanwalt ist deshalb nervös und bittet den Kontaktmann, sofort nach Polen zu fliegen, damit man die Bänder für die Verhandlung verwerten kann. Wieder kommen Zweifel auf – wieso braucht die Staatsanwaltschaft so dringend dieses Video? Hat sie keine Beweise, die Leszek Pekalski – wenigstens für einige seiner Taten – den Weg in die Freiheit versperren?
Am Freitag, den 29. November 1996, sitzt ein Deutscher im Flugzeug nach Danzig. Sein wichtigstes Gepäckstück: die Fernsehaufnahmen. Ein Taxi bringt ihn zum Hotel „Hevelius". Am nächsten Morgen wird er auf den Staatsanwalt treffen und ihm die Aufnahmen überreichen.
An diesem Tag aber läßt er sich vom Hotel noch eine Dolmetscherin vermitteln; eine etwa fünfzigjährige, sehr gepflegt aussehende, dunkelhaarige Frau stellt sich noch am selben Nachmittag vor. Sie ist in den Sommermonaten Reiseleiterin und in der übrigen Zeit steht sie Geschäftsleuten zur Verfügung. Die kleine, quirlige Frau ist voller Tatendrang und gespannt darauf, was sie übersetzen soll. Als sie erfährt, was auf sie zukommt, daß sie sich mit dem Staatsanwalt hier im Hotel treffen würde und am Montag ein Besuch bei Leszek Pekalski im Gefängnis vorgesehen sei, wird sie aufgeregt.
„Bei Leszek Pekalski, dem Massenmörder? Im Gefängnis?" fragt sie argwöhnisch.
Als ihr Auftraggeber erklärt, daß er dafür Verständnis hätte, wenn sie nicht mit in das örtliche Gefängnis zu diesem Menschen gehen möchte, schüttelt sie resolut den Kopf: „Nein, den Leszek Pekalski möchte ich schon kennenlernen. Ich bin viel zu neugierig, um mir diese Chance entgehen zu lassen", erklärt sie und alle Angst weicht in diesem Moment von ihr.
„Ich, beim größten Menschenschlächter Polens. Ich, mit ihm in einem Raum", sagt sie vor sich hin.

Noch für denselben Spätnachmittag erhalten beide die Zusage, daß der Staatsanwalt ins Hotel kommen will. Er ist angenehm überrascht, weil jemand für seine Zwecke eine weite Reise gemacht hat, um die gewünschte Kassette zu überbringen. Er erklärt sich bereit, Informationen, die sich nicht auf die noch folgenden Prozeßtage beziehen, preiszugeben. So wird manche Frage, die in Zusammenhang mit Leszek Pekalski immer wieder auftauchte, an diesem Tag erörtert.
Nach drei Stunden verabschiedet er sich und verspricht, sich am nächsten Tag wieder mit dem Duo zu treffen. Auch die Dolmetscherin ist froh, sich zu verabschieden, denn: dieser Tag, der 30. November, ist einer der ganz großen Feiertage Polens. An diesem Tag haben alle Polen Namenstag. „Sie werden ja sehen“, heißt es, „was da bei uns heute Abend los ist im Restaurant, da wird getanzt und gelacht und natürlich auch getrunken bis morgen früh. Am besten, Sie bleiben an der Bar, denn schlafen können Sie heute nacht auf ihrem Zimmer vor lauter Lärm bestimmt nicht.“

Guter Leszek, böser Pekalski

Wieviele Tote bleiben verscharrt?

Am nächsten Tag hat Staatsanwalt Buksa das Video gesehen und ausgewertet. Ungläubig hat er in der Nacht am Bildschirm verfolgt, wie Leszek Pekalski vor der Kamera eines deutschen TV-Teams den Mord an 14 Personen gestanden hat. Ist dies der Beweis, der das Gericht letztendlich von der Tatsache, einen bestialischen Serienkiller vor sich zu haben, überzeugen wird? Ist dies der Moment in Leszeks Leben, in dem er die Maske des lieben „kleinen Jungen" vergessen hat, in dem er seine Tarnung aufgegeben hat? Am gleichen Tag ergibt sich für den Staatsanwalt ein vertrauliches Gespräch, in dem er über das Video, über Leszek und die Morde spricht. Dieses Gespräch wird im folgenden wiedergegeben.
„Ich werde das Video morgen früh dem Gericht vorspielen und ich bin überzeugt, daß das Gericht dieses Band als Beweismittel zulassen wird. Sie sind ja morgen früh sicher auch im Gericht, dann werden Sie sehen, wie es darauf reagieren wird."
Er spricht bei diesem Treffen auch über seine persönliche Einschätzung der Dinge.
„Ich bin überzeugt", und man glaubt ihm, „daß Leszek Pekalski weit mehr Menschen getötet hat als die achtzig, die er gestanden hatte. Bei den vielen Rekonstruktionen mit Leszek erzählte er immer wieder von weiteren Morden, die er in derselben Gegend begangen haben will, konnte sich jedoch nicht mehr genau an die Tatorte erinnern."
„Aber Sie hatten doch seine schriftlichen Geständnisse mit den genauen Tatangaben wie Ort und Zeitpunkt?" wird er gefragt.
„Das ist richtig, aber die Polizei hat an den angegebenen Stellen oft keine Leichen gefunden. Vielleicht haben sie schlampig gearbeitet und nicht die weitere Umgebung abgesucht. Ich weiß es nicht, warum in diesem Falle so viele Fehler gemacht wurden."

Leszek hat in einem Fall den Tatort so genau beschrieben, wie es nur der Täter konnte. Er beschrieb Gegenstände, die in einem Zimmer gewesen sein sollen, die aber, da neue Mieter in der Wohnung wohnten, nicht gefunden wurden. Als man Angehörige nach diesen Gegenständen befragte, sicherten diese zu, daß sie sich früher in den Räumen befunden haben.
Auf die Frage, ob denn diese Wohnung zum Zeitpunkt der Tat anders ausgesehen hat, bekomme ich als Antwort.
„Sie sah so aus wie von Leszek beschrieben. Als ich die Akte mit den Aussagen der Zeugen bekam, stellte ich fest, daß diese so bedeutenden Aussagen nicht protokolliert worden sind."
Unverständliches Kopfschütteln beiderseits.
„Bedenken Sie, daß die Regierung für einen Tag, den ich mit Leszek unterwegs war, nur 8,40 Złoty (etwa fünf DM) zur Verfügung stellt, und davon mußte er verpflegt werden."
„Und warum hat man die Versäumnisse nicht nachgeholt?"
„Dazu hatten wir gar nicht die Zeit. Leszek gestand immer neue Taten, denen wir nachgingen. Bedenken Sie, wir hatten die Beweisstücke, die Wäsche der Frauen und Leszeks umfangreiches Geständnis."
„Aber die von Ihnen sichergestellten Beweismittel wurden von den Angehörigen der Opfer nicht zweifelsfrei identifiziert. Welche Mutter kann schon unter Eid aussagen, daß es sich bei dem ihr zum Teil erst nach Jahren vorgelegten Wäschestück zweifelsfrei um eines ihrer Tochter handelt. Zumal es diese Unterwäsche in tausendfachen Ausführungen in jedem Kaufhaus zu kaufen gab."
„Ja das ist richtig, das haben wir bei den polizeilichen Vernehmungen nicht bedacht, denn in den damaligen Protokollen erkannten die Zeugen die Wäsche. Uns genügte es, immer im Hinblick auf die Geständnisse des Angeklagten, wenn die Zeugen aussagten, daß die Opfer ein solches Wäscheteil getragen haben. Wir wußten aber auch nicht, daß sich dieser Prozeß so lange hinziehen würde."
„Herr Staatsanwalt, haben Sie Angst, daß Leszek Pekalski einmal freikommen und Ihnen etwas antun könnte?"

„Nun, zunächst bin ich sicher, daß der Angeklagte nie mehr auf freien Fuß gesetzt wird. Aber man kann nichts ausschließen. Angst hätte ich dann nur um meine siebzehnjährige Tochter und um meine Frau, die übrigens auch als Rechtsanwältin tätig ist. Ich war so oft mit Leszek zusammen in ganz Polen, ich kenne all seine Taten, seine Grausamkeiten, die er den Opfern zugefügt hat, da bekommt man schon Angst."
„Glauben Sie mir", fährt er fort, „ich habe viele Nächte nicht geschlafen, als ich die Opfer sah oder die Bilder der Gerichtsmedizin. Ich denke an die kleine Małgosia K., die Dreizehnjährige, die sich vor Schmerzen, die Leszek diesem kleinen, wehrlosen Opfer zugefügt hat, die Finger der rechten Hand fast abgebissen hat."
„Halten Sie Leszek für voll zurechnungsfähig?"
„Ja, ich glaube schon, immer wieder habe ich die Gutachten der Psychiater eingehend studiert, die Leszek untersucht haben, und bin zu der gleichen Meinung gekommen, daß Leszek sofort wieder töten würde, wenn er noch einmal auf freien Fuß kommen sollte."
„Werden Sie für Leszek Pekalski die Todesstrafe fordern?"
„Darüber kann ich Ihnen aus rechtlichen Gründen keine Antwort geben, bitte haben Sie dafür Verständnis. Mein Plädoyer werde ich morgen oder übermorgen halten und bis dahin muß ich Sie um Geduld bitten."
„Herr Staatsanwalt, sind Sie für die Todesstrafe im allgemeinen?"
„Nein, bin ich nicht, ich bin dafür, daß solche Menschen wie Leszek Pekalski bis zu ihrem Lebensende weggesperrt werden, damit sie niemandem mehr etwas antun können. Nein, für die Todesstrafe bin ich nicht, auch nicht im Falle eines Leszek Pekalski."
„Herr Staatsanwalt, Sie haben mir erzählt, daß Leszek für längere Zeit auch bei einer alten Frau gewohnt hat. Warum, glauben Sie, hat er dieser Frau nichts getan?"
„Das ist völlig typisch für Leszek: er tat niemandem etwas, von dem er sich Vorteile erhoffte. Wie bei seinem Onkel Bog-

dan, bei ihm fand er immer wieder Unterschlupf, so war es auch bei dieser Frau. Sie hatte ein schönes Haus und Leszek tat ihr leid, deshalb bot sie ihm in ihrem Haus ein Zimmer zum Wohnen an. Übrigens, sie war sehr christlich und sah es als ihre Pflicht an, diesem armen, obdachlosen Geschöpf eine Bleibe zu gewähren. Sie hatte außer Leszek noch einen obdachlosen Mann aufgenommen, der dieser alten Frau sehr im Hause half. Sie sprach sehr viel über Gott und dieses Thema gefiel Leszek sehr, und da diese Frau sehr viel in die Kirche ging, glaubte Leszek, sie könnte ihm auch helfen, eine Frau zu finden. Immer wieder erzählte Leszek davon, wie schlecht ihn der Pfarrer seiner Gemeinde behandelt hatte, und diese Frau versprach, ihm behilflich zu sein. Er klagte bei ihr ständig über nervliche Probleme, und die alte Frau gab ihm ein Medikament, das er täglich einnehmen sollte. Es war im August 1989, da nahm Leszek eine ganze Packung ein und man mußte ihn in ein Krankenhaus bringen. Später erzählte er der Frau, daß er sich nicht töten wollte, sondern nur heilen, heilen von seinen schlechten Gefühlen."

„Hat diese Frau nie bemerkt, was hinter diesem Menschen steckt?"

„Nein, denn Leszek sprach nur immer über Gott und das gefiel ihr."

„Warum warf sie ihn dann doch aus dem Haus?"

„Die Frau hatte Leszek dabei erwischt, daß er Frösche aus ihrem Teich fing und sie fürchterlich quälte. Dann beobachtete sie, daß er Büstenhalter aus ihrem Schlafzimmer stahl und diese mit einem ‚sadistischen' Blick zerschnitt. Sie bekam Angst und warf ihn hinaus."

„Und Leszek ging so einfach?"

„Ja, denn wie gesagt, es wohnte noch ein Mann in dem Haus."

„Ich habe gehört, daß Sie nun auch Leszeks Onkel anklagen wollen – wegen Entfernung von Beweismitteln?"

„Nein, das ist nicht richtig, wenn man ihn vor Gericht stellen wollte, dann wegen Meineids, denn er hat geschworen, daß Leszek immer bei ihm wohnte, und das ist nicht richtig."

„Werden Sie Anzeige erstatten?"
„Nein, denn dieser Mann ist, Sie kennen ihn ja, alkoholkrank und das sehr schwer. Was würde da eine Verurteilung für einen Sinn machen?"
„Herr Staatsanwalt, warum war Leszek Pekalski so lange in psychiatrischer Untersuchung?"
„Wegen der Anzahl der Morde", lautet die knappe Antwort und man kann bemerken, daß er über dieses Thema nicht mehr weitersprechen will. Was ist aber mit den vielen Morden, die Leszek gestanden und wenig später widerrufen hat?
„Denken Sie an den tragischen Fall Jadwiga K., die am 7. März 1985 als 21jährige Frau in Braniewo getötet wurde. Eine sehr hübsche Frau, wie Leszek sagte. Er sagte ihr, daß er mit ihr schlafen wolle und sie hat ihn für verrückt erklärt. Leszek begrüßte die junge Frau mit ‚Dzień dobry', das heißt ‚Guten Tag', und weil sie sich ihm nicht hingeben wollte, bedeutete es für sie den Tod. An ihr wurde eine regelrechte Blutorgie vollzogen, wie der Gerichtsmediziner feststellte. Er verstümmelte die Leiche, um das ‚letzte Wort' zu haben, erklärte mir der Mediziner. Anschließend wurde sie ins Wasser geworfen. Nach einigen Tagen wurde die Leiche ans Ufer getrieben.
Bei den polizeilichen Ermittlungen wurde der Ehemann des Opfers verhört. Die Beamten fanden einen Abschiedsbrief des Opfers an ihn. Sie schrieb, daß sie mit ihrem Mann nicht mehr länger zusammenleben kann. Ergebnis war, daß man ihren Mann Czesław wegen Anstiftung zum Selbstmord verhaftet hat. Er wurde zu sieben Jahren Gefängnis verurteilt, wovon er zweieinhalb Jahre absitzen mußte. Als Leszek den Mord gestand, waren seit der Tat fast acht Jahre vergangen. Zeugen gab es keine, außer dem Geständnis Leszeks, das er widerrief."
Das Gespräch mit dem Oberstaatsanwalt zieht sich über viele Stunden. Währenddessen wird klar, daß die Staatsanwaltschaft mehr als unglücklich über den bisherigen Verlauf des Verfahrens ist. Zu viele Beweismittel sind weg, zu vieles wurde versäumt. Die Anklage stützt sich auf Dinge, die nur vage auf Leszek Pekalski deuten. Man hat sich verwirren lassen von seinen

Jadwiga und Czesław K.

zahlreichen, in mehreren Versionen wieder und wieder gegebenen Geständnissen, hat sich einen sprichwörtlich „kurzen Prozeß“ erhofft. Und dann dies – ein juristisches Desaster. Hinzu kommt: Es gibt wohl keinen Polizeibeamten mehr in Polen, der nicht einen ungeklärten Fall hat und diesen Leszek Pekalski anhängen will.
Mit ihm ist auch ein Sündenbock gefunden, auf dessen Rücken man verschlafene und unfähig bearbeitete Ermittlungen über Nacht klären könnte. Den Höhepunkt dieser Entwicklung markiert eine Anfrage der Polizei aus Warschau an die Staatsanwaltschaft in Słupsk. Man beauftragt die Staatsanwaltschaft, zu überprüfen, ob sich Leszek Pekalski im Jahre 1965 in Warschau aufgehalten haben könnte, da man zu diesem Zeitpunkt ein Mordopfer fand, für das ein Täter bisher nicht gefunden werden konnte. Die Staatsanwaltschaft gibt die Ermittlungen an die Polizeidienststelle weiter und nach vier Monaten stellt man fest, daß Leszek Pekalski zu diesem Zeitpunkt noch gar nicht geboren war. Heute, mit zeitlichem Abstand, lacht man über diesen Vorfall. Unzählige solcher Ereignisse sind geschehen.
Es ist schon Nacht geworden, als der Oberstaatsanwalt aufbrechen muß. „Morgen muß ich fit sein. Ich werde dem Gericht in aller Frühe das Video vorspielen und ich hoffe doch sehr, damit Erfolg zu haben. Nochmals vielen Dank, daß Sie sich soviel Mühe gemacht haben.“

„Ich mußte immer gestehen“

Es ist Montag, der 2. Dezember 1996, und an diesem Tag soll sich zeigen, welchen Wert es für die polnische Justiz darstellt, eine Videokassette zu haben, auf der Leszek Pekalski vierzehn Morde detailliert gesteht. Er beschreibt in diesen Aufzeichnungen die Opfer sehr genau. Wie könnte er ihre Verletzungen beschreiben, die nur der Täter kennen kann und die völlig identisch mit den Untersuchungsergebnissen der Gerichtsmedizin sind, wenn er es nicht war?

Vor Prozeßbeginn hat sich eine Vielzahl von Presseleuten eingefunden, wie schon lange nicht mehr in diesem zuletzt eher spärlich besuchten Prozeß. Mit diesem Aufgebot an Journalisten hat man erst zur Urteilsverkündung gerechnet – allerdings wurde noch am selben Abend bekannt, daß ein deutscher Fernsehsender das Geständnis Pekalskis gezeigt hat. Sofort haben die Medien des Landes erkannt, daß sich heute einiges ändern könnte im Geschehen um den polnischen Schlächter.

Der Prozeß beginnt. Jeder im Saal kann das siegessichere Lächeln des Staatsanwaltes sehen, der nervös auf den Prozeßbeginn wartet. Freudestrahlend begrüßt er die Personen im Saal, die er kennt. Man sieht, daß er heute die Lorbeeren seiner fast vierjährigen Arbeit ernten will. Leszek Pekalski wird in den Gerichtssaal geführt und auch er freut sich – über das große Interesse der Presse. Als die Kameras der Fotografen auf ihn gerichtet werden, bleibt er stehen und lächelt fröhlich in die Linsen. Verärgert über sein Verhalten, ziehen ihn die begleitenden Beamten an seinen Platz. Wieder einmal interessiert ihn das Erscheinen des Gerichts nicht, viel zu sehr ist er damit beschäftigt, sich in Positur zu werfen. Verärgert eröffnet der Vorsitzende Richter den Verhandlungstag und wendet sich an den Staatsanwalt: „Herr Staatsanwalt, haben Sie den Bericht über das Verfahren Leszek Pekalskis im deutschen Fernsehen gesehen?“

„Nein!“

„Schade, sonst würden Ihnen die Haare zu Berge stehen. Un-

verständlich, wie die deutsche Presse an Unterlagen kommen kann, die nur dem Gericht zugänglich sein dürfen. Es wurden Aufnahmen der Rekonstruktionen mit Ihnen und dem Angeklagten gezeigt. Doch damit nicht genug, man konnte erfahren, daß man im Besitz der Filme über die gerichtsmedizinischen Untersuchungen und von Protokollen der Polizei mit dem Angeklagten ist. Weiterhin wurde das schriftliche Geständnis des Angeklagten, das er in seiner Zelle gefertigt hat, gezeigt. Wo, glauben Sie, Herr Staatsanwalt, hat die Presse solche ungeheuerlichen Unterlagen her?"
Einer Person im Saal schnürte es die Kehle zu. Manch einer ist mehr, manch einer weniger in die Geschehnisse integriert – und jetzt spricht der Richter verärgert davon. Was wird der Staatsanwalt sagen?
„Herr Vorsitzender, von mir ganz bestimmt nicht, wenn dann von den Polizeibeamten, die die Ermittlungen durchgeführt haben."
„Ruhe, bitte, im Zuhörerraum", fordert der Vorsitzende die Zuhörer auf, die sich lautstark unterhalten. Unverständlich für die polnischen Journalisten, was hier vorgefallen ist, denn sie erhielten in der langen Zeit des Prozesses nicht einmal ein neues Foto von Leszek.
Der Vorsitzende wendet sich Leszek zu und seine Stimme klingt noch gereizter: „Woher haben Sie Ihre neue Kleidung, die Sie seit einigen Tagen tragen?"
Leszek bleibt völlig ruhig, blickt an sich hinab und man hat den Eindruck, er sei mächtig stolz darauf. Nach einiger Zeit hebt er seinen Kopf, blickt zu dem Mann, von dem er den Anzug erhalten hat, und dreht sich dann zum Vorsitzenden.
„Vom Fernsehen." Das ist Leszeks knappe Antwort und danach gilt sein Blick wieder dem tatsächlich Schuldigen, als wolle er sagen: „Habe ich das gut gemacht?"
„Wie kommt das Fernsehen überhaupt in das Gefängnis, wer hat denn erlaubt, daß die dort filmen dürfen?" Und dabei wendet er sich wieder an den Staatsanwalt. Dessen Antwort schlägt wie eine Bombe ein.

„Sie, Herr Vorsitzender, Sie allein." Ironie liegt in seiner Stimme. Erschrocken fährt der Vorsitzende zusammen und wendet sich an seine Protokollführerin. Leider kann niemand im Saal die Unterhaltung akustisch verstehen, doch jeder sieht das ständige Nicken der Beamtin, als der Vorsitzende mit dem Finger fragend auf sich deutet.

„Wir machen jetzt eine Pause von dreißig Minuten", verkündet er und verläßt wutschnaubend mit den Richtern und den Geschworenen den Gerichtssaal.

In der nun folgenden Pause wird der Staatsanwalt mit Vorwürfen der polnischen Presse überhäuft – wie war es möglich, daß ausländische Medienleute an Unterlagen kamen, von denen sie nicht einmal wußten, daß sie existieren? Wie war es möglich, daß Leszek von einem deutschen TV-Team gefilmt wurde, und wer hatte dieses Interview erlaubt?

Gerettet wird der Staatsanwalt in diesem Moment vom Prozeßfortgang.

„Herr Staatsanwalt, ich glaube, wir können die Beweisaufnahme nun abschließen, was glauben Sie?" Völlig ruhig kommt diese Frage, als sei vorher kein lautes Wort gefallen.

„Nein, Herr Vorsitzender, ich bin im Besitz eines Videobandes des deutschen Fernsehens, das mir eigens überbracht worden ist, auf dem der Angeklagte noch vor wenigen Tagen vierzehn Morde gestanden hat. Ich beantrage, daß dieses Band als Beweismittel anerkannt wird und dem Gericht vorgespielt werden kann."

Leszek Pekalski wird nervös, blickt im Saal umher und kaut an seinen Händen. Ein Zeichen höchster Erregung, aber er wartet ab, was auf ihn zukommen wird.

„Herr Angeklagter, Sie haben gehört, was der Herr Staatsanwalt gesagt hat. Sie sollen ein Geständnis über vierzehn Morde abgelegt haben. Ist das richtig?"

Der Staatsanwalt sieht gespannt zur Anklagebank und lernt einen Leszek kennen, den er noch nie zuvor erlebt hat. Leszek lächelt zum Gericht und muß keine Sekunde überlegen.

„Ja, das habe ich den Leuten vom Fernsehen gesagt, weil sie

es hören wollten. Sie hatten mir viele Geschenke mitgebracht und ich hatte Angst, wenn ich ihnen so etwas nicht erzählen würde, bekomme ich die Geschenke nicht. Ich habe sie alle angelogen! Es hat nichts gestimmt, was ich ihnen erzählt habe. Ich habe niemandem etwas getan, wieso sollte ich etwas gestehen?"
„Hat man Sie dazu gezwungen, zu gestehen?" fragt der Vorsitzende.
„Nein, aber ich wollte die Geschenke und die Leute wollten ein Geständnis, genau wie die Polizisten, die haben mir auch immer etwas versprochen, wenn ich etwas zugebe. Ich hatte das Gefühl, wenn ich ihnen nicht erzähle was sie hören wollen, bekomme ich die Geschenke nicht."
Mit einem siegessicheren, spöttischen Lächeln sieht er den Staatsanwalt an, der angewidert zusammenfährt. Erst nach einiger Zeit fängt derr sich und stellt nochmal den Antrag, das Video als Beweismittel zuzulassen, vergißt aber dabei, die beiden Beamten zu erwähnen, die bezeugen können, wie alles abgelaufen ist.
Zwei Menschen, die Leszek seit Jahren betreuen und ihn besser kennen als andere in diesem Gerichtssaal.
„Das Gericht lehnt den Antrag der Staatsanwaltschaft ab. Einverstanden, meine Herren?"
Die beiden Verteidiger nicken den Richtern zu. Der Staatsanwalt fügt sich ebenfalls der Entscheidung des Gerichts.
Niedergeschlagen vernimmt er den Wunsch des Vorsitzenden Richters, er möge doch nach einer Pause sein Schlußplädoyer halten. Doch dazu ist der Staatsanwalt nicht in der Lage.
„Herr Vorsitzender, dazu bin ich heute nicht imstande, ich ersuche Sie daher, einen Termin am morgigen Tag oder besser übermorgen zu verfügen."
„Der Termin für das Plädoyer wird auf übermorgen verlegt."
„Für morgen", so beschließt das Gericht, „ordnen wir eine nochmalige Tatortbesichtigung mit der Zeugin Janina C. in der Sache Sylwia R. an. Die Sitzung ist geschlossen."

Damit endet einer der traurigsten Tage im Leben des 1954 in Posen geborenen Staatsanwaltes. Demonstrativ legt er noch im Gerichtssaal seine Robe ab und muß das hämische Grinsen des wahrscheinlich größten lebenden Massenmörders unserer Zeit über sich ergehen lassen. Beim anschließenden Gang zum Mittagessen, hat er, umringt von einer Schar von Pressemenschen, nur einen Kommentar übrig: „Ich bin müde, sehr müde, der Prozeß zieht sich zu lange hin. Ich bin froh, wenn dieser Prozeß abgeschlossen ist."
Die vielen Reporter verabschieden sich. Er weiß, daß alle Gazetten Polens morgen über den Verlauf des Prozesses berichten werden. Über seine Niederlage. Doch er ist nicht wütend, eher erschöpft, traurig, vielleicht auch verzweifelt. Es ist ihm nicht gelungen, anhand eines Videos aufzuzeigen, daß Leszek Pekalski sehr wohl die Wahrheit gesagt hat.

Nach einer Zeit, in der sich wenig Neues im Fall Leszek Pekalski ergeben hat, überschlagen sich die Zeitungen am nächsten Tag tatsächlich in den Berichten rund um den Prozeß. Das Videoband, der Staatsanwalt, der grinsende Leszek – zu dankbar ist das Thema, als daß auch nur eine Zeitung nichts berichten würde.
Hier einige Auszüge:

ER
press

Bandyci wyjdą na ulice?

Aus einem Artikel unter der Überschrift „Verbrecher kommen auf die Straße?“:
Wenn der Kongreß nicht die Gesetze ändert, kommen im nächsten Jahr die gefährlichsten Verbrecher, angeklagt wegen Mordes und Vergewaltigungen, auf die Straße. Die Abgeordneten meinen, daß es schon zu spät sei, die Gesetze zu ändern. Die höchste Gerichtsinstanz Polens sei ja in der Lage, die in einem Gefängnisurteil festgelegte Arrestzeit zu verlängern. Da derzeit keine Möglichkeit besteht, die Banditen, die getötet oder ähnliche Straftaten begangen haben, lebenslang wegzusperren, kann es auch im Falle Leszek P.s möglich sein, daß er wieder auf freien Fuß kommt. Das höchste Gericht in Polen hat jedoch die Möglichkeit, die Gefängniszeit wegen der langzeitigen psychiatrischen Beobachtungen zu verlängern ..., meint Prof. Andrzej G. von der Universität Wolnos ...

Z procesu Leszka Pękalskiego

Ciuchy, jak relikwie

Oskarżonego o 20 zbrodni, w tym 17 zabójstw, Leszka Pękalskiego wzmocniony konwój wprowadził wczoraj do sali sądowej ubranego na sportowo.

Tak radykalna zmiana zewnętrznego wyglądu jest zasługą niemieckiej ekipy SPIEGEL TV. Przed jej kamerami oskarżony niedawno zmienił też postawę. Przypisał sobie 14 zabójstw, mimo że przed sądem nie przyznaje się do żadnego.

Prok. **Mieczysław Buksa** skorzystał z okazji poparcia oskarżenia nowymi wnioskami dowodowymi, wypływającymi z reportażu telewizyjnego oraz krajowych publikacji prasowych, w tym drukowanej na naszch łamach pt „Skruchę okażę przy wyroku".

Sędziowie usłyszeli wczoraj, podczas 37 dnia procesu, że zmiana wyglądu i postawy oskarżonego jest wynikiem nacisków i różnych obietnic dziennikarzy niemieckiej telewizji. – *Wymusili na mnie załamanie psychiczne i się przyznałem (do 14 zabójstw – przyp. red.) ale to nie jest prawdą* – zeznał oskarżony. Dodał, że oprócz dresu sportowego i swetra dostał od ekipy Spiegla artykuły żywnościowe oraz pisma pornograficzne.

– *Prosili mnie o moje ciuchy (spodnie, sweter i skarpety), więc im je dałem* – powiedział oskarżony. – *Były to ciuchy skarbowe, więc musiałem się tłumaczyć, ale sprawę mi umorzono i dostałem nowe ubranie „służbowe"*.

– *Po co wam więzienne ubranie oskarżonego?* – zapytaliśmy [redacted] przedstawiciela niemieckiej firmy edytorskiej [redacted] VERLAG i programu Grün Spiegel TV. – *Odpowiem na każde pytanie, tylko nie to* – oznajmił.

Nieoficjalnie dowiedzieliśmy się, że nasz niemiecki rozmówca wydaje w Niemczech dość obszerną książkę o polskim „hurtowniku zbrodni", która ma mieć promocję jak bestseller. Więzienne ciuchy, o które niemiecki wydawca zabiegał niczym o relikwie, mają zaś być rekwizytem tej promocji.

Zeznająca wczoraj Ewa K., psycholog Aresztu Śledczego w Słupsku, odmawiała szczegółowych odpowiedzi na pytania sądu, usprawiedliwiając się etyką zawodową. Powiedziała jednak, że osadzony w areszcie Leszek P. ujawnia lęk o swój los w sytuacji, gdyby został skazany albo uniewinniony. Pochwaliła go za dobrą pamięć i stwierdziła, że współwięźniowie wyrażają się o nim źle. – *Niech mi parti go da do celi, to nie będzie już procesu* – zacytowała jedną z pogróżek pod jego adresem.

Sąd oddalił wczoraj wnioski oskarżyciela o uznanie publikacji mass mediów za dowody uznając, że nie wnoszą one niczego nowego do sprawy. (wlr)

Trödel, wie eine Reliquie
Der für 20 Verbrechen, darunter 17 Morde, Angeklagte Leszek Pekalski wurde gestern unter verstärkter Bewachung in sportlicher Kleidung im Gerichtssaal vorgeführt.
Diese radikale Veränderung des äußeren Anblicks ist das Verdienst des deutschen Teams von Spiegel TV. Vor ihrer Kamera hat der Angeklagte unlängst auch seine Haltung verändert. Er schrieb sich selbst 14 Morde zu, obwohl er sich vor Gericht zu keinem einzigen bekannte.
Der Staatsanwalt Mieczysław Buksa nutzte diie Gelegenheit zur Unterstützung der Anklage mit neuen Beweisanträgen, die sich aus der Fernsehreportage und aus polnischen Pressepublikationen ergeben haben, darunter auch der in unserer Zeitung gedruckte Artikel „Reumütig vor dem Urteil".
Die Richter hörten gestern, am 37. Prozeßtag, daß die Veränderung der Haltung und Einstellung des Angeklagten Ergebnis des Druckes und verschiedener Versprechen der deutschen Fernsehjournalisten sind. Ich bin gezwungen worden ... und ich habe schlecht gestanden (bis 14 Morde - die Red.), aber das ist nicht wahr, bekannte der Angeklagte. Er fügte hinzu, daß er außer der Sportbekleidung und dem Pullover vom Spiegel-Team Lebensmittel und pornographische Hefte erhalten hat.
- Er bat mich um meinen Trödel (Hose, Pullover und Strümpfe), und ich habe sie ihm gegeben, sagte der Angeklagte. Das war alles Trödel ...
(Die Zeitung unterlag einem Irrtum, denn bei dem deutschen Team handelte es sich nicht um Spiegel TV - d. A.)

Sąd na wertepach

Wczorajsza część rozprawy przeciwko Leszkowi Pękalskiemu, oskarżonemu o 20 zbrodni, odbyła się w... Darskowie w gm. Kołczygłowy.

Sędziowie Sądu Wojewódzkiego w Słupsku, oskarżyciel i obrońca, na miejscu zabójstwa (26 czerwca 1991 r.) 17-letniej Sylwii R., skonfrontowali zeznania świadków z warunkami terenowymi. Dotarli nad przydrożne bajorko w Darskowie, skąd świadek Mieczysław Sz. miał widzieć Sylwię R. z koleżanką Janiną C., idące drogą na spotkanie z L. Pękalskim. Następnie uczestnicy wizji lokalnej przemierzyli ok. 2-kilometrowy odcinek szosy z Darskowa w kierunku skrzyżowania z drogą Suchorze-Bytów. Rolę przewodnika pełniła Janina C. z Darskowa, uważana za najważniejszego, chociaż zmieniającego swe zeznania świadka – raz na korzyść oskarżonego, innym razem przeciwko niemu. Wczoraj wskazała sądowi miejsce przy drodze na skraju lasu, gdzie w przeddzień zabójstwa wraz z Sylwią R. miały go spotkać i potwierdziła wersję oskarżyciela o spotkaniu. Dziś ponownie stanie przed sądem w roli świadka. **(wir)**

Sędziowie Andrzej Dymalski i Andrzej Cyganek oraz prok. Mieczysław Buksa podczas wizji lokalnej

Das Gericht auf Abwegen
Der gestrige Teil der Verhandlungen gegen Leszek Pekalski, angeklagt für 20 Morde, fand in Darsków, Gemeinde Kołczyglowy statt.
Die Richter des Wojewodschaftsgerichtes in Słupsk, der Angeklagte und der Verteidiger am Ort der Ermordung (26.6.1991) der 17jährigen Sylwia R., konfrontierten die Zeugenaussagen mit den Bedingungen des Geländes.
Sie drangen vor zum Tümpel in Darsków, von woher der Zeuge Mieczysław Sz. Sylwia R. mit ihrer Kollegin Janina C. auf dem Weg zum Treffen mit L. Pekalski gesehen haben will. Danach gingen die Teilnehmer der Ortsbesichtigung die ca. 2 km lange Strecke auf der Chaussee von Darsków in Richtung der Kreuzung auf dem Weg Suchorze–Bytów.
Die Rolle der Führerin hatte Janina C. aus Darsków übernommen, die zwar wichtigste Zeugin ist, die aber auch ihre Zeugenaussage ändert, einmal zu Gunsten des Angeklagten, ein anderes Mal gegen ihn. Gestern zeigte sie dem Gericht den Ort am Weg zum Waldrand, wo sie ihn am Vortag des Mordes gemeinsam mit Sylwia R. treffen sollte, und sie bestätigte die Version des Angeklagten über dieses Treffen. Heute steht sie erneut vor dem Gericht als Zeugin.

Temida nad stawem

Na zdjęciu: sędziowie i prokurator w czasie wizji w Darskowie.
Fot. **Krzysztof Tomasik**

Themis (Gerichtsgöttin) am Teich
Auf dem Bild, die Richter und der Staatsanwalt während der Ortsbesichtigung in Darskow

Obrońcy: Nie ma bezpośrednich dowodów

■ Andrzej Sut

■ Ryszard Cynalewski

– Na żadnym z miejsc zbrodni nie zabezpieczono śladów, które jednoznacznie wskazywałyby na to, że mordercą jest Leszek Pękalski.

Fundamentem, na którym opierał się cały akt oskarżenia było przyznanie się do winy Pękalskiego, ten fundament się rozpadł, kiedy oskarżony zmienił zeznania.

Śledztwo przeciwko Pękalskiemu było prowadzone w taki sposób, że przyznał się do nieprawdopodobnej liczby zbrodni. Pękalski twierdzi, że o okolicznościach wszystkich zbrodni opowiedzieli mu policjanci.

Świadkowie oskarżenia „bardzo chcieli rozpoznać Pękalskiego", ale żaden z nich nie miał stuprocento-

Oskarżyciel: Pękalski sam się przyznał

■ Mieczysław Buksa

Ze względu na opinię biegłych psychiatrów, którzy uznali, że Pękalski ma ograniczoną poczytalność, prokurator nie zażądał dla niego kary śmierci, tylko dożywotniego więzienia.

Pękalski sam przyznał się do wielu zabójstw i szczegółowo opisał wszystkie okoliczności.

W trakcie wizji lokalnych Pękalski rozpoznawał okolicę, bez trudu trafiał na miejsca kolejnych zbrodni. Podczas wizji lokalnej w Papowie (woj. pilskie), gdzie została zamordowana 13-letnia Małgosia K. to Pękalski wspomniał o plamie asfaltu, która w tamtym czasie rozlana była między drzewami w lesie. Bardzo dobrze pamiętał obrazki z okładek, w które były obłożone podręczniki dziewczynki, pamiętał też, jakie drugie śniadanie miała w tornistrze – informacji tych nie było w aktach sprawy, więc policjanci nie mogli go wcześniej „uprzedzić" o tym.

Wielu świadków rozpoznało Pękalskiego, jeżeli mieli jakiekolwiek wątpliwości to dlatego, że podczas trzyletniego pobytu w areszcie

Links: Die Verteidiger: Es gibt keine unmittelbaren Beweise
An keinem Ort des Verbrechens wurden Spuren gesichert, die eindeutig beweisen würden,daß Leszek Pekalski der Mörder ist …
Rechts: Der Ankläger Pekalskis selbst hat es zugegeben
Angesichts der Meinung der psychiatrischen Gutachter, die erkannt haben, daß Pekalski nur vermindert zurechnungsfähig ist, hat der Staatsanwalt für ihn nicht die Todesstrafe, sondern nur lebenslängliche Haft gefordert …

Dziś wyrok w sprawie Pękalskiego

Prokurator żąda dożywocia. Obrońca chce uniewinnienia.

■ str. 3

Heute Urteil im Fall Pekalski

Das Plädoyer des Staatsanwaltes

Mittwoch, 4. Dezember 1996, der Tag des Staatsanwaltes Buksa. Mit seiner schwarzen Robe steht er vor seinem Tisch und weiß, die Stunde der Wahrheit hat geschlagen. Nun gilt es, das Gericht zu überzeugen, daß seine vierjährige Arbeit nicht umsonst war und er genügend Beweise ansammeln konnte, um Leszek Pekalski für immer hinter Gitter zu bringen – so, wie es auch alle Bewohner des Landes fordern.

Er beginnt mit der Schilderung jeder einzelnen Tat. Er versucht die Zeugenaussagen so zu interpretieren, daß es gar keinen Zweifel geben könne, daß Leszek Pekalski der Mann ist, der unsägliches Leid über das Land gebracht hat. Immer wieder erinnert er das Gericht an den Fall Ewa P., eines jungen Mädchens, das an ihre Hochzeit dachte und ein normales Leben führen wollte.

Mit erhobener Faust fragt er, womit diese junge Frau es verdient habe, mit einem Hammer erschlagen zu werden.

„Haben die Eltern von Małgosia K. sie großgezogen, damit sie Schmerzen erdulden mußte …? Was ist mit dem sechs Monate alten Säugling, was hat dieses Kind verbrochen, um von diesem Menschen getötet zu werden?“

Der Staatsanwalt versucht dem Gericht klarzumachen, daß dieser Mensch nie mehr in Freiheit kommen dürfe – nicht zuletzt deshalb, weil alle Psychiater sich einig sind, daß er diese grauenhaften Taten sofort fortsetzen würde. Er schreit in den Saal: „Niemand kann verantworten, diesem Menschen nur die Chance zu geben, jemals einen Schritt aus der Strafanstalt tun zu können.“

Beschwörend fügt er hinzu: „Genügen all die vielen Opfer nicht, die er auf seinem Gewissen hat?“ Er unterbricht wütend sein Plädoyer und geht auf Leszek Pekalski zu. Wütend schreit er ihn an, da Leszek nur ein Lächeln für dessen Ausführungen übrig hat.

Je näher der Staatsanwalt zur Anklagebank kommt, um so heftiger wird das Lachen Leszeks. Er lacht lauthals über den

Mann, der vor ihm in der Robe steht und ruft ihm zu: „DU kannst mir nichts beweisen, nichts!"
Der Staatsanwalt ist außer sich über die Unverfrorenheit dieses Menschen und schreit: „Was um Gottes willen, was haben diese Menschen, deren Leben erst begann, getan, daß Sie sie töteten? Töteten auf die brutalste und abscheulichste Weise. Sie über Stunden quälten, bis sie vor Schmerzen dem Wahnsinn nahe waren, sie zerfleischten und sich an ihrem Blut ergötzten?" Seine Stimme überschlägt sich, er ringt nach Atem und legt für Sekunden eine Pause ein. Mit erhobenem Arm schreit er auf Leszek ein, der sich gelangweilt in seinem Stuhl zurücklehnt und den Staatsanwalt angrinst. „Womit hat Sylwia R. es verdient, von Ihnen mit Steinen und Stöcken bewußtlos geschlagen und dann auch noch mit ihrem eigenen Kopftuch erwürgt zu werden? War es nicht sie, die Ihnen, weil sie Mitleid mit Ihnen hatte, belegte Brote brachte, um Ihren Hunger zu stillen, und Sie dankten es ihr auf die übelste Weise? Auf eine Weise, wie Sie und ich wissen, die so unmenschlich ist, daß ich es nicht auszusprechen wage, aus Rücksicht auf die Angehörigen.
Aus Rücksicht auf die Eltern, die mit ihrer geliebten Tochter gestorben sind. Die damit niemals fertig werden, daß ihre Tochter nicht mehr bei ihnen ist, getötet von Ihnen, nur von Ihnen! Angeklagter, sagen Sie uns, was haben all diese unschuldigen Menschen Ihnen getan? Lassen Sie es uns wissen, damit wir Ihre Greueltaten verstehen können. Nichts, gar nichts haben sie Ihnen getan! Was um alles auf der Erde haben Ihnen die Hinterbliebenen der Opfer getan, deren Leben ohne ihre Kinder, Mütter und Väter sinnlos wurde!"
Doch Leszek Pekalski gibt keine Antwort. Immer noch gelangweilt, beobachtet er die Zuhörer und Presseleute. Der Staatsanwalt versucht noch einmal, alle Zeugenaussagen zu analysieren, ihnen viel Bedeutung zuzuordnen, damit man diesem Scheusal die gerechte Strafe zuerkennen würde. Er muß auch Fehler seiner Behörde eingestehen, große Fehler, die man bei diesem Angeklagten gemacht hat.

PROKURATOR ŻĄDA DOŻYWOCIA

– Biorąc pod uwagę organiczne uszkodzenie centralnego układu nerwowego, co potwierdza opinia biegłych z Krakowa, wnioskuję o karę bezterminowej izolacji, a nie fizycznej eliminacji Leszka Pękalskiego – oznajmił wczoraj przed Sądem Wojewódzkim w Słupsku prok. Mieczysław Buksa. Zażądał łącznej kary dożywotniego więzienia dla oskarżonego o 20 zbrodni, w tym 17 zabójstw.

Czterogodzinne wystąpienie oskarżyciela zaczęło się po ogłoszeniu przez sędziego **Andrzeja Cyganka** zamknięcia przewodu sądowego w głośnym procesie, trwającym od 2 kwietnia br. Na krótko przedtem sąd przesłuchał jeszcze świadka Janinę C., która jednak nie potrafiła odpowiedzieć, dlaczego wcześniej kłamała na korzyść oskarżonego i oznajmiła prasie, że nie jest pewna swoich zeznań przeciwko L. Pękalskiemu. Sąd oznajmił też, że oddalił wniosek obrony o ponowne zbadanie przez biegłych stanu poczytalności L. Pękalskiego.

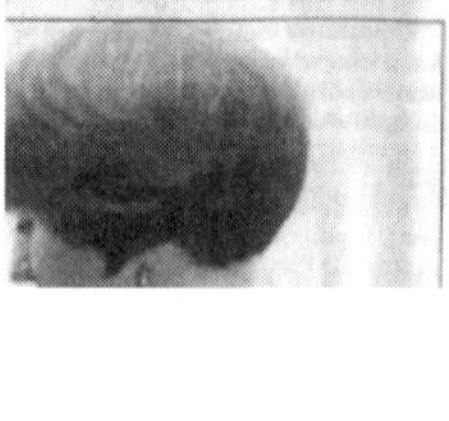

Prok. M. Buksa podtrzymał wszystkie zarzuty wymienione w akcie oskarżenia. O tych najbardziej wątpliwych, nie popartych stuprocentowymi dowodami, mogących nawet zostać poczytanych na korzyść oskarżonego powiedział, iż są wynikiem niepamięci u świadków, wskutek znacznego upływu czasu. Zirytował się na widok uśmiechniętej twarzy L. Pękalskiego. – *To nie jest śmieszne w kontekście chociażby ustaleń co do morderstw na 17-letniej Sylwii R. albo 11-letniej Małgorzaty K.* – podniósł głos. – *Co i komu te dzieci zawiniły!*

Prok. M. Buksa, odnosząc się do pomówień o wymuszanie zeznań na oskarżonym oraz liczby kilkudziesięciu zabójstw, do których Pękalski przyznawał się tylko na pewnym etapie śledztwa, stwierdził: – *To on mnie za nos wodził, a nie ja jego. Zadowolenie sprawiało mu mówienie o tych wszystkich czynach, wyjeżdżanie na wizje lokalne, a potem oglądanie materiałów filmowych.*

Za każdy z 20 czynów prokurator wnioskował wymierzenie odrębnej kary – od 5 do 25 lat więzienia oraz dożywocia, przy czym, to ostatnie żądanie powtarzało się najczęściej. Ponadto oskarżyciel wnioskował o wymierzenie L. Pękalskiemu kar dodatkowych 10 lat pozbawienia praw publicznych i 7 tys. zł grzywny. Dziś, podczas 40 dnia procesu, głos zabierze obrona, która nie ukrywała, że wskutek braku wielu bezpośrednich dowodów winy będzie wnioskować o uniewinnienie swego klienta. Ogłoszenie wyroku spodziewane jest w przyszłym tygodniu. **(wir)**

Der Staatsanwalt fordert lebenslänglich

Unter Berücksichtigung der organischen Schäden des zentralen Nervensystems, was die Gutachter aus Kraków bestätigen, beantrage ich lebenslängliche Isolation, aber keine physische Eliminierung von Leszek Pekalski – verkündete gestern vor dem Wojewodschaftsgericht in Słupsk Staatsanwalt Mieczysław Buksa. Er forderte insgesamt lebenslänglich für den Angeklagten von 20 Verbrechen, darunter 17 Morden.

Die vierstündige Rede des Anklägers begann nach der Verkündung der Beendigung der Beweisaufnahme im Hauptprozeß, der seit dem 2. April diesen Jahres läuft, durch Richter Andrzej Cyganek. Vorher verhörte das Gericht noch kurz die Zeugin Janina C., die jedoch nicht erklären konnte, warum sie früher zu Gunsten des Angeklagten gelogen und in der Presse erklärt hat, daß sie sich ihrer Aussage gegen L. Pekalski nicht sicher ist. Das Gericht erklärte auch, daß es den Antrag der Verteidigung zur erneuten Untersuchung der Zurechnungsfähigkeit von L. Pekalski durch Gutachter ablehnt.
Staatsanwalt M. Buksa hielt alle Beschuldigungen aus der Anklage aufrecht. Bei den am meisten zweifelhaften Beschuldigungen, die nicht durch hundertprozentige Beweise belegt wurden, und die sogar zu Gunsten des Angeklagten ausgelegt werden konnten, erklärte er, daß dies durch Erinnerungslücken der Zeugen und die lange Zeitdauer bedingt ist. Er regte sich auf über das lächelnde Gesicht von L. Pekalski. - Das ist nicht lächerlich, verantwortlich zu sein für den Mord an der 17jährigen Sylwia R. oder an der 11jährigen Malgorzata K., erhob er seine Stimme. - Was und wem hat das Kind etwas getan?
Staatsanwalt M. Buksa bezog sich auf die Reden über die Erpressung von Aussagen des Angeklagten sowie die Zahl von Dutzenden Morden, zu denen sich Pekalski bekannte, doch in einem bestimmten Moment der gerichtlichen Untersuchung stellte er fest: - Das ist er, der mich an der Nase herumführt, und nicht ich ihn. Das Reden über alle diese Taten, die Ortsbesichtigungen und später dann das Ansehen des Filmmaterials haben bei ihm Zufriedenheit ausgelöst.
Für jede der 20 Taten beantragte der Staatsanwalt seperate Strafen von 5 bis 25 Jahren Gefängnis sowie lebenslänglich … Außerdem beantragte der Ankläger als zusätzliche Strafe für L. Pekalski 10 Jahre Aberkennung der bürgerlichen Ehrenrechte und 7 000 Zł. Geldstrafe …

„Er, Leszek, hat mich an der Nase herumgeführt. Es befriedigte Leszek, über die Taten zu sprechen. Ihm gefielen die Ausflüge zu den Rekonstruktionen und das Betrachten dieses erstellten Filmmaterials."
Selbst auf die vier Vergewaltigungen, die Leszek begangen haben soll, kommt er zu sprechen: „Da gibt es eine zwanzigjährige Beate T. und eine einunddreißigjährige Teresa L., die dieser Mann vergewaltigt hat und nur weil er glaubte, wie uns die Zeugen glaubhaft versicherten, daß sie tot seien, vor allem auf Grund ihrer schweren Verletzungen, ließ er sie am Leben. Dies geschah 1984, ein Jahr später, 1985, vergewaltigte er die zwanzigjährige Anna J. und die neunzehnjährige Luiza T.. Beide überlebten, doch wieviele mußten sterben, von denen wir gar nichts wissen? Wieviele Frauen mögen in diesem Lande leben, die sich aus Scham nicht getraut haben, diesen Unmenschen anzuzeigen?
Hohes Gericht, denken Sie an die Aussage einer dieser Frauen, die berichtete, daß Leszek ihr beide Brustwarzen bei lebendigen Leibe abgebissen hat. Denken Sie daran, was diese Frau mitgemacht haben mag, als das Blut in Strömen aus ihren Brüsten rann und sie jede Minute damit rechnen mußte, zu verbluten. Genüßlich lutschte dieser Totmacher die Brustwarzen in seinem Mund und ergötzte sich daran, bis er sie ausspuckte. Die Rechtsprechung spricht von Vergewaltigung, weil er die Opfer sexuell mißbrauchte, doch Leszek ist kein Sexualtäter. Viele Psychologen sagen, er kann gar nicht sexuell tätig werden, deshalb schloß er alle weiblichen Öffnungen mit Stöcken und befriedigte sich selbst. Leszek Pekalski wollte nur eins, er wollte töten! Er wollte seine Opfer quälen bis in den Tod. Bestialisch töten, über lange Zeit leiden lassen, das ist es, was dieser Mensch wollte. Hohes Gericht! Berücksichtigen Sie die Leiden, diese endlosen Leiden dieser vielen jungen Menschen. Unschuldig einem Menschen ausgeliefert, der nur dazu imstande war, Menschen zu Brei zu schlagen und mit den Leichen zu spielen."
Das vierstündige Plädoyer endet mit dem Strafantrag:

„Hohes Gericht, ich bin kein Anhänger der Todesstrafe, wie Sie von den Menschen in Polen gefordert wird. Ich bin nicht dafür, Gleiches mit Gleichem zu vergelten. Leszek Pekalski soll nicht eliminiert werden, wie es sich bei diesen Taten aufdrängen würde. Meiner Meinung nach liegt bei dem Angeklagten eine Gehirnschädigung vor, die man bei der Strafzumessung mit in Erwägung ziehen muß. Daher beantrage ich für den Angeklagten: Für die nachgewiesenen zwölf Morde eine lebenslängliche Haftstrafe, für vier Todesfälle 25 Jahre und für zwei Todesfälle 15 Jahre, als Gesamtstrafe lebenslängliche Haft, dabei 10 Jahre Aberkennung aller bürgerlichen Ehrenrechte sowie eine Geldstrafe von 7 000 Złoty als Wiedergutmachung der Gerichtskosten." (Dies würde Leszek im Gefängnis besonders hart treffen, denn damit wäre seine Rente gestrichen und er könnte sich bis zur Abzahlung der Gesamtstrafe keinerlei Vergünstigung mehr in der Anstalt erkaufen.)
Leszek Pekalski nimmt all die Ausführungen des Staatsanwaltes gelangweilt hin, er wackelt auf seinem Stuhl, gähnt und kratzt sich und verzieht geringschätzend seine Mundwinkel. Sobald ihn der Staatsanwalt anspricht, bohrt er demonstrativ in der Nase, schneidet Grimassen und lacht.
Das Gericht beendet diesen Verhandlungstag und ordnet das Plädoyer von Leszeks Verteidigern für den nächsten Tag an. Der Staatsanwalt ist sichtlich geschafft, als er den Gerichtssaal verläßt. Den umstehenden Reportern gibt er nur zu verstehen: „Ich bin müde, sehr müde in Sachen Leszek Pekalski. Ich habe meinen Schreibtisch von allen Unterlagen des Falles befreit und warte nur noch auf das Urteil, das meiner Meinung nach nur auf lebenslängliche Haft hinauslaufen kann."

Das Plädoyer der Verteidigung

Die beiden Rechtsanwälte, die Leszek Pekalski zu verteidigen haben, betreten an diesem Donnerstag, dem 5. Dezember 1996, das Gerichtsgebäude und schlängeln sich durch die vielen Reporter hindurch zum Saal 114.
Keinem der anwesenden Journalisten geben sie Auskunft, welche Strafe sie am heutigen Tage für den Angeklagten als gerecht beantragen werden. Auf die Frage: „Wie fühlt man sich, Herr Rechtsanwalt, eine solche Bestie verteidigen zu müssen?" erhält niemand eine Antwort.
Einer der beiden Anwälte hält das Plädoyer für Leszek Pekalski, er übernimmt die Aufgabe, um die ihn niemand in diesem Saal beneidet.
„Nein, Leszek bekam von keinem Menschen Besuch", sagte der Gefängnisdirektor einmal. Und dies traf auch auf seine Verteidiger zu. Sie hatten, außer im Gerichtssaal, noch nie Kontakt zu Leszek Pekalski, der gespannt den Ausführungen folgt.
„Die 249seitige Anklageschrift, x-mal gekürzt und verlängert, ist ein Riesenkoloß, aber dieser Koloß steht auf sehr wackeligen Beinen. Die Fundamente dieser Anklageschrift bestehen aus den Geständnissen Leszek Pekalskis zu den Taten. Alles schien gefestigt und die Polizei und die Staatsanwaltschaft fühlten sich sicher durch das Geschwätz eines Kranken. Die zittrigen Beine dieses Kolosses fielen jedoch um, durch den Widerruf Leszeks all dieser Geständnisse.
Den größten Schaden in dieser Sache verursachte die Polizei. Sie hat die Beweise zu selbständig gesammelt und zu selbständig Entscheidungen getroffen. Wo sind die vielen Gutachten, die man hätte erstellen müssen, wo die Analysen der Gerichtsmedizin über Sperma, Blut oder Hautspuren von Opfern und Angeklagtem?
Alles konzentrierte sich auf die Geständnisse und nicht auf Beweise, die so leicht zu beschaffen gewesen wären. Eineinhalb Jahre schickt man Leszek Pekalski von einer psychiatrischen Anstalt zur anderen. Verwirrt von allen fremden Einwirkun-

gen und anderen Patienten gesteht er erneut und widerruft zugleich.
Jedes Polizeirevier in Polen suchte nach einem Mord, den man diesem Angeklagten unterjubeln könnte, nur um die Aufklärungsrate in die Höhe zu schrauben. Längst war ein Opfer gefunden, um sich selbst von der Unfähigkeit reinzuwaschen. Ein Schuldiger war gefunden für alles, was in Polen an Morden verübt wurde, aber einen Beweis hat man nicht gesucht, nur Geständnisse. Im Falle Iwona R. gesteht der Angeklagte in einer Rekonstruktion mit dem Herrn Staatsanwalt, daß er die junge Frau getötet und ihr eine Uhr abgenommen hat, die er verschenkt habe. Der Herr Staatsanwalt erkundigt sich nach der Farbe der Uhr, dem Zifferblatt, aber nach der Zeugin, die bestätigen könnte, daß sie die Uhr erhalten hat, wird nie gefragt oder ermittelt. Leszek gesteht in diesem Falle, das Opfer mit dem Handtaschengurt ermordet zu haben und demonstriert es auch noch vor der Staatsanwaltschaft und der Polizei, aber ein gerichtsmedizinisches Gutachten, daß das Opfer mit diesem Gurt wirklich getötet wurde, wurde nicht eingeholt, obwohl das Beweisstück vorhanden war. Es wäre eine Leichtigkeit gewesen, einen echten Beweis gegen Leszek Pekalski zu bekommen, doch man verzichtete darauf, es genügte ja das Geständnis.
Was wäre denn gewesen, wenn einer der Gutachter Leszek Pekalski für unzurechnungsfähig erklärt hätte?
Hat man dabei, als man den Angeklagten von einem Psychiater zum anderen geschickt hat, nie daran gedacht?
Die Staatsanwaltschaft hätte es dann schriftlich gehabt, daß all diese Geständnisse nichts wert sind.
Und dabei fordert der Herr Staatsanwalt ‚gnädigerweise' nicht das Todesurteil, sondern lebenslange Haft.
Pekalskis Wille wurde gebrochen bei den zahlreichen Verhören, wie im Falle Sylwia R.. Man hat ihn mit Handschellen und Knüppeln erschreckt. Zu diesem Zeitpunkt erkannte oder glaubte die Polizei, daß man aus ihm noch viel mehr herausquetschen könnte.

Obrońcy chcą uniewinnienia * Wyrok w poniedziałek?

Żądam dożywocia!

- Ewa P., młoda dziewczyna, która myślała o małżeństwie i normalnym życiu. Czym zasłużyła sobie, żeby ją młotkiem zatłuc? Małgosia K. dzisiaj miałaby dziewiętnaście lat. Wtedy pogryzła sobie palce z bólu i strachu... Sześciomiesięczna Marta M. Co to dziecko było winne? - pytał wczoraj w słupskim Sądzie Wojewódzkim oskarżyciel Mieczysław Buksa, żądając wymierzenia Leszkowi Pękalskiemu kary dożywocia.

Wczoraj w kolejnym dniu procesu Leszka Pękalskiego, oskarżonego o 17 zabójstw, dwa gwałty i uprowadzenie dziecka, przewodniczący składu sądzącego sędzia **Andrzej Cyganek** zamknął przewód sądowy. Następny ruch należał do prokuratora **Mieczysława Buksy,** który w czterogodzinnej mowie oskarżycielskiej analizował dowody zbrodni, korzystając m.in. z zeznań osiemdziesięciu świadków.

Po płomiennym zakończeniu, w którym przywołał pamięć najmłodszych ofiar oskarżonego, prokurator zwrócił się do sądu: *– **Biorąc pod uwagę wszystkie okoliczności, wnoszę o wymierzenie bezterminowej kary izolacyjnej, czyli dożywotniego pozbawienia wolności, a nie kary eliminacji, czyli kary śmierci.***

W przypadku dwunastu zabójstw prokurator domagał się dożywocia, za cztery zbrodnie zażądał 25 lat więzienia, za dwie – 15 lat. Łącznie domagał się dożywocia, 10 lat pozbawienia praw publicznych, 7 tys. zł grzywny oraz podania wyroku do wiadomości publicznej. Po przemówieniu M. Buksa uzasadniał dziennikarzom swoje żądanie: *– Wszystkie te zbrodnie zasługują na karę śmierci, ale prokuratura musiała wziąć pod uwagę organiczne uszkodzenia mózgu oskarżonego.*

Wystąpieniem prokuratora Pękalski był wyraźnie znudzony – ziewał, kiwał się, drapał, śmiał półgębkiem i dłubał w nosie. Jego obrońcy, **Ryszard Cynalewski i Andrzej Sut**, zapowiedzieli, że w dzisiejszych wystąpieniach zwrócą się do sądu o uniewinnienie. Orzeczenie wyroku nastąpi najprawdopodobniej w poniedziałek. **(ber)**

Fot. **Bartosz Arszyński**

Links: Leszek Pekalski mit einem Verteidiger
Rechts: Der Oberstaatsanwalt

Die Verteidiger plädieren für unschuldig – Urteil am Montag
Ich fordere lebenslänglich!
Ewa P. war ein junges Mädchen, das von der Hochzeit träumte und ein normales Leben führen wollte. Warum mußte ausgerechnet sie mit dem Hammer erschlagen werden? Małgosia K., heute wäre sie 19 Jahre alt. Damals biß sie sich vor Schmerzen und Angst die Finger ab ... Oder die sechs Monate alte Marta M., was hatte dieses Kind verbrochen? – so fragte gestern im Słupsker Wojewodschaftsgericht der Ankläger Mieczysław Buksa, der für Leszek Pekalski lebenslänglich forderte.

Gestern, an einem weiteren Tag des Przesses gegen Leszek Pekalski, der aufgrund von 17 Morden, zweier Vergewaltigungen und einer Kindesentführung angeklagt ist, schloß der Vorsitzende des Richterkollegiums, Richter Andrzej Cyganek, das Gerichtsverfahren ab. Danach trat der Staatsanwalt Mieczysław Buksa auf, der in einer vierstündigen Anklagerede die Beweise für die Verbrechen analysierte, wozu er auch 80 Zeugenaussagen nutzte.
Vor der leidenschaftlichen Abschlußpassage, in der er an das jüngste Opfer des Angeklagten erinnerte, wandte sich der Staatsanwalt an das Gericht: - Unter Berücksichtigung aller Gegebenheiten beantrage ich eine lebenslängliche Isolation, oder besser gesagt, lebenslänglichen Freiheitsentzug, aber nicht die Todesstrafe ... Nach der Rede begründete M. Buksa den Journalisten seine Forderung. Alle diese Verbrechen verdienen die Todesstrafe, aber als Staatsanwalt muß ich die organischen Hirnschäden des Angeklagten berücksichtigen.
Von der Rede des Staatsanwaltes war Pekalski sichtlich gelangweilt, er gähnte, wackelte hin und her, kratzte sich, verzog lächelnd die Mundwinkel und popelte in der Nase. Seine Verteidiger, Ryszard Cynalewski und Andrzej Sut, kündigten an, daß sie sich in ihren heutigen Reden an das Gericht wenden und für unschuldig plädieren wollen. Der Urteilsspruch erfolgt höchstwahrscheinlich am Montag.

Aus den Archiven rutschte eine Lawine von ungeklärten Fällen auf Leszek Pekalski zu. Doch außergewöhnlich ist, daß er 80 Morde insgesamt gestanden hat. Er hat sie gestanden, ja, aber man hat nicht einmal einen handfesten Beweis seiner Geständnisse. Es gibt keine objektiven Beweise auch nur für eine einzige Tat."

Der Verteidiger versucht, dem Gericht Punkt für Punkt der Anklageschrift zu widerlegen und das Fehlen von ausreichenden Beweismitteln klarzumachen.

„Unabhängig, ob Leszek die Taten begangen hat oder nicht, es gibt keine Beweise. Dieser Prozeß ist ein Indizienprozeß, und die Beweismittel der Staatsanwaltschaft greifen nicht. Alles kann in der Phantasie Leszeks erblüht sein. Die Beweise, die die Staatsanwaltschaft vorlegt, lehnen sich an das geistig kranke Gehirn dieses Leszek Pekalski an. Die Staatsanwaltschaft und die Polizei haben versagt, waren nicht imstande, die Ermittlungen so zu führen, daß klare Beweise auf dem Tisch liegen würden. Und da diese nicht vorliegen, beantrage ich für den Angeklagten: Freispruch!"

Es ist still geworden in dem großen Saal.

„Freispruch" hallt es in den Köpfen aller wider, die die Ausführungen des Verteidigers verfolgt haben.

„Freispruch" für diesen Menschen, für diesen gelangweilt blickenden Mann, der sich seine abartigen Wünsche hemmungslos erfüllt hat.

Zeuge für Zeuge zitiert der Rechtsanwalt und nach seinen Ausführungen ist kein einziger dabei, der Leszek Pekalski belasten konnte. Selbst die Aussage der Freundin Sylwias, Janina, stellt er als sehr unglaubwürdig hin. Sie stehe unter dem enormen Druck der Bevölkerung, ihres Vaters und des Gerichtes und daher glaube er nicht an die Ausführungen dieser Zeugin. Aussagen wie: „Das traue ich ihm schon zu!" würden eben nicht für die Verurteilung zu lebenslänglich oder gar zur Todesstrafe reichen.

Wieder einmal lächelt Leszek die Zuhörer an, als er aus dem Saal geführt wird. Nach einer Pause von zwanzig Minuten soll

Leszek Pekalski Gelegenheit bekommen, noch einmal zu dem Gericht zu sprechen, bevor das Urteil verkündet wird.
„Angeklagter, stehen Sie auf, Sie haben das letzte Wort. Sie haben den Staatsanwalt gehört, haben verstanden, welche Strafe er für Sie beantragt hat. Haben Sie noch etwas zu sagen?" sagt der Vorsitzende Richter. Leszek erhebt sich und gibt sich sehr bescheiden. Mit ruhiger Stimme fordert er: „Ich will freigesprochen werden, obwohl ich davor Angst habe. Wenn mich das Gericht inhaftieren will, dann bitte ich Sie, mich in eine sichere Anstalt zu verlegen, da ich nicht weiß, wie die Familien der Opfer reagieren werden. Ich habe große Angst, daß man mir etwas antun wird, und ich will nicht sterben."
Der Richter unterbricht: „Was stellen Sie sich unter einer sicheren Haft vor?"
„Weit weg von meinem Wohnort, bitte weit weg!"
Mit diesen Worten Leszeks ist dieser Verhandlungstag beendet und das Gericht gibt die Urteilsverkündung für Montag, den 9. Dezember 1996, bekannt.

Das Urteil

Endlich ist das Warten auf diesen Tag, den 9. Dezember 1996, vorbei. Bereits Stunden vor Prozeßbeginn sind die Gänge vor dem Saal 114 überfüllt. Zahllose Fernsehanstalten, ein Heer von Journalisten, drängen sich um die besten Plätze und einige Zuhörerplätze werden von der Polizei freigehalten.
Plötzliches Raunen im Gang, als sich ein Ehepaar durch die fragenden Reporter drängt. Hand in Hand kommen Sylwia R.s Mutter und Vater den Gang entlang. Beide blicken wie versteinert und nehmen nicht wahr, was um sie geschieht. Ein Polizeibeamter nimmt die Mutter an der Hand und begleitet beide in den Saal. In der ersten Reihe der Zuhörerplätze, die mit Zetteln reserviert sind, haben es sich längst Presseleute und Fotografen bequem gemacht, doch als sie das Ehepaar R. sehen, werden sofort zwei Plätze geräumt. Alle reden auf die beiden ein, doch ihr Blick gilt nur der Bank, auf der Leszek Pekalski Platz nehmen wird. Welche Gefühle muß diese Frau in sich tragen, wie wird sie damit fertig werden, in wenigen Minuten dem Mann gegenüberzustehen, der ihrer Tochter und damit auch ihr so unsagbares Leid zugefügt hat? Sie, die derbe Bauersfrau, die ihr Leben lang schwer arbeiten mußte, was ihre Hände beweisen. Nun sitzt sie da und hofft auf eine gerechte Strafe für all das, was man ihrer Tochter angetan hat. Kein Außenstehender weiß, welche Strafe sie für ausreichend halten würde, um zu sühnen, was ihr Kind erleiden mußte. Die Todesstrafe – vielleicht, aber sie wäre keine Strafe für ihn, weil sie ihn nicht lange genug leiden läßt, oder lebenslänglich hinter Gittern? Niemand vermag, in das Herz dieser Frau zu sehen.
Aufgeregt sehen sich die Polizeibeamten im Saale um und ihr Blick gilt nur dieser Frau. Man weiß, daß sie Leszek Pekalski schon einmal mit einer Hacke erschlagen wollte, doch sie hatte vor Aufregung das Werkzeug vergessen.
Noch vor Tagen sagte sie: „Man soll ihn uns geben, dann erhält er seine gerechte Strafe!“

Will sie sie heute vollstrecken? Keiner der Beamten will dieses Ehepaar durchsuchen, sie sehen nur unentwegt auf die mitgebrachte Tasche von Sylwias Mutter. Doch jeder kann erkennen, daß in dieser kleinen Handtasche nur ein Revolver versteckt sein könnte, und das traut man ihr wiederum nicht zu.
Auch ihr Mann läßt unter seinem großen schwarzem Hut keinerlei Regung erkennen, man merkt, ihn stört das Blitzlichtgewitter der Fotografen, das nicht enden will. Alle Fotografen und Kameraleute sind darauf bedacht, sich und ihre Kamera so zu plazieren, daß man das Ehepaar R. vor der Linse hat. Offensichtlich ist das Gericht bereit, die Verhandlung zu eröffnen, denn die Protokollführerin hat bereits Platz genommen. Ein Blick auf den Gang verrät, wie aufgeregt die Beamten sind, die Leszek in den Saal führen müssen. Nun sind alle Kameras und Fotoapparate auf die Tür gerichtet, durch die jeden Moment Leszek Pekalski zur Urteilsverkündung vorgeführt werden wird. Maßloses Gedränge in den Zuhörerreihen und man kann sein eigenes Wort nicht mehr verstehen. Der Staatsanwalt betritt den Raum und begrüßt das Ehepaar R., bevor er seinen Platz einnimmt. Auch die beiden Anwälte Leszeks sind auf ihren Plätzen und ihr Blick ist nur auf die Eltern Sylwias gerichtet.
Einer der Verteidiger atmet tief durch und man kann seine Gefühle erkennen; Mitleid mit diesen beiden Menschen. Das durch die Scheinwerfer erzeugte grelle Licht richtet sich auf die Eingangstür des Saales und alles wartet auf den Auftritt des „Hauptdarstellers“, eines Stars, dem eigentlich nicht die geringste Aufmerksamkeit in seiner dunklen Zellen-Gruft gebühren sollte.
Zwei Beamte betreten den Saal, doch Leszek ist nicht dabei. Die Tür wird geschlossen und die beiden Polizisten nehmen Aufstellung neben der Familie R.. Jeder im Saal weiß, was das zu bedeuten hat.
Man hat Angst, Leszek Pekalski könnte etwas geschehen, obwohl es ihm doch jeder im Saal wünschen würde, der Rache

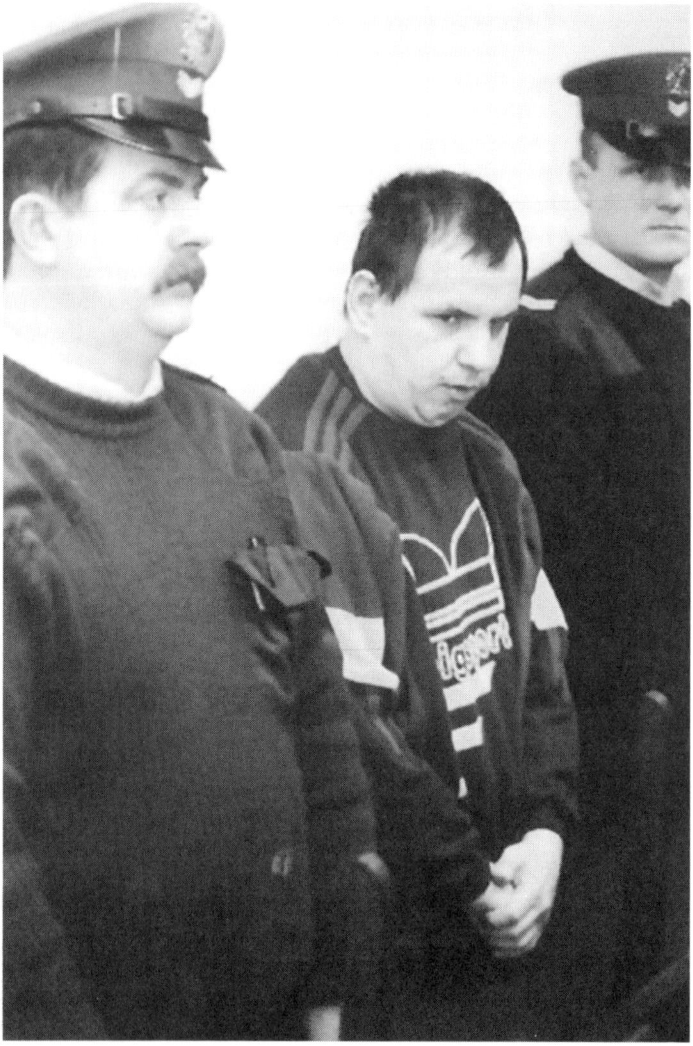

Leszek Pekalski bei der Urteilsverkündung

dieser Frau ausgeliefert zu sein. Plötzlich erscheint Leszek Pekalski, er lächelt in die Kameras, als ginge es darum, vor einem begeistert klatschenden Publikum einen bedeutenden Preis in Empfang zu nehmen. Er kann durch das gleißende Licht nichts erkennen und hält seine Hand vor die Augen. Vielleicht zwei Meter vor den Eltern Sylwias erkennt er sie, er zieht an den Fesseln und will den Raum wieder verlassen. Doch die drei Beamten zerren Leszek an dem Paar vorbei. Sichtlich erleichtert nimmt er auf der Anklagebank Platz, flankiert von den Beamten. Nicht nur Leszek läßt Frau R. nicht aus den Augen, auch die Polizisten bleiben aufmerksam. Ängstlich blickt sich Leszek im Zuhörerraum um, vermutlich um zu sehen, ob noch weitere Angehörige von Opfern anwesend sind. Der Staatsanwalt lächelt, er genießt offenbar die Angst Leszeks. Die beiden Anwälte des Angeklagten haben nur einen Blick auf die Tür, aus der das hohe Gericht nun hoffentlich bald eintreten wird.
Dies geschieht um 11 Uhr 23 und der Saal gleicht sofort einem Hexenkessel, die Reporter treten vor bis zum Richtertisch. Jede Kamera ist nur auf einen Mann gerichtet, den Vorsitzenden des Gerichts, der nun das Urteil verkünden soll. Alle im Saal sind aufgestanden, wie es die Würde des Gerichts verlangt, nur eine Frau bleibt sitzen: Sylwias Mutter. Demonstrativ mißachtet sie die Würde des Gerichtes, als ahne sie den Ausgang des Prozesses.
„Ich verkünde das Urteil gegen Leszek Pekalski. Der Angeklagte wird verurteilt zu: 25 Jahren Haft für den Mord an Sylwia R., jedoch wird der Angeklagte vor seinem Haftantritt in eine psychiatrische Anstalt eingewiesen. Erst nach der Entlassung kann der Angeklagte seine Haftstrafe antreten. Weiterhin werden dem Angeklagten auf die Dauer von zehn Jahren die bürgerlichen Ehrenrechte aberkannt. Der Angeklagte hat weiterhin die Gerichtskosten in Höhe von 7 000 Złoty zu zahlen. Bitte setzen Sie sich, ich verlese nun die Urteilsbegründung."

Leszek Pekalski setzt sich und wer ihn beobachtet, kann feststellen, wie ungerührt er dieses Urteil hinnimmt. Die Worte des Richters scheinen ihn nicht zu interessieren. Er beginnt an den Fingernägeln zu kauen und läßt den Richterspruch völlig apathisch über sich ergehen. Ob er zufrieden mit diesem Urteil ist oder nicht, man kann keine Regung an ihm feststellen. Fest steht: Das Urteil scheint ihn nicht betroffen zu machen. Es scheint vielmehr, als würde er den Worten des Richters gar keine Aufmerksamkeit schenken. Er sieht nur immer wieder auf seine Hände.

Auf diese Hände, von denen nur er weiß, welches Unrecht sie angerichtet haben. Ständig richtet er seine Haare zurecht, als gelte es, einen guten Eindruck auf die Fotografen zu machen. In der Urteilsbegründung weist der Richter darauf hin, daß die gesamte Strafzumessung nur auf den Fall Sylwia R. bezogen ist. Alle anderen Anklagepunkte weist das Gericht zurück. Zu schwach wären alle Beweismittel der Staatsanwaltschaft gewesen, um Leszek Pekalski für weitere Straftaten zu verurteilen.

Jeder Zweifel, so der Vorsitzende Richter, mußte während des Prozesses zum Vorteil des Angeklagten Leszek Pekalski angerechnet werden, und Zweifel habe es viele gegeben. Letztendlich seien nur im Falle Sylwia R. die Beweise so erdrückend, daß man daran den Angeklagten des Mordes überführen konnte. Die weiteren 16 Straftaten der Anklage hätten ihm nicht nachgewiesen werden können. Äußerst schlecht geführte Ermittlungen seien dafür verantwortlich. Es habe sich herausgestellt, daß Dreh- und Angelpunkt der Anklage die Geständnisse des Angeklagten waren. Eindeutiges, das ihn hätte überführen können, habe es indes nicht gegeben. Plötzlich schüttelt sich Leszek, beugt sich zu seinen beiden Verteidigern nach vorne und flüstert seinem Anwalt etwas ins Ohr. Aufgeregt und gestikulierend fordert er eine sofortige Reaktion der Anwälte auf dieses Urteil.

Doch seine Verteidiger versuchen, ihn wie eine lästige Fliege abzuschütteln: „Langsam, langsam. Alles zu seiner Zeit, wir werden mit allem fertig …“, so ihr Kommentar. Das Gericht

schließt die Verhandlung und alle im Saal warten darauf, was nun geschehen würde, wenn Leszek an Sylwias Mutter vorbeigeführt wird, die er keines Blickes mehr würdigt. Doch nun merkt man ihm an, daß er sich unwohl in seiner Haut fühlt. Er weiß, er muß nun nur wenige Zentimeter an der Frau vorbei, vor der er Angst hat.
Kaum ist er von seiner Bank aufgestanden und die Beamten haben ihm die Handschellen angelegt, als Sylwias Mutter von ihrem Platz aufspringt und Leszek Pekalski zuruft: „Mörder, wie konntest du Sylwia töten!"
Weinend hat die Mutter das Urteil hingenommen und der Vater sitzt regungslos auf seinem Stuhl, als würde alles spurlos an ihm vorüberziehen. Nun reagieren auch die Beamten auf die immens gestiegene Spannung im Saal. Sie ziehen Leszek aus der Bank und versuchen zu dritt, Leszek so in die Mitte zu nehmen, daß es niemandem gelingen kann, ihn zu berühren. Ängstlich drückt sich Leszek an die Beamten, er erkennt die Gefahr, in der er sich befindet. Zuviel Angst hat er vor einer-Frau, von der er weiß, daß sie ihn schon einmal töten wollte. Die Beamten wollen jedoch nicht zuviel Kontakt zu ihrem Gefangenen und weisen ihn etwas zurück.
Leszek ist vielleicht noch zwei Meter von Sylwias Mutter entfernt, als diese ihn anschreit: „Das ist zuwenig, du Schwein. Er kommt eines Tages raus und wird weiter töten, so, wie er Sylwia getötet hat. Er muß lebenslänglich bekommen."
Und während alle Leszek begleitenden Beamten auf eine Konfrontation vorbereitet sind, rennt Sylwias Mutter auf Leszek Pekalski zu. Als machten ihr die Beamten den Weg frei, gelingt es der Frau, auf Leszek einzuschlagen. Mit aller Wucht schlägt sie Leszek Pekalski ins Gesicht und niemand hat das Bedürfnis, sie zurückzuhalten. Leszek schreit und weint und fordert immer wieder, ihn zu beschützen, doch es dauert noch einige Schläge, bis die Beamten Leszek wieder in Sicherheit bringen.
Mit einem Lächeln auf den Lippen gehen die Beamten mit diesem Großmeister des Schreckens, der jetzt ein jämmerliches

Gliniane nogi oskarżenia

– Chcę być uniewinniony, chociaż tego się boję. Gdyby sąd skazał mnie na internację, to proszę o umieszczenie w bezpiecznym środowisku, bo nie wiem jak zareagują rodziny ofiar – powiedział wczoraj w ostatnim słowie Leszek Pękalski, oskarżony przed Sądem Wojewódzkim w Słupsku o 20 zbrodni, w tym 17 zabójstw. Na pytanie sędziego Andrzeja Cyganka, co to jest „bezpieczne środowisko", oskarżony odpowiedział: – Z dala od mojego miejsca zamieszkania.

Sąd wysłuchał wielogodzinnych przemówień dwóch obrońców L. Pękalskiego. Przypomnijmy, że przedwczoraj oskarżyciel, prok. **Mieczysław Buksa**, wnioskował o dożywocie.

– 249-stronicowy akt oskarżenia to jest kolos, ale na glinianych nogach – zaczął swój wywód mec. **Andrzej Sut**. – *Fundamentem oskarżenia było przyznanie się L. Pękalskiego do zarzutów, jednakże te gliniane nogi się zawaliły wskutek odwołania przez podsądnego obciążających go zeznań. Najwięcej szkody sprawie zrobiła policyjna ekipa śledcza. Nazbyt samodzielnie ustalała dowody i podejmowała decyzje w tej sprawie. L. Pękalski został „złamany" podczas przesłuchania jako podejrzany o zabójstwo 17-letniej Sylwii R., kiedy postraszono go pałką i kajdankami. Wtedy policyjna ekipa śledcza zorientowała się, że na podejrzanym można coś wymusić. Z archiwów ruszyła lawina akt spraw umorzonych z powodu niewykrycia sprawców. Fenomen tej sprawy to przyznanie się Pękalskiego do 70 zarzutów. Jednakże nawet w tych pierwszych 11 zarzutach, które objęto aktem oskarżenia, nie ma obiektywnych dowodów na to, że Pękalski jest sprawcą.*

Mec. A Sut po „wypunktowaniu" zarzutów konkludował: – *Brak dostatecznych dowodów winy. Niezależnie od tego, czy L. Pękalski dopuścił się zarzucanych mu czynów, wnioskuję o jego uniewinnienie.*

Konkluzja wystąpienia mec. **Ryszarda Cynalewskiego**, odnoszącego się do drugiej części zarzutów, była taka sama. – *To jest proces stricte poszlakowy, a ciąg poszlakowy jest łańcuchem tak mocnym, jak jego najsłabsze ogniwo. Jednakże wiele ogniw wymaga od sądu sprawdzenia i oceny, bo budzą poważne wątpliwości. Przedstawione przez prokuratora dowody nie są oczywiste i bezpośrednie. Biorąc pod uwagę całokształt sprawy, to zrodziła się ona wskutek chorobliwych urojeń i fantazji oskarżonego. Dowody oparły się na wynurzeniach psychicznie chorego człowieka.*

Oskarżyciel nie skorzystał z prawa repliki na wystąpienia obrońców. Wyrok – w poniedziałek, 9 bm. **(wir)**

Leszeks letztes Wort: „Ich will freigesprochen werden!"

Die beiden Richter und der Staatsanwalt am Grab von Sylwia R.

Bild abgibt, aus dem Raum und man kann nur vermuten, daß es ihnen eine Genugtuung war, was eben mit ihrem Schutzbefohlenen geschehen ist.
Die Reaktion der Mutter hat ihnen zugesagt, sie alle sind Familienväter und denken wohl an ihre eigenen Kinder, die leicht ebenso Opfer Leszek Pekalskis hätten werden können.
In seiner Zelle ist Leszek nicht ansprechbar, er sitzt in einer Ecke und spricht kein Wort. Es ist zu vermuten, daß er Medikamente erhalten hat, denn auch anschließend, in der Haftanstalt, ist mit ihm nicht zu sprechen. Er kauert einfach nur auf seinem Stuhl und schweigt.
Dem Staatsanwalt steht die Trauer über seinen Mißerfolg im Gesicht geschrieben und doch will er sich zum Urteil äußern: „Leszek Pekalski wird nach diesem Urteil zunächst in eine psychiatrische Klinik eingewiesen. Erst wenn die Ärzte glauben, man könne ihn aus der Psychiatrie wieder entlassen, beginnt seine Haftstrafe von 25 Jahren. Man weiß, daß dies einer lebenslänglichen Strafe gleichkommt. Dieses Urteil kann man nicht kommentieren. Aus Hochachtung vor dem Gericht muß ich sagen: Ich sollte zufrieden sein über das harte Urteil des Gerichtes, da eine Einweisung in eine psychiatrische Anstalt vor Antritt der Haftstrafe einer lebenslänglichen Haft gleichgestellt werden kann. Aber ich gehe in Berufung beim nächsthöheren Gericht in Danzig."
Ein Reporter hat in der Zwischenzeit ausgerechnet, daß Leszek für die ihm vorgeworfenen Taten in Amerika 743 Jahre Gefängnis bekommen hätte. Die Verhandlung ist zu Ende. Im Saal beginnen die Fernsehleute, ihre Kameras abzubauen, nur ein alter Herr, der die gesamten Verhandlungstage mitverfolgt hat, gibt noch einen Kommentar ab: „Ein kluger Richter! Aus all diesen Fällen pickte er sich den Fall heraus, der ihm am besten geeignet erschien, Leszek Pekalski verurteilen zu können und hoffte, daß auch die Staatsanwaltschaft mit diesem Urteil zufrieden sein würde."

Das Ende des Schreckens

Stunden später sitzt Leszek Pekalski wieder im Besucherraum des Gefängnisses in Słupsk, doch er ist nicht ansprechbar. Zusammengekauert auf einem Stuhl, nimmt er den Besucher nicht mehr wahr.
Seine Augen blicken wirr durch den Raum und er reagiert auf nichts mehr. Die Beamten merken, daß eine Kommunikation mit ihm nicht möglich ist, und führen ihn wie ein Häuflein Elend aus dem Raum. Ein Wärter erklärt sein Verhalten: „Alle Gefangenen, die eine hohe Haftstrafe erhalten haben, bekommen Beruhigungsmittel, damit wird die Selbstmordrate an den ersten Tagen nach dem Urteil stark reduziert."
„Aber Leszek Pekalski sagt doch immer, daß er Angst vor dem Tod hat."
„Auch er ist nur ein Mensch. Auch, wenn er Leszek Pekalski heißt!"
Diese Aussage erinnert an sein schriftliches Geständnis, das damit endet: „Ich bereue, daß ich so vielen Menschen Schmuck weggenommen habe, weil ich kein Geld zum Leben hatte. Die Rente reichte nicht aus. Ich möchte das wieder gutmachen, aber wie soll das möglich sein? Es waren Ringe, Kleidungsstücke, Butterbrote und Geld." Dann fügte er noch hinzu: „Von den Menschen, über die mich die Polizei verhört hat, erfuhr ich erst von ihr, daß sie tot sind."

Leszek Pekalski hat sein Urteil erhalten – für ganz Polen ein lächerliches Urteil. Die Menschen befürchten, daß dieser Mann noch einmal auf freien Fuß gesetzt werden könnte, wie viele Mörder in Polen, wie man mir immer wieder bestätigt.
„Man hätte ihn aufhängen sollen, wie den ‚Skorpion' in Danzig, im Jahre 1988." Das wird gefordert, von vielen Menschen in Polen. Paweł Tuchlin, der „Skorpion", wie man ihn nannte, war der letzte Mörder in Polen, an dem die Todesstrafe vollstreckt wurde. Er hatte neun Menschen getötet und elf Opfer zwischen 1975 bis 1983 schwerstverletzt.

ress

TEMA
dni

25 lat za jeden mord

Leszek Pękalski w czasie śledztwa przyznał się do 70 zabójstw. Skazano go tylko za jedno. fot. PIOTR GRZYBO

/ampir z Bytowa" skazany został na 25 t więzienia i na umieszczenie w zakładzie ychiatrycznym. Sąd Wojewódzki w Słup- u uznał, że Leszkowi Pękalskiemu, oskar- nemu o zamordowanie 17 osób, w czasie ocesu udowodniono zabicie jedynie Sylwii Rudnik, 17-letniej sklepowej z Darskowa (woj. słupskie).

W czasie procesu Pękalski nie przyznawał się do żadnego zarzutu. Także w ostatnim słowie nie przyznał się do winy i prosił o uniewinnienie. Proces trwał 40 dni. Prokurator domagał się kary dożywotnie więzienia, a obrona uniewinnienia. Proka tor już zapowiedział apelację.

str.

25 Jahre für einen Mord

TEMAT dnia

Skazany za jeden mord

AGATA BUJNICKA

Chciałam go uderzyć w twarz, żeby choć trochę poczuł ból – mówi matka zamordowanej przez Leszka Pękalskiego Sylwii Rudnik. Stefania Rudnik wczoraj rzuciła się na mordercę po ogłoszeniu wyroku. – Już wcześniej, kiedy zeznawałam w sądzie jako świadek, chciałam go dosięgnąć. Ale teraz ochroniarze odepchnęli mnie, osłonili go!

– Leszek Pękalski jest winny tylko jednego zabójstwa: 17-letniej Sylwii Rudnik z Darskowa (woj. słupskie). Uniewinniam go od pozostałych zarzutów: 2 zgwałceń, sprowadzenia nieszczęścia i 16 zabójstw – ogłosił wczoraj sędzia Andrzej Cygonek, przewodniczący składu sędziowskiego, który od kwietnia br. prowadził proces przeciwko „wampirowi z Bytowa". – Skazuję Leszka Pękalskiego na karę 25 lat pozbawienia wolności, 10 lat pozbawienia praw publicznych i pobyt w ośrodku psychiatrycznym.

W chwilę po ogłoszeniu wyroku w sali słupskiego Sądu Wojewódzkiego zapanowała cisza. Jakby nie było tam ani żywego ducha, ani sędziego ani ławników, oskarżonego, obrońców i prokuratora. Jakby nie było żadnego z kilkudziesięciu dziennikarzy, którzy tłoczyli się wokół ławy sędziowskiej, próbując w jednej chwili ogarnąć wszystkie twarze i odczytać bijące z nich emocje: zagryzione wargi prokuratora, wahanie na twarzy adwokatów, okejęzy [illegible] Pękalskiego.

Spokojnie, ze wszystkim zdążymy

Hurtownik zbrodni

Błędy organów ścigania

Rozpaczliwy szloch matki

Chciałam, żeby poczuł ból

■ Po ogłoszeniu wyroku Leszek Pękalski nie wyglądał na przygnębionego

■ Sylwia Rudnik

Zabił, choć chciała mu pomóc

Historia „wampira z Bytowa" zaczęła się 14 grudnia 1992 roku, kiedy prokurator aresztował Leszka Pękalskiego, jako podejrzanego o zamordowanie 17-letniej Sylwii Rudnik z Darskowa (woj. słupskie). Już w areszcie Pękalski przyznał się do innych zbrodni. Wczoraj sąd skazał Pękalskiego na 25 lat więzienia właśnie za zabójstwo Sylwii Rudnik.

Strafe für einen Mord

Leszek Pękalski skazany na 25 lat więzienia

Zabił tylko raz

- *Morderco! Jak mogłeś ją zabić?* - krzyczała wczoraj w słupskim Sądzie Wojewódzkim matka Sylwii R. To jedyna ofiara, za którą wymierzono Leszkowi Pękalskiemu karę 25 lat więzienia. Sąd odrzucił natomiast pozostałe dziewiętnaście zarzutów zbrodni.

Sąd uznał L. Pękalskiego za winnego zabójstwa 17-letniej Sylwii R. z Darskowa i skazał go na 25 lat więzienia oraz orzekł pozbawienie praw publicznych na 10 lat. Wcześniej skazany trafi do szpitala psychiatrycznego. Dopiero gdy lekarze orzekną, że nie stanowi zagrożenia dla porządku prawnego, opuści szpital i zacznie odbywać karę. W praktyce może to oznaczać dożywocie!

Sąd uniewinnił L. Pękalskiego z 16 zarzutów zabójstw, 2 gwałtów i uprowadzenia dziecka. Wytknął słabość materiału dowodowego, opierającego się tylko na wyjaśnieniach oskarżonego, nierzetelność policji w prowadzeniu śledztwa, wątpliwe dowody z wizji lokalnych, sprzeczności w zeznaniach świadków. L. Pękalski w pierwszej chwili nie zrozumiał decyzji sądu. Wytłumaczył mu ją obrońca, którego dopytywał o możliwość odwołania. Później uśmiechał się do tłumu fotoreporterów.

Prokurator **Mieczysław Buksa** nie krył rozżalenia. Zarówno oskarżenie, jak i obrona zapowiadają apelację. Obserwator procesu z Komendy Wojewódzkiej Policji w Słupsku, emerytowany podpułkownik **Jan Skierka**, skomentował zarzuty, które padły w uzasadnieniu wyroku pod adresem ekipy śledczej: – *Policja nie decydowała o wniesieniu aktu oskarżenia, tylko badała możliwości popełnienia przestępstw przez podejrzanego.*

Wśród publiczności byli rodzice zamordowanej Sylwii. **Stefania R.** płacząc wysłuchała wyroku. Później pokonała kordon ochrony i uderzyła pięścią wyprowadzanego z sali Pękalskiego. – *Za mało dostał! Wyjdzie i będzie dalej mordował. Pozostałe ofiary to też jego sprawa. Powinien dostać karę śmierci!* – krzyczała. (**ber**)

Fot. **Bartosz Arszyński**

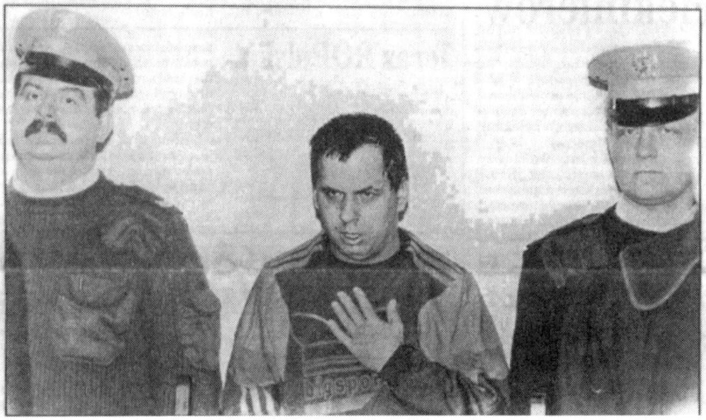

Die Urteilsverkündung: Er tötete nur einmal

25 lat pozbawienia wolności dla Leszka Pękalskiego

JEDNA ZBRODNIA

– Jak mogłeś ją zabić! – krzyknęła zrozpaczona matka 17-letniej Sylwii R. z Darskowa w gminie Kołczygłowy (woj. słupskie), nacierając na Leszka Pękalskiego, wyprowadzanego wczoraj w kajdankach z sali rozpraw słupskiego Sądu Wojewódzkiego. Konwój uchronił oskarżonego przed rękoczynami.

Wcześniej przewodniczący składu sędziowskiego, sędzia **Andrzej Cyganek** ogłosił:

– *Sąd uznaje Leszka Pękalskiego za winnego tego, że w dniu 26 czerwca 1991 roku w okolicach Datskowa, mając w znacznym stopniu ograniczoną zdolność rozpoznania znaczenia czynu i kierowania swoim postępowaniem, działając w bezpośrednim zamiarze pozbawienia życia, zaspokojenia popędu seksualnego, zaboru mienia oraz ze szczególnym okrucieństwem (...) spowodował zgon Sylwii R. przez uduszenie i jednocześnie doprowadził ją do poddania się czynowi nierządnemu. Skazuje się Leszka Pękalskiego na 25 lat pozbawienia wolności. Ponadto sąd orzekł pozbawienie praw publicznych na 10 lat oraz umieszczenie L. Pękalskiego w szpitalu psychiatrycznym.*

Ku zaskoczeniu oskarżyciela, prok. **Mieczysława Buksy**, domagającego się kary dożywocia, oraz zdumieniu obrońców mec. **Ryszarda Cynalewskiego** i mec. **Andrzeja Suta**, wnioskujących o całkowite uwiewinnienie, sąd orzekł: – *Uniewinniam Leszka Pękalskiego od popełnienia pozostałych, zarzucanych mu czynów.*

Ta część wyroku dotyczyła 16 morderstw, 2 gwałtów i uprowadzenia półrocznego dziecka. W poczet zasądzonej kary sąd zaliczył oskarżonemu ok. 2 letni okres tymczasowego aresztowania.

(dokończenie na str. 2)

Leszek Pękalski nie wyglądał na przerażonego wyrokiem

Przewodniczący składu sędziowskiego, sędzia Andrzej Cyganek (drugi od lewej) odczytywał wyrok i wygłaszał jego uzasadnienie do kilkunastu mikrofonów wycelowanych w niego przez reporterów telewizyjnych, radiowych i prasowych

Zdjęcia: Sławomir Żabick

Ein Verbrechen

Doch für Leszek Pekalski ist diese Strafe nicht einmal beantragt worden. Polen möchte in die EU aufgenommen werden, was mit Ländern, die die Todesstrafe noch vollstrecken, nicht geschieht.
Einsam verbringt Leszek Pekalski die Tage in seiner Zelle und wundert sich, daß kein Reporter mehr an ihn Fragen stellt oder ihn fotografiert. Er kann nicht begreifen, warum kein ausländischer Journalist mehr Tragetüten voller Geschenke bringt. Seine Vorräte an ausländischen Lebensmitteln gehen zu Ende, seine Rente ist über Jahre hinaus nicht mehr verfügbar. Seine Zukunft verheißt auch, lange Zeit ohne Arbeit zu sein, das bedeutet, keinen Einkauf mehr im Gefängnis tätigen zu können. Im Klartext: keine Zigaretten, kein deutscher Kaffee und keine Schokolade mehr, die er doch so liebt. Keine Ausflüge mehr mit dem Staatsanwalt und der Polizei durch ganz Polen, keine Fahrten mehr zum Gericht, die ihm so viel Abwechslung gebracht haben. Er muß die Stille ertragen – die endlose Stille der Zelle 53 im Arrest der Strafanstalt in Słupsk.
Täglich fragt er nach Besuchern, wann man wieder mit ihm sprechen wolle, erzählt der Gefängnisdirektor. Erst jetzt, nach über vier Jahren Untersuchungshaft, lernt er die Härte eines Gefängnisses in Polen kennen. Spürt die Einsamkeit einer Zelle, fühlt die Enge dieses Raumes. Täglich will er in die kleine Kapelle in der Zelle nebenan, doch nun darf er diesen Ort nur noch einmal wöchentlich besuchen. Der Berg Pornohefte in dem kleinen Wandregal ist verschwunden, geblieben sind die Bibel und alte Zeitungen, die er schon auswendig kennt. Er fürchtet sich, daß irgendwann die Aufmerksamkeit der Wächter nachläßt, daß er eines Tages ganz allein sein wird mit den Stimmen der Mörder, Räuber und Diebe. Sie hassen solche wie ihn. Er weiß, sie wollen ihn verletzen, ihn töten für die „unbehaarten“ Mädchen, die er auf dem Gewissen hat. Kein Beamter kommt mehrmals am Tag an seine Tür, nur noch zum Empfang des Essens öffnet man eine kleine Luke. Der Hofgang wird nun zum Spießrutenlauf für ihn: Auf dem niedergetretenen Pfad entlang der Mauer wandert er, ein einsamer

Mann. Gemästet mit Schokolade, gebeugt einhergehend, niemandem mehr trauend, zieht er seine Kreise. Er hört nur noch die rauhen, heiseren Stimmen der Gefangenen, die ihm von der Gefängniswand entgegenhallen. Er kann sich dem Chor nicht mehr entziehen, dessen Botschaft als ewigwährendes Echo mit immer neuen Stimmen unaufhörlich auf ihn niederbraust. Er hält sich die Ohren zu, doch er hört sie, seine Häscher, die heute lauter schreien denn je: „Leszek, Leszek, du wirst sterben. Leszek, Leszek, bald kommt deine Zeit. Wir werden dich schlachten, dich quälen, dir die Gedärme aus dem Leib reißen. Warte, deine Zeit kommt."
Er kann diesem Chor seiner Mitgefangenen nicht mehr entkommen. Nun sind seine Hofgangzeiten geregelt. Wasser schütten sie aus ihren Zellenfenstern auf ihn, der einsam, ängstlich seine Runden dreht. Der Platz, auf dem er Schritt für Schritt seine Kreise abläuft, ist auch über ihm vergittert, das schützt ihn wenigstens vor größeren Gegenständen.
Auch die Wärter haben sich ihm gegenüber verändert, ihm, dem „Star" von Zelle 53, denn es gibt auch für sie keine Geschenke mehr durch ihn und er bekommt das zu spüren. Aus seinen Augenwinkeln beobachtet er die Mitgefangenen. Er kann sie nicht erkennen hinter ihren dunklen Zellenfenstern, er sieht nicht, wer auf ihn lauert. Denn alle Gefangenen wünschen dieser Bestie den Tod, als einzige gerechte Strafe, die sie sich vorstellen können. Der Bankräuber kann nicht verstehen, warum er acht Jahre hier verbringen muß, wo er doch niemanden verletzt hat.
„Und dieses Schwein, der Kinder umgebracht hat und wehrlose Frauen, der bekommt nur fünfundzwanzig Jahre?"
„Ruhe da oben auf Zelle 46!" ruft der Wärter, der Leszeks Hofgang bewacht.
„Ist doch wahr", lautet die Antwort und dabei wird das Zellenfenster geschlossen.
„So ist das Leben hier eben", erklärt der Beamte und beendet den Hofgang zehn Minuten früher. Wortlos betritt Leszek den Bau und läßt sich wieder auf seine Zelle bringen.

Nach Wochen erfährt Leszek, der eigentlich zunächst Mitte Januar 1997 in eine große Strafanstalt zwischen Stettin und Słupsk gebracht werden sollte, daß er in eine psychiatrische Anstalt in Kostborowo gebracht wird. Dieses Krankenhaus liegt 60 Kilometer von Danzig entfernt und hat eine psychiatrische Abteilung.
Leszek freut sich, denn er weiß aus Erfahrung, daß es ihm dort sehr viel besser geht als im Gefängnis. Besseres Essen, nicht den ganzen Tag eingesperrt sein und Spaziergänge im Park, das würde ihn dort erwarten. Die Entscheidung des Gerichts ist gefallen und man bereitet sich auf den Transport vor. Doch die angestellten Ärzte und Krankenschwestern protestieren. Riesige Artikel in der Presse und Sendungen im polnischen Fernsehen wühlen die Volksseele erneut auf. Niemand hat bedacht, daß dieses Krankenhaus über keine geschlossene Abteilung verfügt, die eine Flucht Leszeks unmöglich machen würde. Die Krankenschwestern und Ärzte sind empört und drohen zu streiken, wenn Leszek zu ihnen gebracht wird.
„Niemand kann die Sicherheit für all die Kranken in dieser Klinik garantieren, geschweige denn, für das Personal. Dieser Mann in unserer Klinik würde eine echte Gefahr darstellen. Wie kann man einen solchen Mörder in ein normales Krankenhaus einliefern?" regt sich ein Arzt der Klinik auf und die Bevölkerung Polens gibt ihm recht.
So hallt durch die dunklen Gänge der Strafanstalt Słupsk weiter der Chor der Mitgefangenen, und täglich wird die Angst größer in Leszek Pekalski, daß sie das Angedrohte wahrmachen.
Er weiß, nur ein Augenblick entscheidet im Zweifelsfall über sein Leben. Die Unachtsamkeit nur eines Beamten bedeutet Schmerzen oder seinen Tod. Er erinnert sich an einen kurzen Aufenthalt in einer Anstalt, in der er früher einsaß, wo Mitgefangene zum Teil wahrgemacht haben, wovon die Häftlinge in Słupsk träumen.
Damals wußte man noch nicht einmal andeutungsweise, wer er wirklich war, und trotzdem wurde er von vielen Männern

vergewaltigt, zwangstätowiert und mit dem Tode bedroht. Damals, als das Ausmaß des Schreckens noch ein Ende kannte. Erschrocken hat er zur Kenntnis nehmen müssen, daß man ihn zunächst ausgerechnet dorthin bringen wird, bis eine neue psychiatrische Klinik gefunden ist, in der die nötige Sicherheit garantiert werden kann.
In ein Gefängnis, das keinen Gefangenen unter fünf Jahren Haft aufnimmt, einer Anstalt für Schwerstverbrecher, die gefürchtet ist bei den Gangstern in Polen. Noch kann er zumindest sein Leben genießen, doch wie lange noch?
Vielleicht hört er heute, wo es still um ihn geworden ist, die Schmerzensschreie seiner Opfer. Wer über Jahre recherchiert und versucht hat, alles über diesen Menschen zu erfahren, wird feststellen: Man kann nicht in Herzen sehen, wo keine sind. Man kann nicht aus Sätzen lesen, gesprochen und entsprungen aus einem deformierten Gehirn, das nur den Freuden des Bösen gerecht wird.
„Ich war nicht böse, daß die Frauen mich so gemieden haben, aber es tat mir leid und ich war verzweifelt. Ich bin doch auch nur ein Mensch, auch wenn ich ein wenig gestört bin. Ich suche ein Mädchen, so zwischen 30 und 37 Jahren. Am besten wäre es, wenn es ein Mädchen ist, das vor allem keine Probleme macht, sollte es einmal zu einer Heirat kommen. Ich möchte wenigstens eine Freundin haben, ich bin doch noch so jung."

Epilog

„Ganz Polen wird sich meiner schämen"

Namhafte, seriöse Wissenschaftler sind sich einig: Therapien für solche Täter hinter Gittern sind meist ohne Erfolg!
„Keiner der Serienmörder, die ich bisher untersuchen und beobachten konnte, war geisteskrank, aber ebensowenig war einer normal. Sie töten nicht nur aus ihrer sexuellen Lust heraus, sie töten aus Wut."
Hoffentlich versucht niemand, gerade an diesem Menschen das Gegenteil im Namen der Wissenschaft beweisen zu wollen. Es gilt nicht, die Aufklärungsquoten für Morde in die Höhe zu schrauben, um den eigenen Erfolg genießen zu können, es gilt, die Mitmenschen vor Ungeheuern solchen Kalibers zu schützen.
Der Durchschnittsbürger ist kein Jurist, aber er hat Anspruch auf Schutz, der nicht gewährleistet ist, wenn solch ein Individuum alle Mittel des Rechtsstaates, den wir schätzen und würdigen, nutzen kann und der Rechtsstaat seine Pflichten bei der Strafverfolgung grob vernachlässigt. Auf dem Spielfeld der menschlichen Gefühle hat er lange genug gespielt, verloren hat er aus seiner Sicht nie. Sein Spielfeld wurde zur Begräbnisstätte für unzählige, unschuldige Menschen.
Ewig soll bleiben, was der Vater einer Tochter, die sein ein und alles war, an der Stelle, an der sein Mädchen gestorben ist, auf einer Tafel angebracht hat: „Warum hast du getötet? Ich war doch erst 17 Jahre."
Vieles wurde verschwiegen in diesem Buch aus Ehrfurcht vor den Opfern und deren Angehörigen. Zu grausam sind die Bilder, die bei den detaillierten Tatbeschreibungen, die Leszek gezeichnet hat. Zu erschütternd die Fotos, die gemacht wurden, als man seine Opfer fand. Eine Frage aber bleibt nach Abschluß des Falls Leszek Pekalski: Dürfen Massenmörder zu Stars werden? Sei es durch die Medien oder durch die Ermittlungs-

behörden, dürfen sie Schokolade und Pornos als Belohnung erhalten? Dürfen sie belohnt werden – in welcher Weise und durch welche Hintertürchen auch immer – mit Farbfernsehern? Die Wärter, die Mitgefangenen hatten allesamt Vorteile durch Leszek Pekalski und seine Interviews, weil er sie nur gibt oder geben darf, wenn alle, die damit zu tun haben, zufriedengestellt werden.
Er fühlte sich völlig zutreffend als Star der Vollzugsanstalt, bevorzugt gegenüber dem kleinen Dieb, über den er nur lacht. Der Ohnmacht ausgeliefert, angesichts der Geldgier einiger Wärter, die Individuen beschützen, die ihrer eigenen Meinung nach „an den Galgen gehören", denn auch die Wärter haben Kinder. Kinder, die wahrscheinlich jetzt die Schokolade essen, die die Väter sich anläßlich eines „Interviews" mit einem Verdammten verdient haben.
Europäische Reporter brauchten nur ihre Wünsche zu äußern, gegen Zahlung von Bargeld und vieler Tafeln Schokolade war alles möglich. Man bat den Schlächter der Nation, sich am Zellenfenster zu zeigen, nur um ein paar Dollar kassieren zu können. Man schießt ein Foto am Besuchertisch und legt wegen der Optik noch schnell drei Orangen auf den Tisch. Für Leszek Pekalski mindestens zehn Tafeln Schokolade, für die Opfer ein einziger Hohn. Alles widerstrebt dem Betrachter, wenn er an diese Bestie denkt. Jede Tafel Schokolade ist zuviel gewesen, womit sich dieses Ungeheuer noch seine Zeit versüßen konnte. Der Verfasser dieses Buches schließt sich dabei nicht aus. Leszek liebt seine Schokolade und Süßigkeiten, er, der Totmacher mit Zuckerguß. Untersetzt, dicklich und schwerfällig ist er geworden und läßt alles bewußt oder unbewußt über sich ergehen, in der Hoffnung, ihm würde auch Schutz durch die Wärter nach seiner Verurteilung zuteil. Diesen Trugschluß wird er mit seinem Leben bezahlen.
Ein Wärter aus dem Gefängnis von Słupsk, der tagtäglich mit ihm zusammen ist, sieht die Situation ganz nüchtern: „Wenn er verurteilt ist, egal zu welcher Strafe, wird er in eine andere Strafanstalt verlegt. Wenn kein Reporter mehr die Wächter für

Interviews oder Fotos bezahlt, hat seine letzte Stunde geschlagen. Er erlebt das Ende seiner Strafe bestimmt nicht, egal welche er erhält!"

Ohne Bewachung durch die Beamten ist damit der Todestag für Leszek Pekalski eingeläutet. Hunderten von Strafgefangenen in Polen wäre es eine Genugtuung, diesen „Leichengroßhändler", wie sie ihn nennen, durch Vergewaltigung zu demütigen und anschließend zu töten. Vergewaltigt wurde er bereits, gedemütigt durch Tätowierungen auch, alles andere liegt noch vor ihm. Seine Hände, die soviel Unheil angerichtet haben, sind heute kalt, feucht und leer. Viele, die sie berührt oder gespürt haben, haben nur noch einen Wunsch, daß diese Hände bald für immer erkalten.

Ganz Polen trauert, schweigsam, hilflos, ohnmächtig. Unzählige Mütter vermißter Kinder hofften und wollten Gewißheit, wo sich ihre Kinder befinden, vielleicht verscharrt von dieser Kreatur.

Sie alle hatten gehofft, daß durch seine Geständnisse ihre vermißten Angehörigen wenigstens ihre letzte Ruhe hätten finden können. Doch Polen hat nicht soviel Geld, um nach diesen versteckten Gräbern zu suchen.

Leszek Pekalski sagte vor seinem Urteil: „Wenn ich die Todesstrafe bekomme, sage ich alles."

Er rühmte sich: „Ich kann mir viel merken. Ich habe sie mir alle gemerkt. Ganz Polen wird sich schämen, daß ich ein Pole bin."

Die Totenglocken in Polen läuten leise im ganzen Land, leise für all die unschuldigen Opfer, die Frauen, die Männer, die Kinder, die so früh ihr Leben lassen mußten, nur weil sie diesem Scheusal begegnet sind. Jeder der ihn kennenlernte, weiß, daß viele, viele Tote in dem geheimen Tagebuch dieses Aussätzigen unserer Gesellschaft stehen. Er hat eine blutige Spur durch ganz Polen gezogen und eine Aura des Schreckens in diesem Lande verbreitet.

Nächte, endlose einsame Nächte haben viele Beteiligte mit

dem Leben dieses Menschen verbracht, hin- und hergerissen von Gefühlen und Gedanken an all die Opfer. An all das, was sie erleiden mußten, was kein menschliches Gehirn nur annähernd begreifen kann. Unzählige Nächte haben sie davon geträumt, was auf den Bildern der Gerichtsmedizin zu sehen war. Junge Mädchen im Tode geschändet und ihre Körper zermalmt. Den Greis, dessen Körper er an einen Baum band, um Indianer zu spielen, die Frauen, die nur an die Tür gingen, weil es geklopft hatte und die plötzlich ihrem Mörder gegenüberstanden.

Leid, endloses Leid hat nicht nurden Staatsanwalt durch die Nächte begleitet und nicht mehr losgelassen.

Würden nur all die Tränen, die die Hinterbliebenen aus Schmerz um ihre Angehörigen vergossen haben, in die Zelle 53 des Gefängnisses der Anstalt in Słupsk fließen und ihn wie einen Strom überfluten, der keine Gnade kennt.

Würde nur sein Gott, in dessen Namen er immer sagt, „Er allein weiß, daß ich ein braver Junge bin und in den Himmel komme", Leszek noch auf der Erde Lügen strafen!

Leszek soll immerzu die Angst verspüren, die die empfunden haben, die diesem Individuum begegnet sind und auch noch heute jede Sekunde ihres Lebens darunter leiden.

NUR FÜR SCHOKOLADE

MÖGE SIE SCHMELZEN
IM GLÜHENDEN FEUERSEE
DER GEHENNA, DEM EINZIGEN
ZUFLUCHTSORT FÜR EINE
MISSGEBURT UNSERER GESELLSCHAFT,
MIT NAMEN PEKALSKI.

— ENDE —